国家出版基金项目
NATIONAL PUBLICATION FOUNDATION

上海三联人文经典书库

87

马基雅维里与文艺复兴

[意] 费代里科·沙博 著

陈玉聃 译

MACHIAVELLI
AND
THE RENAISSANCE

上海三联书店

"十三五"国家重点图书出版规划项目

国家出版基金资助项目

总　序

陈　恒

　　自百余年前中国学术开始现代转型以来，我国人文社会科学研究历经几代学者不懈努力已取得了可观成就。学术翻译在其中功不可没，严复的开创之功自不必多说，民国时期译介的西方学术著作更大大促进了汉语学术的发展，有助于我国学人开眼看世界，知外域除坚船利器外尚有学问典章可资引进。20世纪80年代以来，中国学术界又开始了一轮至今势头不衰的引介国外学术著作之浪潮，这对中国知识界学术思想的积累和发展乃至对中国社会进步所起到的推动作用，可谓有目共睹。新一轮西学东渐的同时，中国学者在某些领域也进行了开创性研究，出版了不少重要的论著，发表了不少有价值的论文。借此如株苗之嫁接，已生成糅合东西学术精义的果实。我们有充分的理由企盼着，既有着自身深厚的民族传统为根基、呈现出鲜明的本土问题意识，又吸纳了国际学术界多方面成果的学术研究，将会日益滋长繁荣起来。

　　值得注意的是，20世纪80年代以降，西方学术界自身的转型也越来越改变了其传统的学术形态和研究方法，学术史、科学史、考古史、宗教史、性别史、哲学史、艺术史、人类学、语言学、社会学、民俗学等学科的研究日益繁荣。研究方法、手段、内容日新月异，这些领域的变化在很大程度上改变了整个人文社会科学的面貌，也极大地影响了近年来中国学术界的学术取向。不同学科的学者出于深化各自专业研究的需要，对其他学科知识的渴求也越来越迫切，以求能开阔视野，迸发出学术灵感、思想火花。近年来，我们与国外学术界的交往日渐增强，合格的学术翻译队伍也日益扩大，同时我们也深信，学术垃圾的泛滥只是当今学术生产面相之一隅，高质量、原创作的学术著作也在当今的学术中坚和默坐书斋的读书种子中不断产生。然囿于种种原因,人文社会科学各学科的发展并不平衡,学术出版方面也有畸轻畸重的情形(比如国内还鲜有把国人在海外获得博士学位的优秀论文系统地引介到学术界)。

有鉴于此,我们计划组织出版"上海三联人文经典书库",将从译介西学成果、推出原创精品、整理已有典籍三方面展开。译介西学成果拟从西方近现代经典(自文艺复兴以来,但以二战前后的西学著作为主)、西方古代经典(文艺复兴前的西方原典)两方面着手;原创精品取"汉语思想系列"为范畴,不断向学术界推出汉语世界精品力作;整理已有典籍则以民国时期的翻译著作为主。现阶段我们拟从历史、考古、宗教、哲学、艺术等领域着手,在上述三个方面对学术宝库进行挖掘,从而为人文社会科学的发展作出一些贡献,以求为21世纪中国的学术大厦添一砖一瓦。

目　录

作者前言

本书中的第一篇文章，原本是我所编纂的马基雅维里《君主论》(Turin，U. T. E. T.，Classici Italiani，Vol. XXXV，1924)的导读。

第二篇文章最早以"关于马基雅维里的《君主论》"为题发表在《新历史杂志》上(*Del 'Principe' di Niccolò Machiavelli* in the 'Nuova Rivista Storica'，IX，1925)，其后以同一标题单独成册重新出版(Milan-Rome-Naples，1926)。这是我所写的关于马基雅维里的最长一篇文章，不过在本书中，我只撷取与读者直接相关的部分，即前六章。原文第七章论述的是十六世纪下半叶的反马基雅维里主义，在此就略去了。

第三篇文章的题目是"马基雅维里的方法与风格"，该文的内容来自于1952年5月我在佛罗伦萨进行的一次讲座。它最初以"尼科洛·马基雅维里"为题发表在《十六世纪》一书里，后者是"佛罗伦萨文化史自由讲席"丛书中的一本。(Libera Cattedra di Storia della Civiltà Fiorentina：*Il Cinquecento*，Florence，1955)

本书中讨论文艺复兴的这篇文章，最初以"文艺复兴"为题发表在1942年罗塔(E. Rota)主编的一本内容繁杂的书《历史问题与历史编纂学的方向》上(*Problemi storici e orientamenti storiografici*，ed. E. Rota，Como，Cavalleri)，该书再版时更名为《现代历史诸问题》(*Questioni di storia moderna*，Milan，Marzorati，1948)。

尽管本书中的前两篇文章时日久远，但我的一些朋友还是善意地认为它们仍然颇有意趣。对于这两篇文章的整体思路以及它们所表达的基本思想观点，我都不想加以改动，因此除了某些小小的修正之外,它们将按照最初的面貌呈现在各位之前。在我认为有必要加上脚注的地方,我会使用方括号作标识;但是我特意避免在参考文献上作任何增补。这两篇文章是在特殊年代中构思和写作的,它们涉及那一年代"问题的本质"(the state of the question);因此我期望它们能够完全保持最初的特征。

论述文艺复兴的那篇文章成文较晚,对此文我进行了某些实质性的增补和修改,如果在改动时需要使用脚注的话,我也会用方括号作标识。不过最重要的一点在于,我彻底修正和重编了参考文献。该文所附的专题文献编排于 1942 年,作用是协助读者,为他们的研究提供初步的引导;在 1957 年再版时,它显然不应以原貌出现。因此,我不仅更新了参考文献,尽可能地加入了自 1942 年以来涉及该主题的最为重要的作品,而且还增加了某些 1942 年以前出版的文献。此外,我还对文章的内部结构作了调整,其目的无非是通过介绍研究文艺复兴时期的文献,为读者提供一个入门指引,我期望这些工作会被证明有所裨益,尤其能为学生带来帮助。

我要对大卫·摩尔(David Moore)先生表达最为诚挚的谢意,我的文章风格特异,因此翻译工作必然困难重重,但摩尔先生对此表示了极大的理解;我也要感谢康纳·费伊(Conor Fahy)博士,他在付印校样阶段给予了宝贵的协助。我还要对我的老友兼同乡登特里维斯(A. P. d'Entrèves)教授[①]表示衷心的感激,我的论著的英译本之所以能问世,主要应归功于他的个人兴趣。

费代里科·沙博

1957 年 1 月

---

① 登特里维斯(Alessandro Passerin d'Entrèves, 1902 - 1985),意大利哲学家、政治学家和社会活动家,在法哲学和政治哲学领域有重要影响。——译者注

导　言

　　沙博教授关于马基雅维里《君主论》的文章长期以来都是稀缺文献。在我们牛津，了解这篇文章的唯一方式是在博德利图书馆①阅读 1925 年的意大利《新历史杂志》(*Nuova Rivista Storica*)——该文的最初发表之处。然而即便如此，牛津的导师们仍不断地告诉一代又一代学习意大利文艺复兴的本科生们：沙博教授的文章在这一领域是不可或缺的。如果说将这篇文章翻译成英文需要什么理由的话，那么上述这种状况本身就提供了充足的根据。

　　但除此之外，还存在着其他的因由，使我多年以来一直期望见到沙博教授关于马基雅维里的文章能译为英语。我认为，这篇文章不仅在当时，而且直至如今仍在许多方面可称为马基雅维里研究的里程碑。我还认为，它与近期里多尔菲(R. Ridolfi)所撰写的传记②一样，极佳地表现了我所谓的对于这位"佛罗伦萨秘书"③的意大利式的研究方法和诠释方式——它在很多方面都与英语国家④中那些流行的方式方法有所不同。除了关于《君主论》的文章外，现在的这本书还收入了沙博教授研究马基雅维里的另两篇重要论文，一篇成文较之更早，另一篇则晚得多。此外，本书中还包括了论述"文艺复兴的观念"的一篇绝妙好文，以及一份真正令人

---

① 博德利图书馆是牛津大学历史最为悠久的图书馆之一，得名于其赞助人博德利爵士(Sir Thomas Bodley, 1545 - 1613)。——译者注
② R. Ridolfi, *Vita di Niccolò Machiavelli*(马基雅维里生平)，Roma, 1954。
③ 即马基雅维里，因其曾担任佛罗伦萨"自由与和平十人委员会"秘书。——译者注
④ 原文为 Anglo-Saxon Countries，主要包括英国、美国、加拿大、澳大利亚、新西兰等具有英式传统的国家。——译者注

叹为观止的参考书目,后者是为译本所特意编排的,我只能期望它
不要吓坏了那些对欧洲大陆学术之精妙一无所知的人们! 如果需
要找到一条串联起上述各篇文章的线索的话,那么我们可以引用
沙博教授的一句评论:"关于文艺复兴及其历史意义的任何观点,
都可以在马基雅维里这里得到真正的检验。"

我刚才提到了对于马基雅维里的意大利式研究方法。沙博教
授的著作最好置于意大利史学研究,尤其是意大利文艺复兴研究
的背景下来理解——当然,这句话并不意味着我对其作品的重要性
有任何轻忽之处。在克罗齐八十华诞纪念文集中,沙博教授关于
过去五十年间上述领域的研究趋势做出了十分有趣的考察。[①] 就
此卷英译本中的诸篇文章而言,我想我们找不到比他本人的这篇
论文更好的导读了。

沙博教授指出,意大利人总是觉得,文艺复兴问题是自身历史
中最为关键的问题之一。他们始终很难接受这样一个事实:意大
利在艺术和科学领域取得最伟大成就的时代,恰恰是意大利失去
"自由"的时期,外国势力也正是由此确立了在亚平宁半岛的统治
地位。当意大利作为一个国家而重新觉醒之时,即浪漫主义和复
兴运动(Risorgimento)[②]的年代,意大利历史学家们敦促自己为这
一悲剧性的矛盾寻找解释。在他们看来,文化史和政治史不应被
当作两个截然相隔之物分别对待。对这两个领域中的任何一个所
做出的判断,都必然影响到对另一个领域的判断。即使冒着曲解
史料的风险,整个历史也必须被重写,而文艺复兴或者是被彻底斥
责为遗祸无穷,或者是在时间上被前推至意大利之伟大的"真正"

---

① F. Chabod, *Gli studi di Storia del Rinascimento*, in *Cinquant' anni di vita
  italiana*, 1896—1946. Scritti in onore di Benedetto Croce per il suo ottantesimo
  anniversario. ("关于文艺复兴历史的研究",载于《意大利思想生活五十年,
  1896—1946——为贝奈戴托·克罗齐八十华诞向其致敬之文集》) Napoli,
  1950. Vol. I, pp. 125 - 207. (经查该文集标题应为 *Cinquant' anni di vita
  intellettuale italiana*, 1896—1946,英译本疑漏去 intellettuale 一词。——译者
  注)
② Risorgimento 意为"复兴",特指 19 世纪意大利人为争取独立和统一而进行的复
  兴运动。——译者注

时期,即拥有自由公社与海上共和国①、产生了但丁这样的伟大与卓越人物的时代。对意大利历史如此情绪化的重新思考,也清晰地回荡在在对于马基雅维里的诠释中。学者们或是如卢梭、阿尔菲耶里和福斯科洛②这样,将马基雅维里转化为自由的倡导者和暴君的谴责者;或是如德·圣克提斯③所做的那样,为马基雅维里的"反道德"主义进行辩护与粉饰,称之为照耀其前路的"神圣的爱国主义光辉"。

与这种对于过去时代颇具浪漫色彩的理想化和美化相反,现代意大利学者们在过去五十年中宣称要实事求是、科学研究。"在更为冷静的历史视野中,民族激情不再是压倒一切的力量,或者至少不再带有如此直接的暗示。一旦独立与统一得到维护,人们在审视历史时就能少有成见;失去独立以及失去对独立的强烈渴求,这两者都不再被视为罪恶。人们不再要求过去的时代必须预见到'复兴'的崇高理想;这些理想也不再被作为历史评判的标准。学术意见既已有了这种新的氛围,文化史与政治史之间的联系即使没有被完全割断,至少也已大大削弱;人们不再觉得,为了理解彼特拉克的诗歌、马萨乔的艺术或瓦拉的思想,就必须诉诸公社自由的理想,阿里奥斯托④诗节中的美妙和谐也不再被认为反衬着十六世纪初期意大利人的卑鄙与无知——而在过去人们必然是这样解

① 在意大利中世纪的分裂状态下,自由公社与海上共和国都是常见的地方自治形式,前者如帕尔玛,后者如威尼斯、热那亚等。——译者注
② 维托里奥·阿尔菲耶里(Victtorio Alfieri, 1749—1803),意大利戏剧家;乌戈·福斯科洛(Ugo Foscolo, 1778—1827),意大利诗人、作家;两人都对马基雅维里多有称赞,死后也都葬在佛罗伦萨圣十字教堂,与马基雅维里的墓碑比邻而列。——译者注
③ 弗朗切斯科·德·圣克提斯(Francesco De Sanctis, 1817—1883),意大利著名学者、文学理论家,其所著《意大利文学史》一书具有重要影响。——译者注
④ 弗朗切斯科·彼特拉克(Francesco Petrarca, 1304—1374),英文作 Petrarch,意大利诗人,十四行诗的集大成者;马萨乔(Massacio, 1401—1428),意大利画家;洛伦佐·瓦拉(Lorenzo Valla, 1406—1457),意大利古典学者、思想家、修辞学家;卢多维科·阿廖斯托(Ludovico Ariosto, 1474—1533),意大利诗人,代表作为《疯狂的奥兰多》(一译《疯狂的罗兰》);以上四人均为文艺复兴时期文学、艺术的代表人物。——译者注

释的。"①换言之,文艺复兴不再表现为某种仅限于意大利的事物;源自于意大利土壤的各种观念,不论是好是坏,其变化发展都开始被视为某种欧洲共有之事,而不只对意大利意义非凡。在意大利,布克哈特的观点②也像在其他地方那样占据着统治地位;即使其中的某些论点随着历史研究的进步已遭到反驳,他的思想仍深具影响。兹举一例:虽然君主国(Signorie)③的崛起早已被证明是漫长历史过程的结果而非有"能力"(virtuous)④的君主的创造物,但文艺复兴国家是"一种艺术工作"(a work of art)的提法却在很长一段时间中仍为人们深信不疑。

然而,我们始终不能忘记,也无法全然否认:意大利人对于文艺复兴问题有着特殊的关怀。当人们讨论"意大利"对于欧洲"现代精神崛起的贡献"时,当他们试图在视觉艺术乃至于哲学、宗教和政治等领域分析和界定这种贡献的本质时,他们都清楚地体现出了这样的关怀。就此而言,克罗齐的论断无疑是最令人惊异的,他认为,有一位意大利人奠定了"政治哲学真正的、严格意义上的基础"——这一功劳属于马基雅维里,后者"发现":"政治具有必然性和自主性;政治超越善恶——这样的政治有着自己的法则,反抗其法则是徒劳的;这样的政治无法用圣水从世界上祛除扫净。"⑤

于是,克罗齐仅用寥寥数笔,便推翻了长久以来关于马基雅维里"反道德性"的谴责。人们习以为常地用来对这个意大利人以及对文艺复兴进行负面评价的论据,转眼却成为了意大利最伟大的

---

① F. Chabod, *Gli studi di Storia del Rinascimento*(关于文艺复兴历史的研究),p. 136。

② 雅各布·布克哈特在《意大利文艺复兴时期的文化》一书中,开篇便谈论当时的各种国家形态,其标题即为"作为一种艺术工作的国家"。

③ Signorie 是 Sigoria 的复数,为"管辖、支配"之意,特指文艺复兴时期的某种常见的意大利城市国家政体,它有别于城市共和国的民主形态,由一个最高统治者进行治理,但其权力又并非是绝对的,如美第奇家族统治时期的佛罗伦萨即可归于此类,这里迳译为君主国。——译者注

④ 英译本此处为加上引号的"virtuous",显然并非用其字面意思"有美德的",而是来自于马基雅维里的 virtù 一词,侧重于君主的"能力"。——译者注

⑤ B. Croce, *Elementi di Politica*(政治的要素),Bari, 1925, p. 60。

成就之一。事实上，克罗齐指出，正如所有那些发现了苦涩真理的人们一样，马基雅维里深深地意识到，在机敏探究与无情求真之下，自己正揭示出某种悲剧性的困境。不仅如此，克罗齐甚至提到了马基雅维里心中一种"严峻而痛苦的道德认知"，例如，"他带着揪心的酸楚强调政治的概念及其固有的必然性"，他梦想着那也许存在于古代或仍存在于阿尔卑斯山未开化居民之中的"良善社会"，他避而不谈史上所载的惊怖之事，又劝诫人们遵循过去的良善榜样而非邪恶之例——从中人们都可以发现马基雅维里的这种"道德认知"。但非常明显，克罗齐的论述，整个重点全在于假定马基雅维里有所"发现"：这很可能是在重复培根的观点——"我们都应当深深感激马基雅维里"。① 克罗齐并没有转而探察：在马基雅维里的敏锐目光之后隐藏着何种悲惨的经历，意大利和意大利人为了"马基雅维里主义"的理论与实践在当时及此后又付出了怎样的代价。

克罗齐的这些思想对此后意大利学者研究马基雅维里的论著产生了重大的、决定性的影响。在沙博教授的论文中可以清楚地看到这种影响所留下的痕迹；克罗齐辩称，"政治的自主性"是马基雅维里对政治科学的重要贡献，而沙博在写下上述论文数十年之后，明确地承认道，自己从克罗齐的观点中获益匪浅。② 但作为一个历史学家，他得以避免很多克罗齐信徒身上所存在的简化无度的错误。后者中的一部分人仍在无休止地谈论"超越善恶"的"政治本性"，而沙博则回归早期的传统，将马基雅维里及其学说视为意大利历史中的关键时刻。最近一段时期，意大利国内的马基雅维里研究和文艺复兴研究体现出了一种政治史和文化史相互分隔的倾向，沙博教授却反其道而行之，重新强调两者间的密切联系。旧时的浪漫主义理论，错在将这种联系看成是因果性的；然而否认两者之间的因果依存，并不意味着我们有理由忽视存在于理论与实践以及存在于"意识形态"与历史事实之间的相互作用和相互关

---

① 引自培根的第一部重要著作《论学术的进展》(*The Advancement of Learning*)第二卷。——译者注

② F. Chabod, *Gli studi di Storia del Rinascimento*(关于文艺复兴历史的研究), p. 154。

联。用沙博教授自己的话来说，他的目的是"在马基雅维里这位
《君主论》作者的身上来展现——甚至几乎是综合——纵贯十四、十
五世纪的意大利生活；观察从古老的公社自由之没落到君主的绝
对国家之兴盛这段长久的发展过程——它正是在马基雅维里的思
想中得以反映和澄清，展现出自己原本的脉络"①。

　　沙博教授是否以及在何种程度上完成了他为自己所设定的这
个目标，那不应由我在这篇短小的导言里作出评判。仅就其关于
《君主论》的文章而言，我几乎无需指出，在三十余年中产生了太多
的论著，它们或是证明，或是质疑这篇文章中的某些结论。但这丝
毫也不能让我们忽视沙博观点的新颖与新鲜之处，这种新意并未
随着岁月的流逝而销蚀。毫不夸张地说，这本书中的某些章节——
我想尤其是"意大利历史所展现的'往事之鉴'"——已经在文艺复
兴历史的研究经典中占有一席之地。不过，关于沙博教授对马基
雅维里研究所做出的贡献，我斗胆想要对他自己的评价提出一点
不同的看法。如我所言，他认为自己的贡献是在马基雅维里和文
艺复兴的问题上有意识地回归旧时的"浪漫主义"的方法，即认为
"文化的"和"政治的"历史不应当被相互割裂。但沙博教授却急切
地指出，他与浪漫主义时期的学者不同，对于"他们所如此重视的
道德考虑"并无兴趣；他还指出，自己刻意想要避免"在其时代的框
架中"对于马基雅维里做出任何辩护或谴责。

　　我承认，我无法理解沙博教授为何采用这种方式来展现他自己
对于马基雅维里之教诲的精妙重构，除非这是出于对克罗齐的敬
意。实际上，正是他在自己所叙述的故事和所争论的问题中所表
现出的个人关怀，直至今日仍给予他的著作一种深沉的哀婉色彩。
我很高兴地看到，在评价意大利历史上马基雅维里主义的悲剧性
意义时，他全然忘记了"政治的自主性"。就个人而言，我不禁感觉
到，在关于《君主论》的文章第四章的结尾之处，他为马基雅维里的
这部作品写下了自己的真正结论："其他作品……显示出在那时的
欧洲，新的生活正破土而出。《君主论》则在想象力的丰富和戏剧

―――――――――

① F. Chabod, *Gli studi di Storia del Rinascimento*（关于文艺复兴历史的研究），
　　p. 154。

性的强烈方面远胜同侪,却是一个辉煌的时代穷途末路、黯然消逝的见证。因而,《君主论》既是意大利两百年历史的浓缩总括,也是对它的批判谴责;触动评论者心灵的,远不该是所谓的反道德性,而应当是思及我们意大利文明的命运所遭逢的无边苦难。"①如果我没有全然误解作者,那么在这几行文字中包含着一个判断——实际上是一个"道德的"判断,它使人不再易于相信,意大利人对于马基雅维里的治国方策具有某种愤世嫉俗的自傲感。

不过,在诠释马基雅维里及其时代这一问题上,这种情绪化的介入方法也可以为帮助我们发现意大利方式的另一特征。沙博的论著明确地反映了这一特征,那就是,在评价马基雅维里的学说时,研究者们倾向于聚焦在《君主论》一书上。我想,阅读沙博此书诸文的英国读者们必定会心生异议:为何作者对《论李维》——如果并未真正轻忽或无视的话——给予的关注如此之少?为何作者所强调的完全是马基雅维里作为绝对主义理论家的一面,强调他正在"为欧洲绘制它两百年历史的蓝图",②而全然不曾考虑马基雅维里的另一面:一个对古罗马或当时的瑞士城市所具有的自由政制充满向往的共和派?关于这类问题,迅速浮现在我们脑海中的第一个答案便是:毕竟本书的核心文章,③其主题就是《君主论》;书中的第一篇文章也是"《君主论》导读",第三篇文章则研究"马基雅维里的方法和风格",而并非是关于马基雅维里政治思想的不同发展阶段。但我必须承认,将马基雅维里的学说分割为"早期"和"晚期"阶段,并以此为基础做出论断,这样的做法并不会令人满意,因为沙博对于马基雅维里的诠释,在很大程度上依赖于他对《君主论》和《论李维》两书成文时间的详细推定;④而他的诠释接下来又

---

① 见本书英译本第105页(中译本第103—144页。——译者注)。
② 见本书英译本第120页,注释1(中译本第118页,注②。——译者注)。
③ 指本书中收录的第二篇文章。——译者注
④ 沙博推断,《君主论》成文于1513年7月至12月10日之间,现在这一说法已被普遍接受,并且从未受到过实质性的挑战。很遗憾,他就此问题所进行的精妙讨论无法被收入此书,见 *Sulla composizione de ' Il Principe' di Niccolò Machiavelli*(论马基雅维里《君主论》的写作), in 'Archivum Romanicum', XI (1927), pp. 330‑383。

关联着这样一种假定：马基雅维里的两部著作不论在构思和写作上都密切相关。在不久之前，《论李维》写于何时的问题又被重新提起，①从而"马基雅维里对政治的最终论说"这一问题再次被推向了前台。我们将会看到，人们所追寻的仍然是这个问题：作为"绝对主义者"的马基雅维里和作为"共和派"的马基雅维里之间存在着何种关系。

但重要的是，沙博对于《君主论》的解读仍然价值非凡；或许它还能提醒我们，在对于马基雅维里之历史意义的评价中，什么才是真正引起争论的问题所在。马基雅维里的"共和主义"以及《论李维》的"人文主义"或许具有毋庸置疑的分量，甚至对于研究文艺复兴晚期的政治思想或是"佛罗伦萨人对于共和国向君主国转型的政治认知"来说也是极为重要的。② 但是，在此后的几百年中，人们心中所挥之不去的印象，并非是一位学者为李维撰写了一部才华横溢的评注，而是一位政治家无情地揭露了权力政治这一肮脏游戏的规则。"Machiavellis Lehre war ein Schwert, das in den staatlichen Leib der abendländischen Menschheit gestossen wurde und sie aufschreien und sich aufbäumen machte."③如利剑般刺入我们祖先道德良知中的这种学说，存在于《君主论》之中，也存在于《论李维》那些包含了纯粹马基雅维里主义的篇章之中。相较于其他国

---

① 我所提到的这一争论始于吉尔伯特的文章[F. Gilbert, *The Composition and Structure of Machiavelli's 'Discorsi'*, in 'Journal of the History of Ideas', XIV (1953), pp. 136 – 156]；最新的发展则可参见当前巴伦的一篇文章[H. Baron, *The 'Principe' and the puzzle of the Date of the 'Discorsi'*, in 'Bibliothèque d'Humanisme et Renaissance', XVIII (1956), pp. 405 – 428]。

② 这个提法来自于阿尔贝蒂尼最近一本著作的标题，他的这项研究非常出色（R. von Albertini, *Das florentinische Staatsbewusstsein im übergang von der Republik zum Prinzipat*, Bern, 1955，佛罗伦萨人对于共和国向君主国转型的国家认知，见第53—74页关于马基雅维里的部分）。

③ 德语：马基雅维里的理论是一把利剑，它刺入了西方文明的政治机体之中，使之呼号抵抗。——迈内克。F. Meinecke, *Die Idee der Staatsräson in der neueren Geschichte*（在现代史上的国家理由学说），2d ed., München und Berlin, 1925, p. 60。（本书有时殷弘先生中译本：《马基雅维里主义——"国家理由"观念及其在现代史上的地位》，北京：商务印书馆，2008年。——译者注）

家的人们,对马基雅维里的这种特定印象应当更为强烈地萦绕在意大利人的心头,这似乎是自然而然的事情。实际上,如果允许我做一些个人回忆的话,那么我记得,在大约三十年前或更早的时候,我们许多意大利人都深处绝望之中,不难理解,我们为何要转向马基雅维里,从他那里寻求对周遭所发生之事的解释。沙博教授撰写关于《君主论》的研究论著之时,正是法西斯独裁政权的魔爪日益攫紧我们国家之际,这绝不仅仅是巧合。

我已经努力向英语世界的读者们介绍了本书中的诸篇文章,使之能在此基础上展卷精读。但对于这些文章的作者,目前为止我却言之甚少、几无提及。自沙博教授 1951 年在牛津主持了"奇切利讲座"①之后,英国学术界便对他不再陌生,但除此之外,要谈论他这个人,对于我来说却远远不止列出他作为学者的学术成就那么简单。我曾提到过,沙博教授是罗马大学现代史教授、那不勒斯(克罗齐)历史研究所所长、"国际历史科学委员会"(Comité International des Sciences Historiques)主席和一系列学术集刊的主编,他所撰写的数本著作使其声名卓著②——不过我仍然觉得,关于他的人格与个性我谈论得太少,我倒真想接着说一说,我们曾在

---

① 奇切利讲座(Chichele Lectures)是牛津大学万灵学院(All Souls College)举办的讲座,涉及政治、历史、社会等诸学科,得名于该学院的创办人、坎特伯雷大主教亨利·奇切利(Henry Chichele,又作 Chicheley 或 Checheley,1364—1443)。——译者注

② 在沙博教授论述马基雅维里的文章中,我还必须提及一篇未收入本书的文章:在《特雷卡尼意大利百科全书》中关于马基雅维里的内容[*Machiavelli* in 'Enciclopedia Italiana Treccani', vol. XXI (1943), pp. 778‑790]。至于在文艺复兴问题上他的某些想法的进一步发展(例如地理大发现对文艺复兴理想之衰落的影响),有两部作品尤其值得关注:《乔万尼·博特罗》一书(*Giovanni Botero*,Roma,1934)和发表在《科莫历史学会学刊》中的"保罗·焦维奥"一文[*Paolo Giovio* in 'Periodico della Società Storica Comense', XXXVIII (1954), pp. 9‑30](焦维奥是 15、16 世纪意大利学者,尤以战争史的研究著名;博特罗是意大利 16、17 世纪思想家、外交家,曾撰写反对马基雅维里的著作。——译者注)。至于沙博对查理五世治下米兰国家的政治和宗教的研究,以及他对 1870 至 1896 年意大利外交政策的研究,我只能一笔带过,毕竟它们完全在本书导言的范围和主题之外。

年轻时漫游于家乡的山谷峰峦,后来又重新聚首,并能极其幸运地去验证马基雅维里的这句话是否真确:"在如今,若有谁意欲构建一共和国,他将发现,在毫未开化的山民中更易成功。"①仅就此而言,我期望自己对沙博教授的推崇,没有让我在看待他对于马基雅维里的诠释时带有不恰当的成见;作为朋友和同乡,见到他的作品能够通过陌生的英语重新呈现出来也让我欢欣不已,我相信,这一译本会使他受到众多读者的喜爱。

A. P. 登特里维斯
1956 年 11 月于牛津大学

① 《论李维》,第一卷第 9 章。[此处文字英译者引自 17 世纪英国人戴克斯(Edward Dacres)的译本,中文由中译者译自原著。本书中马基雅维里著作、书信的引文,除《君主论》直接引用潘汉典先生的译本之外,其余均由中译者译自意大利文。——译者注]

第一部分 《君主论》导读

当马基雅维里第一次离开自己所熟悉的圈子的庇护,投身于暴民的狂热所笼罩下的世界,那时佛罗伦萨的生活既不平静也缺少秩序。从1494年至1498年,佛罗伦萨共和国的各个社会阶层都奋发自励,寻求重建城市国家,虽然这最终徒劳无功;在吉罗拉莫·萨伏那洛拉①极具光彩的布道之下,他们都心驰神摇,被推上了疯狂激情的高潮。这位多明我会修士在其演说中呼吁人们的生活以圣经里的人物为榜样,对于民众来说,这些人物虽时而显得遥远和虚幻,却承载着一种模糊的涵义;他们对此深信不疑——即使这样做只是出于一种纯粹肤浅、毫无深意的激情,他们跟随着这个胆大十足的领导者,宣称自己对道德世界和政治生活的复兴充满信心。

而马基雅维里这个人却遗世独立。他会在广场上最远处的角落独自冷冷徘徊,带着一丝不易察觉的讥笑,②观察着党派激情的此起彼伏,揭开庄严的面具去审视人类的动机——正是这动机促使

---

① 吉罗拉莫·萨伏那洛拉(Girolamo Savonarola, 1452—1498),意大利多明我会教士,在1494—1498年之间统治佛罗伦萨,以严格的宗教信条整饬社会、抨击教皇、毁灭艺术,后被教皇开除教籍,被民众暴动推翻并处死。多明我会由西班牙教士圣多明我(Saint Dominic)创立于13世纪初,是天主教托钵修会的重要组织。——译者注

② 卡尔杜奇用寥寥数笔就作出了绝佳的描绘,在此可作参照:Carducci, *Dello svolgimento della letteratura nazionale*(论民族文学的发展),in *Discorsi letterarii e storici*(文学与历史论说集),Bologna, 1899, p. 153。(英译本此处作"swolgimento",当为笔误。——译者注)

萨伏那洛拉修士为之布道训诫;他冷静而坚定地分析着后者的"谎言",①迅速觉察到人民的卑微无助——他们在两派间骑墙动摇,时而曲意臣服于罗马教廷的命令,时而又重新被那个难以压垮的改革者所描绘的一系列急促而炫目的景象所吸引。马基雅维里这个默默无闻的佛罗伦萨青年不会与暴民为伍。他的语调充满奇特的苦涩与轻蔑,他的思想总是带着敌对的色彩。然而,我们不可将其敌意与"球党"(palleschi)②混为一谈,后者有明确的动机、实际的目的,故而不乏敌意。而马基雅维里的讥讽与蔑视,则是一个置身于当时冲突之外的人所做出的反应,他怀着一个批评者的自信来审视这场冲突,而不是像一个参与者那样因涉及利益而激情洋溢。

当然,身处如此困苦焦虑环境之中的马基雅维里也无法预见到,不久以后他也要向一群无知可笑的听众布道,也要去描绘圣经中的景象,以让自己的劝诫如神圣的劝谕那样丰富而严厉,最后,他自己的劝言也会在负面的评判中告终,就像萨伏那洛拉的预言被死亡之寂静吞没一样。在其精神觉醒之初,马基雅维里也不可能意识到,他与这个被自己严词否定的教士之间,有着某种神秘而遥远的思想呼应——他不可能觉察到,此后他在《君主论》的创作中所清晰表现出来的那个充满想象力的发展过程,此时的开端却如此悄然。

马基雅维里的理论体系充满智慧、确信可靠,这体现出他的推理能力;他对现实有着深刻的洞察力,以至于能迅速找到突破口,完美地剖析人类的动机;而他之所以能实现这样的推理能力和洞察力,并将此转化为鲜活、有机、完整的思想,必不可少的中介就是他无与伦比、无穷无尽的想象力——这与萨伏那洛拉的想象力确实

---

① *Lettere Familiari*(与亲友通信集, Alvisi edition, Florence, Sansoni, 1883), III, dated 9 March 1497(1498)。

② 美第奇家族的拥护者(英译者注)。[美第奇家族的盾徽上有六个球(palle)的图案,"球党"因此而得名。——译者注]

颇为不同,后者植根于对历史或多或少的情绪化的反叛,完全是在否定中才体现出它的创造性。马基雅维里的想象力却接受了岁月的遗产,并将它转变为创造新成就的力量——这是一种新的工具,但仍然充满着想象力。从另一方面看,正是对政治创造的强烈热爱滋养并点燃了马基雅维里的想象力——这是一个模糊的思维过程,在此基础上某种特定的情形可以毋庸置疑地发展出来。因此,马基雅维里在事业的进程中、在仕途的浮沉间,都不再表现得像一个(十五世纪意义上的)外交官,而是如同政治家一样,在意大利已有多年未曾见过这般人物了。

看,他站在瓦伦蒂诺公爵(Valentino)面前。[①] 这个卑微可怜、藉藉无名的政府秘书甚至没有得到足够的金钱来支付自己的旅费。[②] 马基雅维里缺少处事的圆滑老练,[③]最近几个月中,各种事件接踵而来,数量多得令人手足无措,他仍在因此而头昏脑胀。佛罗伦萨共和国派他来近距离观察这个雇佣军将领的活动——此人刻薄、隐秘,就如同包裹着他身体的精良锁子甲一样封闭。这是个独断专行的人物,苍白的脸上一对灵活的眼睛使他看起来思想深沉,甚至有些严厉——如果那两片薄薄的嘴唇不是常常显得要忍住轻

---

① 即切萨雷·博尔贾(Cesare Borgia,1475 或 1476—1507),教皇亚历山大六世的私生子、雇佣兵将领,文艺复兴时期著名的枭雄。1498 年被法王路易十二封为瓦伦蒂诺公爵(Duke of Valentinois,意大利语 Duca Valentino,故称 Valentino),是《君主论》中着墨甚多的人物。1502—1503 年,马基雅维里被派遣与其会面。——译者注

② *Lettere Familiari*(与亲友通信集),XXXIII,XXXIV,XXXV。瓦洛里(Valori)和博纳科尔西(Buonaccorsi,英译本此处作 Buonaccors,可能为笔误。——译者注)为他争取了他三十达克特金币(ducats,欧洲早期通行的货币,12、13 世纪始于意大利,后通行于全欧洲。三十达克特应该不是很大的数目,莎士比亚笔下的夏洛克一次就向安东尼奥放贷三千达克特。——译者注)。他自己也叙述了所面临的经济困难:*Legazione al Valentino*(赴瓦伦蒂诺公爵宫廷使团记),Letters 23,27 October,10,18 December 1502。

③ 以至于他自己都认为,要是派一个演说家来会更好,"因为这种情况需要一个比我口才更佳、名声更大、更为熟知世事的人……"[*Legazione al Valentino*(赴瓦伦蒂诺公爵宫廷使团记),Letters 14,December 1502]。

蔑笑容的话。站在其他那些穿着较劣金属盔甲的老爷们中间，马基雅维里对博尔贾听其言而观其行，他几乎要忘记，自己是共和国的使节，自己的国家正焦急地等待着消息。结果，朋友们不得不提醒他专注于本职工作；而他出于个人喜好，竟然向上司书写了自己的判断，甚至于想要为他们提供告诫。后者则通过马基雅维里的一个朋友——真诚善良的博纳科尔西——之口向他答复：他必须陈述事实，若有自己的观点就向别人说去。①

后来他前往蒂罗尔觐见马克西米利安皇帝；②他首先所做的是向执政团（Signoria）③详细报告各项事务的全过程。但他对于撰写报告和公函并不满足。他迅速了解了这个未曾涉足的世界，在这里，有些东西比皇帝当时的决策更令他感兴趣。他的脑海中展现出一个庞大而厚重的问题，对于他来说，这比琐碎的事实细节远为重要得多。这便使我们看到了《关于德意志的报告》（Rapporto della Magna）、《论述》（Discorso）和《描述》（Ritratto）。④ 我们也可以照此思路推论：马基雅维里在出访法国期间，对法国人的本性及其

---

① *Lettere Familiari*（与亲友通信集），XXXII："你在这件事上……如此明确地提出了自己的判断，在我看来……这与你的地位不符；既然你已就所报告的一切问题进行了慎重详细的讨论，个人的判断就留着向别人去表达。"
② 即马克西米利安一世（Maximilian I, 1459—1519），神圣罗马帝国皇帝，1486年当选，1508年获得教皇承认，但从未正式加冕。1507年冬，因马克西米利安计划发动对意大利的侵略，马基雅维里被派遣与其会面，他在《君主论》中批评马克西米利安从不咨询他人意见，又不能坚持自己的主张。蒂罗尔（Tyrol）在今天的奥地利和意大利边境，当时曾是马克西米利安一世的领地。——译者注
③ 佛罗伦萨共和国的最高行政机关。——译者注
④ 这三篇文章的全称是：《关于德意志情况的报告》（Rapporto delle cose della Magna）——写于1508年6月，马基雅维里出访回国的第二天；《关于德意志情况及皇帝的论述》（il Discorso sopra le cose della Magna e sopra l'Imperatore）——写于1509年；《关于德意志情况的描述》（Ritratto delle cose della Magna）——写于1512年，是对第一篇文章的加工。——译者注

国家的事务——而不是与鲁昂红衣主教①的谨慎会谈——更有兴趣。他并没有忘记,激发自己思想的是何种具体而明确的事件;因此,他经过长期的学习,促使自己逐渐习惯于复杂的外交技艺,甚至成为行家里手——虽然作为一个碰巧为之而非从小培养的外交官,他几乎从未具备博弈高手的首要品质,即心智不为事物名相变幻所扰,能在静思熟虑、慎辨明察中克制个人情感的流宕。但很快,在奇迹般的赤子本心之下,他从这段外交经历起步,迈上了漫漫求索之路,伴随左右的是他那创造性的想象力,即使在"完全……退出公共生活"②,处于茫然无知和无所确信的境地时,这种想象力也是无法抑制的。

我们很难将他与当时其他的外交家——尤其是威尼斯人——相比较,甚至与阿恰沃利和圭恰迪尼③这些其他的佛罗伦萨"生意人"(merchants)也难以相较。④ 那些人的确是天生的外交家。几乎可以毫不夸张地说,他们将冷静算计的天赋能力发挥到了极致,而这种品质来自于长期的遗传:他们的祖先最早惯于以银行中的货币来博弈,既依靠运气,也依靠自己模糊的信用;后来又更是精于以自己国家的命运作赌,至于结果如何则平静以待。即使这些外交家在述职报告中显得比马基雅维里更为精确、更为仔细,有时甚至在细节上更为敏锐,但我们仍注意到,在他们内心深处有着艺术家式的纯粹智识上的好奇心——他们知道自己必须迅速刻画出一幅全景图,让极为多彩而又极富对比的主题在其中交融。于是我

---

① 即乔治·当布鲁瓦斯(Georges D'Ambroise,1460—1510),担任过法王路易十二的首相,曾组织对意大利的侵略。1500、1504、1510、1511年,马基雅维里曾四次出访法国,其间与鲁昂红衣主教有过会谈。——译者注

② *Lettere Familiari*(与亲友通信集),CXXVIII, to Francesco Vettori (July 1513)。

③ 罗伯托·阿恰沃利(Roberto Acciaiuoli,1467—1547),曾任佛罗伦萨驻法国大使,与马基雅维里有过通信;弗朗切斯科·圭恰迪尼(Francesco Guicciardini,1483—1540),意大利文艺复兴时代重要的外交家、历史学家、政治家,与马基雅维里有密切往来。——译者注

④ "……两人的头脑属于意大利最为贤明之列……"[Varchi, *Storia Fiorentina*(佛罗伦萨史),Milano 1845, I. p.313]。

们发现,他们凭借无与伦比的机敏与精巧,试图阐明事物的各种复杂原因,并且致力于思索个人的心性,以期揭开人类最为隐秘的动机。但我们在这里所感兴趣的地方完全在于:他们那关键性的直觉起到了何种作用,又是何等的敏锐。正是他们的风格——清晰明确、不温不火、锋芒不露——使读者们感觉到,大使先生在撰写汇报时那一抹淡淡的微笑,背后有着商人的狭隘甚至委琐,这样的人物不会愿意激情洋溢、奋不顾身地投入世事之中。

于是,这些政治冒险家中最伟大的一位——弗朗切斯科·圭恰迪尼先生①如此行事也就完全符合逻辑了:当他思及迪·科尔多瓦②时,相继写了两篇论说,③前一篇建议他来到意大利,后一篇则要劝阻他如此从事;他先是提议教皇克莱门特七世与查理五世④结盟,后来又试图阻止他这么做。⑤ 他最为关注的事情,并不是自己的计划能否实现以及它们的实际作用如何,对此他似乎总是微微一笑,半是怀疑,半是不屑。他以其无穷智慧所真正追求的,是做出决策本身,是在个人情感处于困难和困惑之境也能仔细地推敲

---

① 对于圭恰迪尼的这段描述是有欠公正且不够正确的。在撰写这篇关于马基雅维里的文章时,我的观念仍过多地受到德·圣克提斯思想的影响,后来我对这一观点进行了修正。参见我在《特雷卡尼意大利百科全书》中关于圭恰迪尼的文章(*Guicciardini in Enciclopedia Italiana Treccani*, vol. XVIII (1933), pp. 224 - 228)。

② 贡萨尔沃·迪·科尔多瓦(Consalvo di Cordova),贡萨洛·德·科尔多瓦(Gonzalo de Cordoba,1453—1515)的意大利译名,西班牙军事家,曾率领西班牙军队协助那不勒斯的阿拉贡王朝与法军作战。——译者注

③ *Discorsi Politici*(政治论说集), V and VI, in *Opere inedite*(未发表作品集),edited by G. Canestrini (Florence, Barbera, 1859, I, pp. 244 - 248)。

④ 克莱门特七世(Clement VII, 1478—1534),美第奇家族成员,1523—1534 年任教皇;查理五世(Charles V, 1500—1558),神圣罗马帝国皇帝、西班牙国王,兼领那不勒斯、西西里、萨迪纳等诸王国,为萨布斯堡家族的重要人物。——译者注

⑤ *Discorsi Politici*(政治论说集),XIII and XIV, in *op. cit.*, pp. 306 - 348。

方案。①

　　但对于马基雅维里来说，不时辨察人类内心的复杂动机这种雅好，就其本身而言是毫无意义的，除非是在观察人心之后，他能运用从中所获得的信息来创造新的现实；在这后续的发展过程中，最初的分析就失去了自身极为狭隘的特性——我几乎要用"纯粹智识上的特性"这样的提法——而产生了一种启人心智的意义，并因此具有了道德上的重要性。历史事实并未淹没在周遭的背景中，相反，它作为一种创造性的力量得以发展。可见，马基雅维里的分析才能，对于微小的震动而言不够敏锐和敏感，同时也不如圭恰迪尼那样全面。后者的"个体"（particulare）具有更精确与精致的框架，其微妙之处所达到的精细程度显然不是马基雅维里的"整体"（generale）所能容纳的。不过这个神圣罗马教廷的将校②极少关注于对事件的重构——对他那爱好刨根问底的头脑而言，这常常只是

---

①　费拉里这样评价圭恰迪尼："他执著于事实，并对此有着极为精彩的描述，他是在思想上而从未在道德上接受事实……"[*Corso sugli scrittori politici italiani e stranieri*（论意大利和外国的政治思想家），Milan，Aliprandi，1862，p.309]；他认为，圭恰迪尼的这种态度出自于一种有意识的批判性视角，亦即一种思想上的讽刺，它超越了事实，也不愿屈尊用自己的力量重塑事实，而是寻求避免任何麻烦。的确，圭恰迪尼先生似乎常常是为了忘记生活的哀伤与时代的苦难而诉诸沉思。他的精妙分析有时揭示了一种轻蔑的情感，有时是一种淡淡的迷惘，一种谨慎的苦涩。但他在智识上对事实的接受，几乎总是使他忘记考虑其他任何因素，甚至是自己的人性。他习惯于进行理论思考，从中求得平静与满足，但他从未意识到，自己这样做仅仅是在减轻内心的苦痛。于是，他拒绝创造任何新的东西，不愿**不切实际**；他在所钟爱的"个体（利益）"（particulare）和"审慎"（discrezione）中获得安慰[这两者都是圭恰迪尼所用到的概念，尤以 particulare 一词为重要。费拉里（Giuseppe Ferrari，1812—1876），意大利哲学家、历史学家、政治学家，在意大利国内外都具有一定的影响。——译者注]。

②　圭恰迪尼在 1526 年被罗马教皇克莱门特七世授予教廷军队职衔"Luogotenente"，该职地位不低，但难以准确对应现代军衔，英文有时作"Lieutenant-general"，而本书英译本译为"Lieutenant"，中文则采取相对模糊的译法。——译者注

余光所及之处；①而在那位佛罗伦萨十人委员会的秘书这里，②重构事件的研究方法却立即在情感上引起了深深的共鸣，对于一个既不冷漠又不迷惘的生命而言，这种方法成为了核心，它带着一种新的意义回归马基雅维里的思想，他的创造性由此而涌发。

于是，马基雅维里在官方出使活动之后，为我们留下了短记、个人回忆和速评，它们看似是官样文章，背后却体现出了作者冷静客观的分析；它们虽用古板的三段论来统合叙事，我们却从中发现一种鲜活的兴趣——作者与其说关注自己所描述的事件，不如说关注那隐含其中的各种人类动机；我们还可以看到，马基雅维里需要一直为自己创造新的经验，需要对人类激情的具体表现形式进行不断更新的研究，以此来拓宽自己思维的逻辑框架。他自然也会坚持不懈地详细论述那些其他外交官都会汇报的事情——也许他的报告还比别人精确得多，并且为自己的记忆库中添入秘辛。出使瓦伦蒂诺公爵宫廷以及基亚纳谷地（Val di Chiana）③叛变这两件事，催生了马基雅维里政治思考的最初片断，也为他提供了最早的机会来锻炼自己敏捷和尖锐的论说风格；佛罗伦萨和威尼斯其他那些文雅的外交官们在各个方面——包括音调的婉转、外表的平静安然、言辞的机敏以及对狂暴激情的公开轻蔑——都是真正的士绅，他们更愿留连于欧洲生活的中心，即教皇统治下的罗马；而马

---

① 这也正是圭恰迪尼与蒙田以及拉罗什福科等 17 世纪法国思想家在心理分析上的深刻区别所在（尽管后两者的方法也令人惊叹不已，并且初看来，他们在形式表现上与圭恰迪尼并无不同）。对于后者来说，探究人类动机的能力，本身就受人力所限——因此它也始终包含着一种郁郁伤悲的特性。而对于圭恰迪尼来说，激发这种能力的，却单纯地是一种智识上的因素。圭恰迪尼的《回忆录》成不了拉罗什福科的《道德箴言录》。（此处拉罗什福科的 *Maxims* 一书中译名引自何怀宏译本。——译者注）

② 即马基雅维里。——译者注

③ 基亚纳谷地位于意大利中部，曾为佛罗伦萨控制，在 1502 年一度被瓦伦蒂诺公爵所夺取。马基雅维里在 1503 年写有《论基亚纳谷地人民背叛的方式》（*Del modo di trattare i popoli della Val di chiana ribellati*）一文，在《论李维》中也提到了这件事情。——译者注

基雅维里在尤利乌斯二世①这里执行着平静的官方出访任务,却并没有将它放在心上,相反,他所在意的是上述那两件事情。可供施展的空间相对有限。在这里没有招摇的宠臣,没有庄严的仪式,没有活生生的宫廷阴谋或宫闱流言。但哪里能比此处提供更好的机会,让他得以获取经验、重建思想、重构事件——在这里,佛罗伦萨共和国的"能力"(virtue)可以找到真正的比较标准和真正的实例!

在马基雅维里的重构下,这两个事件经过美化呈现在了我们面前;但在那时,它们与其他很多事件并无太大不同,尤其是当"天主教徒"斐迪南和路易十二②争相在意大利显示自己存在的时候,上述两个事件并没有引起职业外交官们的重视。但它们却吸引了马基雅维里的注意——仅此便反映出他与同时代人之间所存在着的深刻而本质的隔阂,并且揭示了他们在精神取向上的截然不同。

即使马基雅维里明显有所保留,我们也可以从一开始就很容易地看到他"政治想象力"的最初发展阶段。这种想象力在《十年记》(Decennali)③中有着相当清楚的反映。该作品在艺术价值上无甚可取之处,但如果我们能觉察到,作者在其中明确地表示,他希望从纷乱的事件中获得"教训"——或者说新的经验,那么我们就会体味到它的鲜活性和无比的趣味。这部作品并未受到来自官方的压力;马基雅维里不再需要艰辛而痛苦地刻意加以保留;我们发现,作品中浮现出了不同寻常的尖锐表达和充满蔑视的观点,④随

---

① 尤利乌斯二世(Julius II, 1443—1513),1503 年当选教皇,马基雅维里当时出使罗马,亲睹了选举过程。——译者注

② "天主教徒"斐迪南(Ferdinand the Catholic, 1452—1516)即斐迪南二世(Ferdinand II),阿拉贡国王,兼领西西里、那不勒斯等地,由于其妻伊莎贝拉后来成为了卡斯蒂尔女王,阿拉贡与卡斯蒂尔两个王国便在形式上结合在一起,为西班牙国家创下了雏形;路易十二(Louis XII, 1462—1515),法国国王,曾在意大利发动多次战争。——译者注

③ 马基雅维里的诗歌作品,分为写于 1506 年的《十年记·其一》(Decennale Primo)和写于 1509 年的《十年记·其二》(Decennale Secondo)两部。——译者注

④ 关于佛罗伦萨:"尔等在此口皆张/以待客从法国来/赐尔大漠仙果粮"(《十年记·其一》);还有"尔等只为离苦难/便如无计可施人"(同上)。

之而来的还有告诫和建议——马基雅维里在《十年记其一》的结尾呼吁国家采纳他独创的军事制度，①他在这项个人创造中倾注了自己的经验，展现了革新的才华。

马基雅维里希望让自己的创造变为现实。他先是在文学作品里表达了自己的观点，又在担任公职的过程中明确宣布其主张：于是就有了步兵和骑兵的《条令》(Ordinance)。② 此时我们看到了一个真正的马基雅维里，他从自身经验中组合起所有那些分散的元素，将它们转变为另一个更为宏大的存在形式；这些元素单独来看并无多大意义，组合在一起却远胜于前。此刻，他的头脑中涌现出法国的弓箭手、瑞士和日耳曼的步兵、罗马的公民兵等各军种——古典的回响与现代的生活同样地囊括在他的经验领域中。祖国的环境发生着剧变，马基雅维里在这一视野下构想着新的可能性，而一种纯粹智识上的动机也转变为了自发的情感冲动。理性在想象力中实现了自身的完满；抽象的理论视野融入了充满信念的行动。

相比之下，让我们再看看他的个人生活。在这儿，他显示出了同样活跃的情绪，有着同等的敏感，也一样迫切地想要接触各种差异极大的观念。他试图做到相谈甚欢、与友为善，不论对玩笑或是热烈的争论都乐于接受。他想要让自己的生活与他人的生活更接近一些，尽管他的批判性思维使他觉察到同时代人在道德上是多么贫困。瓦尔基告诉我们，马基雅维里郁郁而终，因为詹诺蒂③而非他被选为了十人委员会秘书，因为他知道自己广遭嫉恨——这个

---

① "若尔重开战神庙/前路必将易且短。"(《十年记・其一》)
② 佛罗伦萨政府在 1506 年 12 月 6 日通过了马基雅维里的提案，形成《条令》，主要内容是构建国民军制度。——译者注
③ 贝内代托・瓦尔基(Benedetto Varchi, 1502/1503—1565)，意大利学者、历史学家、诗人，曾受官方委托作《佛罗伦萨史》十六卷；多纳托・詹诺蒂(Donato Giannotti, 1492—1573)，意大利政治家、学者，1527 年起曾短期任职佛罗伦萨共和国政府，美第奇家族复辟后被流放。——译者注

故事注定会成为传说；①但这一传说却使我们对他的心态有了清楚的了解：他在心中谴责那些人，然而还是想继续结交这些在理论上为自己所蔑视的对象。我们也不难理解，他何以能将《论李维》这部"显然以任何人都没有尝试过的方式来处理一个全新主题的作品"②献给奥里切拉里园中的朋友们；③他们是何等尊敬而惊讶地来聆听他的讲述；还有，在1522年反美第奇家族的密谋中，他如何摆脱不了以自己的谈话煽动参与阴谋者的嫌疑。

据当时的人描述，圭恰迪尼"本质上极端自傲"、贪得无厌，被个人野心所驱使。④而马基雅维里虽鄙夷世事，时有嘲讽，却仍要回到生活的喧嚣中，并情愿在每时每刻都毫不犹豫地重新品味生活，这样他就可以将自己的观念转化为实际的行动、将自己的言语转化为具体的劝告——这样，简而言之，他就可以让自己的头脑充斥着其他仍不甚明了的事物，而此后，在他沉静的研究中，这些事物能够被用来构建新鲜的观点。于是，这位毕生都在不断追寻经验——政治经验——的思想家，将自己的经验浓缩为一个逻辑体系，并以其思想之极致化境所饱含的激情和无畏，最终为这一体系

---

① Varchi, *op. cit.*, I, p.150. 关于马基雅维里的逝世参见 P. Villari, *Niccolò Machiavelli e I suoi tempi*（马基雅维里及其时代）, Milan, Hoepli, 1897, III, p.366；O. Tommasini, *La vita e gli scritti di Niccolò Machiavelli*（马基雅维里生平及著作）, Rome, Loescher, 1883—1911, II, pp.900 sqq.［击败马基雅维里的候选人是塔鲁吉（Francesco Tarugi），他在之前的两年中任八人执行委员会的第一秘书，当时已被解职。关于马基雅维里的逝世，现在亦参见 R. Ridolfi, *Vita di Niccolò Machiavelli*（马基雅维里生平）, Rome, 1954, p.374 sqq.］［八人执行委员会（Otto di Pratica）是十人委员会领导下管理外交和防务的机构——译者注］

② Nardi, *Istorie della Città di Firenze*（佛罗伦萨城史）(Florence, 1842), Book VII, ii, 86。

③ 奥里切拉里园（Orti Oricellari）是佛罗伦萨著名的园林，本是贝尔纳多·鲁切拉伊（Bernado Rucellai）的私家花园，后被他开放作为15世纪佛罗伦萨文人聚会"柏拉图学园"的活动场所。马基雅维里将他的《论李维》题献给两位与他一起在奥里切拉里园中进行过讨论的朋友——扎诺比·布翁代尔蒙蒂（Zanobi Buondelmonti）和科西莫·鲁切拉伊（Cosimo Rucellai）。——译者注

④ Varchi, *op. cit.*, I, p.245.

注入了新的生命。

意大利的历史又有了进一步的发展。威尼斯强势不再,教皇尤利乌斯二世与阿拉贡国王"天主教徒"斐迪南结成了同盟。在拉韦纳的稀薄空气中法国国王的称霸美梦烟消云散,普拉托则为短命的佛罗伦萨共和国的崩溃铺平了道路。① 美第奇家族归来;索代里尼②被放逐到拉古萨;作为外交官的马基雅维里不足以受到复辟政府的青睐,在不安分的想象之下,他的头脑中充满了不切实际的观念和不近常理的看法,③结果却遭致怀疑,所付出的代价便是让他的政治迷梦以离开这座城市而告终。

马基雅维里退隐至"寒舍"(Albergaccio)之中。那是一个平静、孤独的小屋,远离充满实务的世界。此处,林中唯有忧伤沉静,不闻人群嘈杂,马基雅维里漫步林间,一卷在手。此时,他不得不忍受寂寞,而笔尖涌出了《论李维》的最初断片④——尽管那并不连贯也嫌无序——还有与韦托里的通信。⑤

在对李维著作的评注中,马基雅维里的分析极为严谨,他的思想专注于一个遥远的世界、专注于历史,然而,这两点却可能使读者忽视一种在本质上既非分析性又非逻辑性的东西,那就是对罗马世界的强烈笃爱。他不只是要体悟这个世界,更因后者非凡的政治才能而对其加以赞美和理想化。因此,他那同时闪现着理智与激情的极富创造性的思想,有时又似乎不过是历史学家的聪颖

---

① 此处指 1508—1516 年间在意大利土地上发生的囊括西欧各主要势力的战争。拉韦纳(Ravenna)和普拉托(Prato)都是意大利北部的城市。——译者注

② 皮耶罗·索代里尼(Piero Soderini 或 Pier Soderini, 1450—1522),佛罗伦萨政治家,1502 年被选举为终身正义旗手,1512 年美第奇家族归来后遭流放。拉古萨(Ragusa)位于西西里。——译者注

③ *Lettere Familiari*(与亲友通信集),CLXXXI(from F. Guicciardini, 18 May 1521)。

④ 关于《论李维》的成文,参见 Villari, *op. cit.*, II, pp. 272 sqq. Tommasini, *op. cit.*, II, pp. 89, 144 sqq。

⑤ 弗朗切斯科·韦托里(Francesco Vettori, 1474—1539),意大利政治家,马基雅维里的友人,为其提供资助,并与其有多篇信件往来。——译者注

而已。从另一方面而言,马基雅维里与罗马的这位朋友①的通信再清楚不过地表明,他既具有强烈的愿望,要完全坚持政治现实并继而在自身灵感的指引下去改变现实,又决心从自己细致入微的分析结果起步,去构建一个尚未实现的乌托邦。我们无须赘述,马基雅维里时常自欺;对他而言瑞士的威胁已成梦魇,即使事实证明并非如此;他梦想着不可能达成的协议,设想着无法实现的事件。他的论述,价值并不在于细节的准确,而在于他无穷无尽的创造性,这种创造性甚至可以无视当前的事实,因为它所追求的根本,是伴随着经验的不断积累,持续地进行自我发展、自我更新。他必定处处寻求这种内心生活的不断富足,即使牺牲细节的精微也在所不惜。由此,作为历史学家的马基雅维里,与圭恰迪尼相比,对于单个事件的再现有时显得不够详尽、不够精确甚至不够聪敏;然而他正是因此而写出了自己的杰作:《论李维》、《君主论》和《兵法》。就他而言,重要的是,任何对个体事件的深究,都应当能够使他质疑自己的灵魂和自己的经验——他的经验中汇聚了古代和当代的生活,回荡着李维和 15 世纪欧洲与意大利名人的影像;也能够使他愈加澄清自己的思想,并勇敢无畏和确定无疑地将它发展推进。

在我们所掌握的为数不多的通信中可以看出马基雅维里此人的本质——他不能无限期地保持沉默,也不善于谈论羊毛与丝绸。② 起初他决心再也不讨论国家政事和公共事务。然而随后,他又重拾话锋,热情澎湃,变幻出宏大的场景,依照自己的意愿来改变意大利以及诸事的进程。③ 甚至于马基雅维里的风格也适应了其想象之奇诡,变得如他心中的愤懑一般充满不平,或是如其思维

---

① 即韦托里,当时任佛罗伦萨驻罗马教廷大使。——译者注

② *Lettere Familiari*(与亲友通信集),CXX and CXXVIII。(马基雅维里在信中提到,自己所接受的是文人教育,因而并不熟悉羊毛和丝绸的处理过程,而这两者是当时佛罗伦萨的主要贸易产品。——译者注)

③ 这丝毫不说明,马基雅维里在这些信件中所表达的观点是荒谬或缺乏事实基础的。比起他的模仿者——甚至是那些最近的模仿者——来说,他对事物的洞见通常更为真实。

条理或炽热情感一样生动浓烈。

　　七月至十二月的这段时光见证了 *De Principatibus* 这部著作的诞生,它以《君主论》之名为我们熟知。对李维著作的旁注已暂搁一边——顺便提一句,在其末尾,我们已经能够看到一种不同寻常的思想态度。我们可以找到整整两三章的内容,[①] 在其中,人民——他们构成了《论李维》中生气勃勃的精神——被孤独的个人所取代,阶级和政党间充满英雄气概的冲突,蜕化为了无人知其心思的个人的内心冲突。马基雅维里无意将《君主论》这本短小的著作写成一部精心巧思之作。他的写作意图是模仿那些关于国家改革的大量备忘录和专题论说,后来他自己也写下了此类作品。[②] 该书成文甚快。到了十二月,马基雅维里已勾勒出了这位"新人"[③]的轮廓,后者已然登上了政治舞台——这是一个身影孤寂的形象,冷酷无情、深思熟虑、无法看透,他是整个国家生活的缩影。

　　而此时其他所有声音都已沉默。人民成为群氓,如一盘散沙,仅仅是等待着"事物的结果"(issue of the event)[④]——这个混乱的群体让德·科米纳[⑤]对其写下了严厉的评语。[⑥] "贵族"只有往昔的苍白影像存留于斯,这让人忧伤地想起了但丁对中世纪的消亡所

---

① 例如,《论李维》第一卷第 26、27 章。

② *Discorso sul riformare lo stato di Firenze*(《论佛罗伦萨国家的改革》)。参见 Villari, *op. cit.*, III, pp. 56 sqq.；Tommasini, *op. cit.*, II, pp. 200 sqq.［现在亦参见 Ridolfi, *op. cit.*, pp. 275 - 277, and n. 28, pp. 450 - 451,作者在此处给出了这部作品的准确题目。］

③ 指《君主论》中的理想形象。——译者注

④ "事物的结果"语出《君主论》第十八章:"因为群氓总是被外表和事物的结果所吸引"。——译者注

⑤ 菲利普·德·科米纳(Philippe de Commynes,或 de Commines,1447—约 1511),法国哲学家、历史学家、外交家,著有《回忆录》等作品。——译者注

⑥ '... et est la nature de ce peuple d'Italie, de ainsi complaire aux plus fors'(*Mémoires*, VII, ix; ed. Dupont, Paris, 1843)。(法语:这就是意大利这一民族的本性,即讨好最强者。——译者注)

写下的哀歌,想起圭多·德尔·杜卡①痛苦的呼号;贵族已不再凝聚为一个阶层,已失去了等级的自傲,失去了血统的纯粹。它成为了鱼龙混杂的个人的聚合物,虽然无力独立地保护自己,却试图通过人民所不愿意的方式来压迫人民,但在这一点上也力有未逮。平民和显贵(grandi)都同样地将自己的能量耗费在精打细算的卑微诡计中,耗费在没有任何严肃的计划和目的,甚至连个人英雄主义的高贵性都不存在的杂乱冲突中。这便是社会的"材料",他们消极地等待着一个"有能力"(virtuous)的君主到来,他将以其"制度措施"来激励全体人民,②将会逐步改造人们的生活——生活中如今只有厌战的情绪在深处悄然滋长。天上快要落下仙粮;人们张口以待。

这一时期还将成为意大利历史发展的自然顶点。公社精神业已萎缩;君主国(Signorie)虚弱无力——他们缺少宽广坚实的社会基础;各地领主政权显示着自己的外交技巧,在为争夺霸权而最终徒劳无功之后,不得不诉诸对党派的操纵和均势政策,即"意大利联盟"(federatio italica);意大利当时的情形是以上这种种现象合乎逻辑的结果。人民被剥离出国家的公共生活,社会各阶级彼此分裂,乡村与城镇相互敌对。只有君主本人掌握成就其伟业的密钥。就艺术和文学而言,文艺复兴便是在社会和政治的腐朽之中产生的。君主是这个充斥着文人和庸才的社会里仅有的鲜活形象。然而就其本身而言,他只在狭窄而有限的范围内才是鲜活的。外交是他施展身手的唯一领域。政治——它意味着斗争的本领、清醒的目标、坚定的方向以及内在的创造力——则与之远离。③

因此,甚至有着非凡能力的君主也不能成就奇迹。强大的国家

---

① 圭多·德尔·杜卡(Guido del Duca)是但丁《神曲》炼狱篇第十四歌所描写的一个吉伯林党人。——译者注
② 《君主论》第九章。
③ 我会对这一问题以及(这里甚少触及的)《君主论》的历史和政治意义进行更详尽的讨论(见第二章)。此外,布克哈特指出,国家是一种艺术工作,学者们应当阅读《意大利文艺复兴时期的文化》中这段出色的内容。

能够外攘"蛮夷",内促本国生活的自由发展,要创造这样的国家,就不能不存在着一个利益和情感的共同体——它使臣属听命主公、群氓服从政府,它让所有人都意识到,他们身处于一场保卫共同利益的斗争中。若是相信人事的非凡力量、独到的智慧洞察和对外政策的部分改革竟能让政治机体起死回生,这只能说是一个幻想而已。

因此,圭恰迪尼这个商人和外交家正是反其道而行之的,他避免冒险陷入过于活跃的想象之中,而是将让自己的欲求较为平和,虽然这不免有些忧伤。他本可冀望意大利获得自由;但考虑万一之事并无作用;实际上,既然这个国家不可避免地要屈服于蛮族的霸主们,那么他们在数量上就应当是两个,这样,当他们忙于彼此争执的时候,臣属于他们的意大利城市至少可以享受更为和平的生存状态。① 他相当充分地发展了均势和党争的理论,并将其运用在欧洲政治领域,他期望这一方法能保存城市日益缩减的生活空间,正如往日,它曾经从威尼斯和那不勒斯无尽的贪婪中拯救了佛罗伦萨和费拉拉一样。但圭恰迪尼本人却无法认识到:当运用这精巧机制的主角发生了变化,这套方式何以能相应地调整自己的运行。

恰在此时,马基雅维里第一次开始尝试从社会阶级之间经年累月的冲突中寻找罗马的荣光,②他的思想仍在被自由民之间的动荡斗争所触动,他曾相当明确地说过,一个国家若要成就自身之伟大,就必须将那些被自己所征服的人们转化为公民,而非臣民。③由此,他对整个意大利公社④时期的历史都提出了批评,并确信无疑地揭示了他们固有的虚弱。他本应从而预见到意大利的最终毁灭,并在可能的情况下,尽力通过外交手段改善其命运。然而相

① *Discorsi Politici*(政治论说集), in *Opere inedite*(未编纂作品集), I, p.264。
② 《论李维》,第一卷第四、五、六章。
③ 同上书,第二卷第三、四章。
④ Commune(意大利语为 comune)并非通常意义上的"公社",而是指意大利历史上特有的具备自治性质的市镇。——译者注

反,他再一次落入自身想象的魔咒里,忘记了《论李维》,却狂热地迅速构建起新国家的框架。他展现了政治想象那不可思议的力量,却超越了 15 世纪末的历史现实,试图复兴吉安·加莱亚佐和那不勒斯的拉迪斯劳的政策,即最早的宏大"君主"(Seigneurial)政策。① 凭借着自己独一无二的重构能力,他将这种政策加以整合并号召其复兴,尽管此时那已不再具有现实的可行性。

他在自己周围寻找着明确无误地展现出卓越特性的人物。他发现了瓦伦蒂诺公爵,以之为蓝本再加上少量的天主教徒斐迪南、斯福尔扎和路易十一的特点,完成了他的理想形象。他为每一个突发事件提出药方,为过去的政府纠正错误,他细致入微地思考着如何将一座腐朽至根基的大厦重新修整。事实上,他发现了真正的错误所在,导致国家诸多不幸的原因是明确的,即依赖于雇佣军,这是君主的重大缺陷;他们乐于精美的言词和精致的外交,却放弃了自己唯一真正应当拥有的技艺——结果,意大利被掠夺、被压迫、被凌辱,他们自己也被贬为平民。

《君主论》的总体特征——并非仅指其表面框架,而是遍布全书的真正精神——明确地体现在有关创建公民兵的几章内容里。那是必须被医治的创口。这几章的文风也正体现着不同寻常的情绪化的语气。先前,作者的忧伤悲愤是通过语句的快速经过、段落的悄然终结甚至是相当微妙的讽刺所表达出来的,这种情感稍纵即逝以至于难以察觉,②但现在,它突然极为猛烈地爆发出来。我们看到,马基雅维里的激情第一次开始涌动,并随之以极为强烈的情绪收尾,颠覆了整个著作的逻辑架构;这种激情随后又在《兵法》的末尾重现并攀升至高潮,但让人看到的却只有绝望。

---

① 吉安·加莱亚佐(Gian Galeazzo,1351—1402),维斯孔蒂家族成员,首任米兰大公;拉迪斯劳(Ladislao il Magnanimo,亦作 Ladislaus,1376 或 1377—1414),那不勒斯国王,在政治和军事上都颇有建树,与罗马教会关系密切,在位时曾将势力扩展到中部意大利。两人都在征服其他意大利城市方面都颇有战功。——译者注

② 参见第十一章"论教会的君主国":"这些君主自己拥有国家而不加以防卫……"

马基雅维里构想了国家的公民兵制的可能性——武器被交付给公民,国家由组成本国人口的人们来共同保卫;实际上,他超越了当时历史的狭隘局限和意大利文明此刻的现状,走上了一条新的道路。在这方面,他不仅重启而且增强了意大利政治发展的动机。但他并没有认识到,在军事技艺上的这种革命必须在政治和社会领域也得到同样的呼应。除非国家日复一日地存在于人民的内在意识中,不然公民兵制就没有实现的可能;因此,马基雅维里所构想的君主国注定会毁灭。仅仅是要阐明新的军事理论,抛却"君主"这一概念就势在必行。

马基雅维里并没有意识到这些,他的论著也并未完成。他从法国、瑞士和罗马共和国的例子中获取灵感,却未曾发现,这些榜样都潜藏着一种内在的品质——这一品质恰恰是此时的意大利文明所不再具备的。不久之后,他的原则就被一位君主所依循,后者在历史上第一次将马基雅维里笔下那粗野、贫穷却强健的山民种族带入意大利政治的场景之中。然而,菲利贝尔[1]的王国却不是作者所梦想的意大利君主国。

因此,马基雅维里的君主并不会到来;《君主论》这本在不安岁月中所撰写的薄册,在遥远的地平线上即将涌现神奇事件的时候,[2]在洛伦佐·德·美第奇[3]那里被轻蔑地接受了。莱奥十世[4]这个不成大器的侄子爱好自己的猎犬更甚于这本缺少足够"夸张语

---

① 菲利贝尔(Emmanuel-Philibert 或 Emmanuele Filiberto,1528—1580),萨伏依公爵,颇有战功,同时还利用外交方式从法国和西班牙获得了一些意大利土地。——译者注

② 关于意大利历史中的这次危机,关于美第奇家族的"诸般事件"(combinazioni)及其对马基雅维里思想所产生的影响,可参见 Tommasini, *op. cit.*, II, pp.76 *sqq*。

③ 此处当指豪华者洛伦佐(Lorenzo il Magnifico')的孙子小洛伦佐(Lorenzo di Piero de' Medici,1492—1519),他从 1513 年起统治佛罗伦萨,1516 年起兼乌尔比诺公爵。——译者注

④ 莱奥十世(Leo X,1475—1521),美第奇家族成员,1513 年起任教皇。——译者注

句"的小册子,①马基雅维里又一次遭到了回绝。

然而,这位在自己的作品中投入了极大热诚的思想家却没有意识到,他正意欲建立的"小小城堡"(castelluccio)②是多么的脆弱;他以丝毫未减的热情继续写作。

由此,我们便掌握了这本书的逻辑框架。萨伏那洛拉的主旨是反抗他所处的时代和历史环境,③马基雅维里则截然不同,他的出发点在于接受这一环境,至少接受它的本质特征。他的思想与当时的历史深深契合,在十二载不无裨益的劳作中得到了磨砺与激发;依靠这种无往不利的分析天赋,这种沉静的逻辑以及对于丰富活泼的生活如此现实的观察,他为自己的图景描下了宏大的轮廓。马基雅维里思维的平静和谨慎与他的想象力并不矛盾。当拾掇起事实的片断之后,仅靠想象力,他就能将它们重新统合为一个最终的景象,将它们作为独立的成分重构成一个完美的有机体。其他那些人——那些外交家们——却止步于第一阶段;他们无法想象还有可能构筑一个新的起点,而是在自身的精致审慎中自我封闭。萨伏那洛拉无力控制自己的激情,使它服从于一个严密而严格的体系,为它注入生活中无处不在的精微奥妙。相反,马基雅维里却知道如何利用经验——他的经验已包含了丰富的主题——他知道如何借助自己的想象力,将经验转化为一种新的政治形式。这让他足以在政治思想史上留下全然属于个人的印记,后世的人们——

---

① 该轶事源自于阿尔维西(Alvisi,马基雅维里书信集的编纂者)。*Lettere Familiari*(与亲友书信集),Introduction,p. xiv。

② 意大利文本中为"castelluzzo"。——译者注

③ 在《论佛罗伦萨国家的改革》(*Discorso sul riformare lo stato di Firenze*)一文中,马基雅维里的确在某种程度上重新回到了萨伏那洛拉的观点上。他坚持认为有必要重开议事厅(Sala)并通过自由的方式治理城市,这与1495年的民主呼声至少部分地遥相呼应。他对自己时代的意大利人有着模糊的信心——那是一种玄妙的情感,而非理性的知觉——这促使他写下了《兵法》一书(对此我再次提请读者们参阅之前所提到的那篇文章[本书第二章]);他也对自己的故土有着深切的热爱;这样的信心与热爱此时让他的眼前浮现出了一个新的景象,并要将他多少带到自己在《君主论》中似乎曾坚决谴责过的观点上。

他们并非意大利人——会以此为基础,得出自己更为丰富和明确的结论。至于其他人呢,那个多明我会的修士①只能在少数追随者心中短暂而微弱地唤起良知;那些外交家们带来了意大利文明的最终图景,他们至多也不过是为大公宫廷②的生活揭开了序幕——伴随着这种生活的是单调、谨慎和褊狭。

因此,在《君主论》的二十六章中,有二十五章是严格合乎逻辑的。其论证过程直截了当,并无离题之言或中断之处;其分析深刻而精妙;其思想敏锐而精准,并且被仔细稳妥地熔铸为统一的整体。新的国家一步一步地成形。其中的种种元素都被各自详加推敲,它们的有效价值也都分别得到了适当的检验。

马基雅维里无需从过于久远的历史中寻找他的角色。在那群使意大利中部城市不胜其烦的小王公和雇佣军将领中,他发现了自己所需要的“君主”的零散碎片,这些人身上各自的特征可以转化重构,统合为更加完整一致的整体。马基雅维里的记忆相当灵便,这足以使他从最为晚近的历史中捕捉人物——例如,西吉斯蒙多·马拉泰斯塔③,他既是狐狸又是狮子,既是雇佣军将领又是外交家,他善于让敌方军队的行动变得徒劳无功,也擅长做出最为巧妙的设计,使对手的智慧相形见绌。不仅仅是这样一些人,同时还有其他的人——在此背景下,天主教徒斐迪南那张极为沉静平和的脸庞令人深感不安,而他那些充斥着信仰与和平字眼的话语又费人思量,正如我们也不得不考虑斯福尔扎的军事才能——正是从这种包含着极其不同元素的丰富而多样的经验中,马基雅维里为自己所描绘的图景汲取了细节材料。他以冷静的信心,通过严密的思想将自己的原则编织为理论体系,但在思想的严密性背后,我们

---

① 指萨伏那洛拉。——译者注
② 大公宫廷(Grand Ducal court)指托斯卡尼大公宫廷,即以佛罗伦萨为统治中心的美第奇家族的地区王朝。——译者注
③ 西吉斯蒙多·马拉泰斯塔(Sigismondo Malatesta, 1417—1468),意大利雇佣兵队长、贵族,被认为是当时最出色的军事将领之一,曾指挥威尼斯军队与奥斯曼帝国作战。——译者注

却总能察觉到鲜活而具体的现实,总能不断地听到那历史之音的回响——对历史的关注天衣无缝地融入了马基雅维里那尖锐甚至几乎专横的论断中;我们不再能明白地分辨,哪个部分来自于经验,哪个部分镀上了想象,我们也无法区别,哪处是现实世界的声响,哪处体现了逻辑的声音和作者思想的声调。

我们注意到,在小小的细节中蕴含着新鲜与活力,它表达着生活的真实,时而浓缩在一个意象里,时而为一句清楚简明的箴言所巧妙地涵盖。我们注意到,作者能够抓住事件的核心主题并敏锐而平静地作出分析。最后,我们还注意到,正如当初《君主论》的构想来自于他的想象力一样,当他现在开始执笔写作,这种想象力又让他能够收拾起所有零散的信息和思路,将它们重新统合为一个全然无法预知的整体,将它们转化为一种全新的政治经验——即使那只是美好的向往而已。接着,政治斗争出现了——斗争的存在是自然而然、毋庸置疑的:国家在行动、在征服、在摧毁,它无需向任何人解释自己的行为;它已成为了至高无上的存在。但此时它还缺少充分的内部生活——国家的形象需要常驻于人们脑海之中,时时刻刻召唤他们来创造国家。因此,这样的国家是形式上的,正如政治斗争仅仅是外在的;但同时,它不再从外部去寻找存在的理由,甚至不从自己的内部去寻找。如此的国家出现在自身达到均衡的时刻,这样的时刻一去不复返,在这样的均衡状态下它无所求,也无需任何证明或解释。

桑·卡希亚诺(San Casciano)这位孤隐之民①的创造物是荒诞的,因为它预设了这样一种可能性:一个强大的国家可以在没有社会生活来支持自身存在的情况下出现。的确,马基雅维里在这里处于奇特的矛盾之中,作为意大利政治悲剧的揭示者,他并未对事

---

① 指马基雅维里,他失去公职后隐居于此,并在这里写下了《君主论》。——译者注

物有清楚的认知；①然而，在另一种意义上，《君主论》却给出了一幅无法妄增一分的完全而完美的图像。这是一部简短而又卓绝的意大利历史概要，特别是指向了历史的最终结局——文艺复兴时期的人们正是如此思考的；如果说这本小书并未着墨于特定的时期，也并非是专门性的历史资料，那么它至少掌握和解释了历史的精神——它决定了那些单一的时刻并将它们融入自身的发展过程——并指明了这一精神的最终结果。马基雅维里所带来的，是这个意大利文明最为显著地所缺少的事物，那就是自己的国民军（milizia propria），他在这一创举中极为透彻地展现出自身想象的蓬勃力量。的确，要是对于各国法律的部分改革再加上男子汉的德能就足以拯救意大利诸邦和我们文明的命运，那么救赎的方案便真的可以在《君主论》中找到。

直至《君主论》的倒数第二章，马基雅维里的论述始终都有着严密的逻辑。此刻，弥漫在书中的情绪和精神已经开始更为直接地体现出来。在该书的结尾之处，马基雅维里发现，自己遇上了命运这一主题。他无微不至地一点一滴构筑起了自己的"小小城堡"。他以良好的法律和精良的武器使它更为强大，通过禁止无用的慷慨和空洞的信任使它更为安全，使它无比地透明清澈。然而现在，正是在终结之处，一个令人苦恼的问题显现了：若充满了信心和希望，人们是否还能接受告诫？抑或命运将决断：这也无非是虚空？有一种神秘的力量，16 世纪初的历史学家和政治家们都未

---

① 参见《论李维》第一卷第六、十二、十七、三十八、四十五、四十九章，第二卷第十九、三十章，第三卷第三十一章；《兵法》第一、第七卷；《十年记》(Decennali)；《金驴记》(Asino d'Oro，马基雅维里仿古罗马阿普列尤斯《金驴记》而作的诗歌——译者注)第五章；《佛罗伦萨史》第一卷第二十九章（"威尼斯人……和意大利其他所有君主一样，他们要看他人脸色行事"）；《与亲友通信集》(Lettere Familiari)，CXXXI（"至于其他意大利人的联盟，我只能对此一笑置之——首先是因为没有任何联盟会带来任何好处……"）以及 CXXXIV（"我们那些意大利人，可怜、野心勃勃、卑鄙……"）（日期为 1513 年 8 月 10 日、26 日）。

曾清楚地把它描绘出来——有时他们将它等同于世事的逻辑,^①有时他们又将它视为一种不可捉摸的外部强制,它从天而降,随心所欲地到处盲目地指引着世事。在它的作用下,我们看到此时的意大利被奴役和羞辱,先是伦巴第人,继而是威尼斯人和佛罗伦萨人,他们的气数都"不可思议地"衰败了。^② 人们如何与这种力量作战并将其封堵限制——若是我们的确有可能封堵这暴涨的河流?^③

　　这个问题反映出了马基雅维里心中的不安,即使理性和逻辑已指明道路,他仍然心存疑虑,无法决定是要继续前进、最终完成自己的创造,还是徘徊于门前而不入、迷失在细枝末节中;他觉察到,尚有某种东西兀自欠缺,他意识到,自己必须以一跃跨越鸿沟,用不着再去计算能飞得多远。这其实是一个戏剧性的时刻,微妙精巧的外交与充满活力的想象彼此争斗。前者拒绝向前跳跃,不去讨论命运——这世界的统治原则——而是完全接受命运,它不认为总体规律有何价值,而是让自己适应具体的情境。后者则奋力前进,暂时抛下逻辑与算计,寄望于完成最终的创造。这一刻,圭恰迪尼踟蹰了,陷入深思,随后脸上浮现出了半是忧伤、半是狡黠的微笑,他告诫我们,坚持下去只会徒劳无功。相反,马基雅维里则不懈前进,在笔下号召意大利人从蛮族手中解放祖国。

　　马基雅维里写下关于"命运"的那一章——实际上仅仅是提出要讨论命运的力量——就足以表明,那个令人苦恼的疑惑事实上早已解决。他详细地进行了探讨,随后有些不情愿地勉强认可了这位在意大利文明终极时刻降世的命运女神所具有的权威。但我们定要注意到,他做出如此推论,唯一的目的是要确保他的思想具有

---

① B. Croce, *Teoria e storia della storiografia*(历史学的理论和实际), Bari, 1917, pp.215-216。

② Guicciardini, *Storia d'Italia* (意大利史), VIII, vii (ed. Gherardi, Florence, 1919)。

③ 参见《君主论》第二十五章。——译者注

形式上的一致性和实践中的可行性——他自己心中始终对此确信不疑。我们也应当注意到，他早已断言人类的活动有着重要的意义。[①] 这位思想家想要坚持逻辑的方法；他也需要让接受自己著作的君主相信这一点；他必须明白、明晰而明确地反对群氓茫然的悲观和无力的冷漠——对于当前的不幸他们难辞其咎；以上种种因素都促使他，不论现在还是过去，致力于阐释党派的局限性并分析其活动的影响。然而他的情感已然无法平静，人们听到他吹响号角，想要唤醒浑浑噩噩之人，为意大利新的伟业铺就道路。我们且看，关于命运的这段插叙几乎立即就被生动的比喻抹去了理论的严谨性，最终以一个活灵活现的景象结尾。命运先是被比作暴涨的浊流，浩浩荡荡，接着又被有模有样地描绘成一个女子，她可以让自己被击打，也能够向青年人服输；这个抽象的主题也随之先是砰然瓦解，继而完全不见。这种从理性到意象、从概念到具象、从系统论说到快速写生的悄然转变，是马基雅维里的典型风格——他现在沉浸在自己的想象和情感中。随即，最后的奉劝猛然来临：[②]这一号召已然隐含在对于命运半是逻辑、半是想象的分析中，也隐含在整部著作自始至终的推论里，从最琐碎的评论到最大胆的理论中都可见其影。

马基雅维里从一连串杂乱的事件中设想政治重构的可能性——这些事件愈发清楚地揭示出意大利社会和政治无可救药的虚弱，使人们看到，各君主国政体赖以成形的基础是多么虚无；他为这种可能性而努力不懈，为之作出理性的讨论，以精微的分析为纲为之赋予具体的生命——他所做的这一切都可谓是一声呼唤，是由衷的悲壮诉求，它冲破了"合乎逻辑的观察"这样的封闭套路，在激昂的情感中托起一个动人心魄、无法止息的希望。如果说马基

---

① 关于命运的问题，事实上已在涉及这一主题的一段简短文字中得到了回答："因此我们的这些君主们，如果曾经享有王国多年而后来丧失了国家的话，他们不应咒骂命运而应该咒骂自己庸碌无能。"（《君主论》第二十四章）

② 《君主论》末章号召将意大利从蛮族手中解救。——译者注

雅维里的信念与呼号最终已无法再被压抑，如果它们在情感的急剧涌动中喷薄而出，同时那令人不得不怜悯的被奴役、鞭打和扰乱的意大利又为之推波助澜，那么，这无非是那非逻辑、非理智的世界的最终表现，而这一世界却是植根于贯穿全书的理性世界之中的。马基雅维里曾经远离现实和对于历史的传统解释，现在却偏偏要携着生活的新源泉回归此处——他将自己的经验转化为创造力，将对于古典和当代历史的记忆转化为脱胎换骨的政治意识，由此创造出这新的生活之源。于是，逻辑的世界、想象的世界和情感的世界、可靠的协调与观察、充满活力的融会综合、采取实际行动的意愿，这一切有机地组合为一个整体，它的内部结合是如此紧密，以至于从中拿走任一极小的部分都会使之在手中分崩离析。

《君主论》便是产生于这样的精神整体。马基雅维里的心灵以迅速、激动甚至几乎火热的方式拥抱着那些与日俱增的宏大景象，他逻辑推理严密，他的思想有着强烈的戏剧性——这种戏剧性来自于他那逻辑世界和想象世界的不断交融；以上这一切都与他的表达方式中那生动、尖锐而又极为活泼的特质相呼应。

然而，《君主论》各章的标题却是拉丁文。从这种对于正统习惯的坚持中，我们可以觉察到，作者几乎是无意识地想要控制自己的想象力，将它约束在特定的套路中，使之不失平和的法度——通过长久的行文惯例，这种套路已经获得了某种严格甚至庄严的特质。马基雅维里明确提出，他并非是要创作一部文艺作品，不想用"夸张的词句或华丽的语言"来润饰自己的论著。这不是他的目的所在。他试图复兴政治智慧，而非文学技巧，试图说服读者，而非赢得喝彩，试图深深地触动人们的灵魂，而非以优雅的格调抚慰他们。彬彬有礼的形式显得庄重有序，以此来包装这部著作无疑是正确的，它必然会给行文风格带来庄严冷静的理性色彩，同时避免个人的情绪过于活跃。通过这种方式，《君主论》的确可以被统治者们欣然接受为他们的读物。

马基雅维里在具体的分析过程中也同样运用了拉丁语词汇、正统形式、种种沿袭自罗马法的表达方式①——人们乍看到这些小小的插叙、轻微的润饰，只会感到文人的浮夸，认为这是过时风尚的最后遗存；然而它们却为持续的论证带来了书信所具有的随和亲切，②并且还为我们提供了作者本人的生动形象：他在写作时能够迅速抓住头脑中奔流着的话语——这些话语源自于他与秘书厅同事以及共和国官员长年累月的长篇谈话——并将自己气质中的天真活泼注入其间。在另一方面，这种风格又体现了无法抹去的传统印记：它是昔日广阔经验的回响。因而可以说，拉丁语词汇有时似乎减慢了时代的节奏，它使历史记忆庄严地登场，从而冷却时代的激情。③随意的亲切与传统的尊严同时展现在我们面前，人们注意到，本应自然地直接表达出来的思想，现在却局限于端庄简朴的形式里。在《君主论》中，古典的影像完全融合在作者的个人经验内，为抽象的理论洞察添彩润色，而后者则反过来将自身建设性的力量注入前者；与此相同，从夹杂在语句之间的拉丁语词汇中，我们可以发现，回忆与情感、历史传统与日常生活完全交融在了一起。因此，这种融合了亲切随意与宏伟崇高、不假思索与深思熟虑的行文特征，明显地反映着不断相互交替却又总是紧密合一的各种思想阶段。这里不存在刻意的努力，作者并未强求如此。古典与现代的主题都活跃在马基雅维里的经验和逻辑中，两者是如此密不可分，以至于貌似古老的词句，有时却是作者直接无误地表达其观念的唯一途径。

但那些方言的表达形式则是自动闯入的。民众率真的语言衔接在崇高无比的措辞之后，它们活泼、鲜活、简练，一如思想的活泼和简练。在一个庄重的段落结尾之处，作者会一时吐露自己内心深处的情感。随即，这一段便戛然而止。有时我们会因惊人的语句错位而无所适从。作者可能突然从一个主题转向另一个主题，

---

① 就像"世袭权利"（iure hereditario）一词（《君主论》第十九章）。
② 这些表达方式在书信中持续不断地出现。在写给圭恰迪尼的信件里出现尤多，而圭恰迪尼本人也使用它们。
③ 就像："例如（in exemplis），在意大利我们就有……"（《君主论》第二章）。

从单数形式转向复数形式。但他的推理却始终清楚明了、逻辑严密，因为在他头脑中得以明确体现的是根本性的主题，而非细节或插叙——他对后者只是走马观花，有时并未讲完便掉转笔锋，为的是可以立即回到自己的思想主线上。他的行文遵循着一条毫不偏移的道路；我们能够感受到，他在一开始就有着明确的想法，那些旁带的事物私下里可以一一进入文中，但它们的存在只限于为中心观点增光添彩，若是对它们的完整论述会轻微地损害作者思想中那坚实的整体性，那么这些事物就会被置之不顾。

在有些时候，若逻辑之严格有碍于情感的传递，马基雅维里就会立即采取轻便的风格。我们或许会读到一段强烈的讽刺，它是如此敏锐而完美，以至于始终围绕在主语和动词之间，而不需要任何形容词来修饰。[1] 有时，作者又会进行悲愤的唾骂，用四个刻意强调的分词来体现情绪和力度。[2] 此处，马基雅维里这位出色的修辞家又一次略去了形容词的点缀，而硬是用直白、简洁的名词描绘出一幅无助的景象。

现在我们进入了《君主论》的最后一章。这一章概括了逻辑的世界并将它最终完成，也使它在激动人心、宏伟壮丽的结语中成为了主题。在一开始我们看到了失望与痛苦，接着是出现了较为平静的语句，然后又有圣经场景所体现的宗教纯朴，最后，那断断续续甚至有些羞怯的祈求被一系列急速的问题所打断，因为作者的激情已在持续高涨；这一过程象征着从希望到悲伤、从信心到沮丧、从平静到激昂的相继转变，而那恰恰就是《君主论》的逻辑架构。这部著作的第一章具有三段论般的简洁灵活；然而这最后一章，随着宗教故事的引入，却展现了无垠的前景；当作者重新燃起希望并将自己的眼光从他那被打击和奴役的意大利身上移开时，对宗

---

[1] 《君主论》第十一章"论教会的君主国"："这些君主自己拥有国家而不加以防卫，他们拥有臣民而不加以治理；但是，其国家虽然没有防卫却没有被夺取，其臣民虽然没有受到治理却毫不介意，并且既没有意思也没有能力背弃君主。"

[2] 《君主论》第十二章："然而他们的勇武带来的结果，却是使意大利遭查理［八世］的蹂躏、路易［十二世］的掠夺、费尔迪南多的摧残和瑞士人的凌辱。"

教预兆的朴素情感便油然而生。在最后,他的语句如连珠炮般接踵而至。曾经通过宗教故事所平静展现的景象,此刻又以全然属于人类的热烈方式重新呈现,将这段文字带向结尾——而作者最终已经无法找到一句点睛之语,不得不诉诸彼特拉克的由衷呼唤。①

《君主论》便在此终结:马基雅维里的想象力缔造了他的经典之作。后来,这种想象力还创造了《兵法》一书;那时,它将被一种忧伤的自省所掩盖,因为君主们并未倾听作者的论说;他们"仍然犯着同样的错误,生活在同样的混乱中",他们没有听从告诫,没有汲取往事的教训。② 当马基雅维里在写作《君主论》时充满信心:现在却已完全失落。在 1513 到 1519 年之间所发生的事件让他看到,自己的梦想是多么空虚。法国重回伦巴第平原;洛伦佐·德·美第奇在巨大的困境中,通过卑下的伎俩得以保住自己的乌尔比诺公爵领地;马基雅维里尽管没能认识到,他所构想的君主国真正的弱点在何,但他至少已经意识到,这样的创造是不可能实现的。他归咎于君主们的"怯懦无能"③,殊不知"怯懦无能"或者说"无力",那是整个意大利社会——这种社会形式源自于公社生活——的通病,而非仅仅是个人的问题。《兵法》一书的由来便是希望的破灭。作者的想象力仅仅局限在知识性的功能上;它失去了思索现实并寻求改变现实的强烈信念。马基雅维里写作《兵法》是为了"愉悦那些倾心于古代事迹的人们"。④ 进行重构的能力并未消失,但采取行动的意愿已不复存在。

因此,这部著作的文风便具有了某种平和忧郁的特质。它的语句在结构上与前句连接得更为紧密,它的段落时而具有缓慢深沉

---

① 《君主论》最后引用了彼特拉克的《致意大利》一诗。——译者注
② 《兵法》第七卷。(中文引语根据意大利文译出,此处后半句并非直接引用,但英译本仍作为直接引文承接上句,疑有误。——译者注)
③ "现在我又重新开始落笔,我要宣泄我的情感,控诉那些君主,他们每个人所做下的每件事都将我们引入现在的困境。"[Lettere Familiari(与亲友通信集),CXCIX,1525 年与圭恰迪尼的通信。]
④ 《兵法》序。

的节奏，^①它会用平静的语调引出一段想象^②——以上种种都让我们发现了一种前所未有的理想破灭、急流勇退的意思。即使是对于君主的谴责——作者为此写下了形式均衡、内容丰富的一段话，在每个方面都高度成熟、完整无缺——也失去了《君主论》中那简短的责难所具有的激昂尖锐。^③ 这种内心的松懈与退缩在《卡斯特鲁乔传》^④中表现得更为明显。让我们看看，弥留之际的卡斯特鲁乔，他的话是何等缓慢甚而有些庄重地开场的。^⑤ 我们也应当注意

---

① "他们来到此处并各自安坐，有些坐在草地上，那是这块地方最有新鲜气息之处，有些坐在椅子上，这些椅子已被安放在高耸树木的绿荫下。法布里奇奥愉快地赞赏此地，他尤为用心地关注那些树木，其中有一些他不识得，便在那儿苦思冥想……我想你所言不差；此地此思，使我忆起了某些王国的君主，他们为这些古代的作物和绿荫而欢喜。他稍停下话头，颇像是陷入了自己的思绪……"（《兵法》第一卷）

② "对于造物主，我感到难过……"（《兵法》第七卷）

③ 《君主论》第十二章："然而他们的勇武带来的结果……"

④ 卡斯特鲁乔(Castruccio Castracani，1281—1328)是意大利著名的雇佣兵将领、卢卡大公。马基雅维里的《卡斯特鲁乔传》(*La vita di Castruccio Castracani da Lucca*)大约写于 1518—1520 年，并非是完全严格真实的传记，而是包含了马基雅维里的主观创造。——译者注

⑤ "我的孩子，我有过多少令人欢欣的成功，并因此指望能获得荣光，但我要是可以认识到，命运在半途就会阻断我通向这一荣光的道路，我就不会如此操劳，而是留给你或许较小的国家，却让你面对较少的敌人和较少的嫉妒者。我本应满足于统治卢卡和比萨，不该奴役皮斯托亚人，不该给佛罗伦萨人带来如此多的伤害而激怒他们。若我与两城人民交好，我的生命即便不能更长久，也必定更安宁，而我留给你的国家或许较小，但无疑会更安全、更稳固。"

[我觉得有必要指出，在 1813 年版的马基雅维里作品选(*Italia* edition, 1813)以及 1874 年版的《马基雅维里作品集》(*Le opere di Niccolò Machiavelli*, II, ed. Passerini and Milanesi, Florence-Rome, 1874)中，上述引文是一个单独的句子，而在 1929 年的《马基雅维里历史和文学作品全集》(*Tutte le opere storiche e letterarie di Niccolò Machiavelli*, ed. G. Mazzoni and M. Casella, Florence, 1929)以及 1938、1949 年两个较为晚近的马基雅维里作品选(by A. Panella, Vol. I, Milan, 1938(*I classici Rizzoli*) and by F. Flora and C. Cordié, Vol. I, Milan, 1949(*I classici Mondadori*))中，*meno invidia*(较少的嫉妒者)之后却有一个句号。不过，我认为这个区别对作品的涵义、连贯性和段落的均衡都不构成任何影响。在我看来，即使在新版本中，这段话也完全保有庄重节制之貌。]

到，从这个构思精妙的段落向后延伸，火热的激情竟然完全消失，只留下对往事回眸一瞥的忧愁。

马基雅维里的想象一点一滴、缓慢却不间断地滑向了过去，它失去了创造性的活力，而表现为一种解释性的才能。这便是我们所看到的《佛罗伦萨史》。

当马基雅维里仅仅是在思考这段波澜起伏的历史时，他真正的力量——其想象力——便几乎总会被削弱；他的敏锐分析和逻辑能力不得不孤军奋战，它们并不一定能成就精妙绝伦的文字或是无比清晰的框架——而圭恰迪尼在对于历史的再现中却能够做到这一点。但同样地，在《君主论》中除了尖刻锐利的措辞，我们还可以看到结构精妙的段落、行云流水的句子，再加上精准非凡、文采斐然的别致用词。在这部作品中，马基雅维里可以通过词语和结构迅速而完满地表达自己的观念；但我们往往忽视了他的这一能力。

一旦马基雅维里局限在对意大利历史的召唤中，他就不再是那个真正的自己。

第二部分 《君主论》：神话与现实

（一）《君主论》的诞生

在 1513 年的最初几月，仍因短暂的牢狱之灾而心有戚戚的马基雅维里[1]退隐到了桑·卡希亚诺附近的小屋。桑·卡希亚诺是个位于格雷韦谷（Val di Greve）和佩萨谷（Val di Pesa）之间山丘上的小村庄。在这个平静而孤独的地方，对于生活的激昂感觉逐渐淡化了——这种感觉曾让他在公职在身的最后日子里不得安宁——而他的思想则更为清晰地浮现了出来，它正在彻底摆脱情绪化的成分，将个人因素限制在明确的界限内。此时，佛罗伦萨已然遥远，在雾霭沉沉的天幕下只能从耸立的高塔中依稀辨别它的形象，对于马基雅维里来说，他终于能够以一个批评家的从容来反思自己和他人的著作了。此前，这样的想法只如浮光掠影般在他头脑中闪现，毕竟，紧要急迫之感才是政府官员的特征。

事实上，若有任何事物让马基雅维里——哪怕是间接地——与那个给他留下了远非愉快回忆的世界重新接触，他原本都是要尽

---

[1] P. Villari, *Niccolò Machiavelli e I suoi tempi*（马基雅维里及其时代），3rd edition, Milan, 1912—1914，II, p. 211；O. Tommasini, *La vita e gli scritti di Niccolò Machiavelli*（马基雅维里生平及作品），Rome, 1883—1911，II, pp. 80 sqq。（1513 年 2 月，马基雅维里被控推翻复辟的美第奇家族而入狱，3—4 月被释放。——译者注）

量避免的;①但由于命运并没有给予他羊毛商人的气质,也没有让他具有足够的经验可以在银行谈论利益得失,因此他要么在沉默中衰朽,要么去谈论国家政事,以那种在长久艰苦活动中业已习惯的方式来建筑他的"小小城堡"。② 在沉默中衰朽,这非马基雅维里所能;因此他开始思考政治事务。

如此便产生了《论李维》的最初一些章节。③ 使马基雅维里的

① *Lettere Familiari*(与亲友通信集)(Alvisi edition),CXXVIII。马基雅维里著作的引文都来自于 1813 年 *Italia* 版全集;唯一的例外是《君主论》,引文来自于我自己编纂的版本(Turin, U. T. E. T., 1924)。

[考虑到读者的方便,我在引用《佛罗伦萨史》时,都会注明卷数和章数,章节划分依照卡利的校勘本(P. Carli's critical edition, two volumes, Florence, 1927)。此外,为了适应现代用法,我将 *Ritratti delle cose di Francia* 这个旧标题改为 *Ritratto di cose di Francia*(即《关于法兰西情况的描述》,马基雅维里写于 1510 年的作品。——译者注)。]

② *Ib.* , CXX.

③ 关于《论李维》的写作,参见:Villari, *op. cit.* , II, pp. 271 sqq. ; Tommasini, *op. cit.* , II, pp. 89, 144 sqq. 基本可以确定的是,马基雅维里开始写作《君主论》的时候,《论李维》的第一卷已经大部分完成了。此外,他也许还已经写下了某些段落,它们就内容而言更应属于第一卷,但实际上归入了后面几卷。在《君主论》第二章中,他就明确提到了自己所完成的工作:"这里,我想撇开共和国不予讨论,因为我在别的地方已经详尽地论述过了。"不仅如此,《论李维》中有多处段落与相邻的章节缺乏关联,这一点清楚地表明:该书并不总是依从着一个周密精确、富于逻辑的写作体系(Tommasini, *op. cit.* , pp. 146 - 147)。(英译本此处略去一句:"例如第一卷第 23 章的几乎所有内容就更应该放在第三卷,与第 10、11、12 章比邻。"——译者注)还有,在《论李维》第一卷第 23 章提到了弗兰西斯一世的例子,这证明该段内容写于 1515 年之后,因此这部著作最初的一些章节也就是在此时得以继续完成的。

[最近几年,一些学者重新审视了《论李维》的写作问题并提出了新的观点。原本人们普遍认为,在《君主论》第二章起始之处("这里,我想撇开共和国不予讨论,因为我在别的地方已经详尽地论述过了。")所提及的是《论李维》一书。但是,吉尔伯特(F. Gilbert, "The Composition and Structure of Machiavelli's Discorsi," *Journal of the History of Ideas*, XIV, 1953)却对这个假说做出了修正,认为这段话所指的不是《论李维》,而是一部已经遗失的讨论共和国的手稿;马基雅维里后来在《论李维》第一卷的前十八章中也用到了它。吉尔伯特接着说道,这十八章的内容基本上是关于李维的评论:马基雅维里在 1515 年着手撰写这一评论,当时他开始频繁参与奥里切拉里园的活动,而它被编纂 (转下页)

日常生活陷入苦难的那种沮丧和绝望，在他这里被转化成了一帖精神上的复苏剂、一种对于历史的颂扬、一种对于政治美德的鲜活追忆——诸如此类美德，从未有人能将其召入生活。在乏味的白天，他被爱情诗人所陪伴，耳闻马车夫的呼喝、赌博者的叫喊和伐木人的争吵；白日终结时，他的眼前却倏尔布满了过去时代的人物。在斗室中，这位流放者身着朝服，面对的是那梦中都未曾出现的新世界。①

马基雅维里的思想中常常显现出对罗马的追忆，这并非单纯地因为他偏爱人文主义。② 他热切地笃信一个强大健康、活力充沛、被人民的卓越品质所维护的国家；在那些日子中，这样的信念是他

（接上页）为现在的形式并最终得以完成则是在 1517 年。

　　随后，赫克斯特（J. H. Hexter，"Seyssel, Machiavelli and Polybius VI：the Mystery of the Missing Translation"，*Studies in the Renaissance*，III，1956）以《论李维》第一卷第 2 章作为自己的分析起点，这一章源自于波利比乌斯（Polybius，约公元前 200—前 118 年，希腊化时期的历史学家，他对罗马历史及政治制度的论述对后世有重要影响，其《通史》一书仅留下前五卷和第六卷的部分内容。——译者注）的论著，而赫克斯特指出，马基雅维里不懂得希腊文，他不可能在 1515 年之前从拉斯卡里斯（Janus Lascaris，约 1445—1535，文艺复兴时期著名希腊语学者。——译者注）的译本中接触到波利比乌斯著作的第六卷。最后，巴伦（H. Baron，"The Principe and the Puzzle of the Discorsi"，*Bibliothèque d'Humanisme et Renaissance*，XVIII，1956）还认为，《君主论》第二章的起始句是在全书其余部分完成之后再加上的，时间可能是在 1516 年，即马基雅维里将《君主论》献给洛伦佐·德·美第奇的时候。根据巴伦的推断，《论李维》写于 1515 至 1516 之间。

　　于是，《君主论》和《论李维》两者的写作关系这个问题就可能会被完全颠覆。不过，虽然这些学者做出的推断都匠心独运、极尽巧妙，我还是无法接受他们所提出的假设。我仍然认为，《君主论》第二章的起始句所指的正是《论李维》一书，它也并非是后来所增加的语句，因此，当马基雅维里开始写作《君主论》的时候，他至少已经完成了《论李维》第一卷的部分内容。]

① Letter to Francesco Vettori, dated 10 December 1513.（在这封著名的信中，马基雅维里向驻教廷大使韦托里提到，他白天过着伐木捕鸟劳作的生活，闲时阅读但丁、彼特拉克等人的诗歌，饭后到小酒店与穷苦邻人下棋斗嘴消磨时光；但夜晚来临，他却回到家，换下劳作的衣装，披上朝服，来到古人的神圣宫廷中，开始了自己的学习研究。——译者注）

② Cf. R. Fester, *Machiavelli*, Stuttgart，1900，p.139.

唯一的慰藉。近来的梦想破灭使他的信念愈发增强,真诚的信仰必须以其理论力量去应对现实事件的残酷教训——这只能在对于过去时代的追忆中才能找到具体的表达。落日余晖中,薄雾笼罩着远方的佛罗伦萨,马基雅维里向它投去一瞥,已然做出了苦涩的回答:他那怨怒的灵魂亟需拯救,但即使是拯救——这与其说是确然,不如说是希冀——也无法在此处找到。

在意大利的历史中也同样无法将其找到。因为,如果说我们的这位思想家并不总是对意大利公社的生活及其内在发展有着全面认识的话,那么至少他对公社最终的衰落及其政治成就的消极面有所洞察,正如他意识到自己所处的时代在道德和社会上的崩坏一样;① 人类历史上唯一以那种持续的内部生活——它有着宏伟的主题和节奏,并催生出国家之伟大——为特征的阶段是罗马共和国时期。那时,贵族和平民都同样积极能干,这两个阶级之间的对立,促使国家机体能够始终辉煌壮丽、生气勃勃地存在着——马基雅维里这位前十人委员会的秘书曾深情地设想:自己的城市正应当存在于如此的状态中。惟有在此他才能以历史记忆的方式重燃复兴的精神,而在他的时代环境中,这种精神已无法得到指望。

---

① 例如,我们可以参考他对佛罗伦萨的评价:"佛罗伦萨……便如此治理了两百年,其间从未有过任何一段状态,能使之真正被称作共和国。"(《论李维》,第一卷,第49章,亦见第38章),还有他对其他意大利国家的评价:"因此,我要说,没有任何事情……能使米兰或那不勒斯获得自由,因为其成员已完全腐化了。"(第一卷,第17章)那不勒斯、罗马治下的地区、罗马尼阿和伦巴第,这些地方从未有过"任何政治生活"。(第一卷,第55章)关于整个意大利,他说道:"对于那些你认为某一天可能会在意大利取得成效的武装,你也不应寄予希望,因为那是不可能的。"[*Lettere Familiari*(与亲友通信集),CXXXIV(dated 26 August 1513)]在同一封信中还有这样的话:"我们那些意大利人,可怜、野心勃勃、卑鄙……"类似的话尚有:"至于其他意大利人的联盟,我只能对此一笑置之——首先是因为没有任何联盟会带来任何好处……"(Letter dated 10 August 1513, No. CXXXI)

李维《史论》①的页边空白之处是最初的评注得以萌生的地方。该书是对一种政治生活的崇高颂扬，这种生活成长于一个不受腐化堕落侵蚀的社会之中。究其本质，这样的社会是富于整体能量的，而这一能量的自由释放则带来国家法律与政制的不断演变和进步。

但是，正当马基雅维里的这一重构进程达到顶峰时，他却戛然而止；另一种景象出现在他面前，为他孤独的沉思设下了明确的框架。在 1513 年 7 月②至 1514 年初③的这段时间内，他写出了 De Principatibus 这部著作——我们现在所看到的《君主论》几乎完全成形了。④

---

① 李维的著作原称《关于城市建立以来的史书》(Ab urbe condita libri)，共有 140 余卷，现仅数十卷存世，包括完整的前十卷；后来逐渐被称作"十卷书"，据说是因古代羊皮纸抄本一册最多抄写十卷。马基雅维里《论李维》的全称即为《论提图斯·李维的前十卷》(Discorsi sulla prima decade di Tito Livio)。本书中译文将李维著作简称为《史论》。——译者注

② 马基雅维里有可能就是在此期间开始撰写这部著作的。关于这种可能性，参见利西奥编纂的《君主论》导言。[Lisio, the school edition of The Prince (reprint), Introduction, Florence, 1921, pp. xvi, xvii]

③ 马基雅维里在 1513 年 12 月 10 日那封著名的信件中所提到的扩充和润色过程，直至 1514 年 1 月还尚未完成，这一点可以由韦托里的话中得到证实："我读了你著作中已经完成的那些章节，他们令我极为欣赏；但除非我看到整部书稿，否则我不会遽下定论。"[dated 18 January 1514, Lettere Familiari (与亲友通信集)，CXLI] (不过，还请参阅下一注释的结尾之处。)

④ 托马西尼(Tommasini)认为，马基雅维里在致韦托里的信中所提到的 De Principatibus (即《君主论》的拉丁文名称。——译者注) 这部著作仅仅是一个粗略的草稿，直到 1515 年才有了我们现在所见到的确定版本(op. cit., II, p.87, 89, 105)；对于他的这一说法，实际上我并不同意。托马西尼反驳了利西奥的观点[Intorno alla nuova edizione del Principe di Niccolò Machiavelli(关于马基雅维里《君主论》的新版本)，Rend. Acc. Lincei, 1900, pp.322 - 323]，但他的论证并不十分令人信服，并且与一些非常重要的历史证据不符——这些证据是不能被轻率忽视的，利西奥在《君主论》校勘本前言中的观点也正是以此为基础的(The Prince, Florence, 1899, pp. lxii-lxiv)。1515 年夏天的事件并未反映在《君主论》中，而若是马基雅维里在 1515 年才完成终稿，就不会不作出修改；不仅如此，要是他在 1515 年初之后又重新对该书进行改动，书中某些特定的提法就会变得不可思议。在第十一章中提到："而现今法国的一个国王对它却 (转下页)

（接上页）怕得发抖，因为教会能够把一个法国国王驱逐出意大利"，这必定是指1513 年夏秋之际的情形，若非如此便无法解释；这一情形后来促使路易十二在当年 12 月与教皇达成协议。那不可能是指 1515 年的情况，当时弗朗西斯一世投入了争斗。同样，在第十三章中有这样的话："正如我们现在能够看见的，这种错误……就是这个王国危难的原因……这样一来，法国人就没有能力对抗瑞士人"，这只可能符合诺瓦拉（Novara）战役（1513 年法国与教皇—威尼斯联盟之间的一次战役。——译者注）之后的情况，与 1515 年的情景则不相适应。在第二十一章中提到，阿拉贡国王"天主教徒"斐迪南**最终进攻法国**（潘汉典先生此处译为"最终"，而该词的原文是 ultimamente，也有"最近"的涵义。——译者注），这就将我们带到了 1513 年，若说 1515 年则有欠合理。最后一点，马基雅维里怎么可能在 1515 年将当年 1 月就已过世的路易十二称为"**当今的**法国国王"（第十六章）？请注意，我们所谈论并非是那些马基雅维里可能会忽略遗忘的次要人物和次要事件，而恰恰是他始终都在予以关注的人和事。无疑，如果他的确筹划过《君主论》的第二个版本，那么他即使不修正自己的思想，至少也会修改其表达方式。他的这部著作既然是献给美第奇家族一名成员的，那么又如何会在提到莱奥十世（即乔瓦尼·德·美第奇，1513 年当选教皇，称莱奥十世。——译者注）时说"我们希望"——在 1515 年的时候莱奥十世已经当选教皇两年，其间马基雅维里不仅知道了他的"善行"，也了解了他持续不断的政治阴谋。若在 1515 年，上述措辞显然会有所不同；而我认为，对于马基雅维里这个经受过命运沉重打击又渴望重新担任公职的人来说，修改自己的表达并非是无足轻重的事情。

正是基于这些确切的历史依据，我认为谈论一个粗略的草稿和一个第二版《君主论》之分是不切实际的。至于在整体构架不伤筋动骨的情况下对某些地方做一些小的改动，那就是另外一回事了。在这个节骨眼上，我觉得有必要回顾马基雅维里的一段话，它可以为我们的讨论提供线索："弗朗切斯科·斯福尔扎讲求军事，于是由平民一跃而为米兰的公爵；而他的**孩子们**（figliuoli，"子嗣"一词的复数。——译者注）由于躲避军事的困苦，于是由公爵降为平民。"（第十四章）这些"孩子们"（作"继承人"解）只可能是"摩尔人"卢多维科（Ludovico Sforza, 1452—1508，一作 Lodovico，弗朗切斯科之子，继任米兰公爵，后于 1500 年败于法国人，被囚禁至死；"摩尔人"是其绰号，来源不明，一说是因其肤色较深所致。——译者注）和马西米利亚诺（Massimiliano Sforza，一作 Maximilian, 1493—1530，卢多维科之子，在雇佣军的帮助下于 1513 年继任米兰公爵，1515 年失去领地后被流放监禁。——译者注），后者在 1515 年 9 月 13、14 日的马利尼亚诺（Marignano）战役之后失去了领地。这一线索将我们带到了 1515 年底——除非我们认为，复数的"孩子们"纯粹是一种夸大的风格，就历史事实而言仅仅指"摩尔人"卢多维科一人。然而在我看来，这段内容在核心论（转下页）

（接上页）断上所指极为明确，也非常肯定——"由于躲避军事的困苦"——除非这些孩子们全都在相当清晰的统治时期内明明白白地表现出了懒惰的特征，不然这种说法就毫无意义；这段内容在最终的论断上也毫不模糊：作者所指的是"公爵"，也就是已被承认为统治者的君主。这两点使我倾向于接受前一种解释，即该处涉及了1515年的历史。即使这是一个孤立的例子，我们也不必对这段添加的内容感到惊奇，因为我们要记住，这一处文字正位于《君主论》全书的中间位置；它证明了马基雅维里思想中最重要的观念，即国民武装的必要性；同时，通过米兰这一邻邦的史实，作者也能够更有力地就君主如何履行自己的首要职责献言献策。在1515年，这段文字所在的第十四章必定比其他章节更多地萦绕在马基雅维里的头脑中；那一年，他看到，教皇军总统领洛伦佐·德·美第奇大约要成为他所长期宣扬的君主之悔（princely repentance）的首例，他由此而感到有必要坚持自己的建议。另一方面，如果我们想到，马基雅维里始终目不转睛地关注着伦巴第平原（米兰位于此处。——译者注），如果我们记起，他对马西米利亚诺有着怎样尖锐的评价［Lettere Familiari（与亲友通信集），CXXIV，CXXXI，CXXXIV；亦参见韦托里的观点，ib.，CXXXII］，我们就会发现，要说这段文字涉及马西米利亚诺，那并非毫无道理。

因而，有些内容应当是后来添加到初稿中的，综上所述，我认为可以断定：这部著作是在1513年7月至1514年1、2月间写成的，它的根本结构始终未变，但作品本身必定经历了某些修正，而我们今天也难以确定作者做出这些修改的本意。这也可以解释，为什么在科尔西尼和哥特两处藏本（Corsinian and Gothan MSS）中，有一些较为简略、不太详细的版本，没有容纳后来的修改之处。但是这远远不能说明，该书分别存在着一个粗略的草稿和一个确定的终稿；我倾向于认为：1513年之后所做的改动并不多，更重要的是，这样的改动并不大——如前所述，这种观点是有历史根据的。

此外，迈内克在1923年德语版《君主论及小作品》一书的"序言评注"（Meinecke, Anhang zur Einführung, in the edition of The Prince and minor writings, Berlin, 1923, pp.38‑47）中提出：1513年版的《君主论》只写到第11章，其余的部分都是马基雅维里后来所加上的，他对这一观点进行了巧妙的论证，但我仍难以接受。姑且不谈其他的理由，第三章中的一段话就已解决了这个问题："如果又有人引证说：法国国王答应了教皇……关于这一点，以后论述君主的信义和应该怎样守信时，我将给以回答。"换言之，读者在此处被引向了第十八章；迈内克说，他看到了第三章的这段引文与第十章里一段文字（"以后遇有机会，我们还需要再谈一谈"）的关联之处，但我们对此却无法察觉。有人判断说："法国国王路易是为了避免战争才把罗马尼阿让给教皇亚历山大六世，把那波利（那不勒斯）王国让给西班牙的"，对于这个问题，马基雅维里回答道：人们并不应当为了逃避一场战争而听任发生混乱。对于别人的第二（转下页）

马基雅维里放弃了对罗马世界零敲碎打的重构,而是有条不紊、迅速活泼地带领我们回到了当下的生活,在此背景下,我们看到:一个严厉而机敏的新君主的形象明白地浮现了出来。这部沉静的作品虽仍嫌琐碎零散,却热烈而率性地表达了作者的思想和论断——在他的思想论断里明确地体现出一种观念,它与那些被搁置一旁的片段①中的核心观点似乎是截然对立的。

从一个论点跳跃到另一个论点,这样的转变并不意味着矛盾,而是反映了长久不断的思维斗争,这种斗争在《论李维》的草稿中就已有了最初的体现。

在《论李维》第一卷中,开始的几章所谈论的净是一个强大民族的荣耀,然而此后,我们便会注意到一种在上述章节里未曾有过的动摇。这种动摇体现得越来越明晰,并在作者转而思考其他主题的时候彻底表现了出来:在整段整段的内容里,人类的动机遵循了新的方式,作者第一次强调了个人的能力,并通过详细具体的准则将它描绘;而在之前的章节中,他所提出的准则在范围和形式上都涉及集体生活。

(接上页)项反对理由,即有关君主道德准则的问题,马基雅维里则回答说,他将在以后对此进行论述,而他此后的论述不仅确立了应当如何获得和维持王国的方法,还确定了君主个人的行为准则。这说明,马基雅维里从一开始就清楚地看到,自己的《君主论》最终将呈现为何种形式。同样,他在书写有关"君主国"的章节时,就已经在考虑关于君主私人雇佣军的内容了。

最后,我们也不能将第十二至十四章看作是第十章的重复。第十章的核心主题或可称之为"数量性"的防御体系,而其他几章则涉及"质量性"的防御体系。即使一个君主拥有自己的武装力量,若缺乏"人口众多"的条件,我们也无法断定他总是能够进行"决战";于是马基雅维里又为那些被迫躲在坚固城池中的人们提供了一套法则。第十二至十四章的主旨却有所不同。

[后来,我又在"论马基雅维里《君主论》的写作"一文中重新考虑了这个问题。("Sulla composizione de 'Il Principe' di Niccolò Machiavelli", *Archivum Romanicum*, XI, 1927, pp.330 - 383)在这一文章里,通过长篇的分析,我最终得出结论(与前面论述的观点稍有不同):《君主论》写于1513年7至12月间,此后不论在整体还是局部上都没有进行过修改。]

① 即《论李维》手稿。——译者注

事实上,这位孤独的思想家无法过多地游离于他所处的时代现状之外,现实不断地向他涌来,毫无保留、毫不隐讳地展示着自己无可救药的脆弱不安。他极度渴望遁入历史,期冀从中汲取新的澎湃活力,但这却恰恰迫使他投入现世的悲伤经验中,他那创造性的能力由此开始被禁锢在愈加狭窄的限制里;古代世界不得不在现代世界面前逐渐退却,在马基雅维里与朋友韦托里持续的对话中,后一个世界是挥之不去的主题,对于当下意大利的感受愈发响亮地回荡在其间。因此,即使是在对李维的评注里,也悄然混杂着这样的箴言:它们的主题不再是健康的国家,而是腐败的机体;古典的案例也让位于当代历史中的人物和事件。[1] 政治生活的内容完全是个人的能力;马基雅维里有时会发现,古代的辉煌玉成于艰难困苦之中,他对于罗马的赞美便会在这苦涩的思想里冷却。[2]

于是,新的观念趋于成熟。一个未经前人分析过的世界正在被缔造出来——尽管其基调和框架还依然模糊;[3]这个新世界仍隐晦

---

[1] 例如,《论李维》第一卷第二十七章就围绕着两个主要人物:教皇尤利乌斯二世和乔万帕格罗·巴廖尼(Gian Paolo Baglioni,意大利雇佣军将领、佩鲁贾的统治者,马基雅维里原著中拼为 Giovampagolo Baglioni。——译者注)。

[2] 在《论李维》第一卷第三十章里,有一段简短的话暗自将我们从古代的罗马带回到当时的意大利,这段充满了不信任感的评论是多么地令人伤怀:"但若他们(指君主)或因有所疏忽,或因有失慎重,留在家中游手好闲,而派遣将领外出(作战);面对他们我便无言可对,唯有请他们自行其是。"

[3] 《论李维》第一卷第十九章里有这样一段话:"统治国家的一切君主都可以此为鉴。若君主如努马一般,能否保有国家就要看时势或命运是否站在他这一边;但若君主如罗慕路斯一般,且同样地以谨慎和军备来武装自身,那么他无论如何都能保有自己的国家,除非某种无坚不摧、无比强大的力量将其夺走。"这是马基雅维里第一次直接论及如此类型的君主,《君主论》第十四、二十一、二十四章还将对此作出更为详细的描述。与此相似:"当人民迷失于这样的错误中,只因为某人打击了他们所憎恨的人而拥护他,那么若这个人头脑聪明,他往往就会变成这座城市的专制者。因为他会等待时机,在人民的同意下,将贵族消灭。"(《论李维》,第一卷第四十章)我们几乎能将这段话视为《君主论》第九章的前奏——而这段前奏本身又能在《论李维》第一卷第十六章找到预兆:"因为他若与少数人为敌,就很容易自保,且不会引致多少愤恨;而若与全体大众为敌,则万难自保……因此,要说有何上上之策,那便是寻求与人民为友……(转下页)

不明,因为马基雅维里作为人终究有其宿命——他不可避免地要在对往昔荣光的追忆中寻求摆脱自身的失落。一旦有什么事件能促成他心理上的"剧变",那仍未贯通的新思想就会得以准确的定型,这无疑将打断他原本已开始撰写的著作。

这样的"剧变"真的发生了。在地平线上隐约浮现出惊人的政治事件——虽然其影像尚未明晰——而它背后的主角则是美第奇家族。① 我们这位被流放的思想家有可能重新回到积极的生活中,

---

(接上页)从而,一个君主若想赢得人民……"这一章里所举的法国国王的例子还会在《君主论》第十九章再次出现,并且也是为了说明同样的道理。马基雅维里本人也注意到了自己论述过程中的这种变化:"尽管这段论述与前文所述不合,一个是在讲君主,另一个则谈共和国……"(《论李维》第一卷第十六章)简而言之,这些都是零散的元素,它们现在仍淹没在人民的鲜活声音和党争的嘈杂声响中,而后不久便将成为一个正在萌芽的新理论的根本主题:"前文所述一切都表明,在一个腐败的城市里,要维护共和国或予以创新,都是极为困难甚或无法做到的。"(《论李维》第一卷第十八章)马基雅维里于是再次将自己的注意力由罗马转向了他那个时代的腐败社会;他从古代的文明中铸就与发展了自己的经验和想象,并出于实践和情感上的双重原因,将它们再次应用到了当下的生活里。由此便产生了《君主论》。

① 但我并不同意维拉里的观点(Villari, *op. cit.*, II, pp. 366 sqq.)——尽管他得到了别人的附和;维拉里试图说明,马基雅维里创作《君主论》的实际原因,是希望看到美第奇家族的成员在帕尔马、皮亚琴察、摩德纳(Modena)和雷焦(Reggio)等地建立个人统治。美第奇家族的朱利亚诺和洛伦佐两人起初并没有什么明确的抱负,而在马基雅维里撰写《君主论》的时候,他们的雄心再次在游移不定、迟疑不决中消融了。曾经有一段时期,人们渴望朱利亚诺能成为那不勒斯国王,也期望洛伦佐至少可以统治整个米兰公国;在另一个时期,人们的希望有所降低,转而寻求两人通过婚姻与皮翁比诺(Piombino)和锡耶纳两城结为同盟。[Tommasini, *op. cit.*, II, pp. 76 sqq. Cf. Pastor, *Geschichte der Päpste*(教皇列传), IV, I, pp. 54 sqq.]朱利亚诺本身是一个任性放纵、极端无常的人,他的目标变幻不定,而我们也就难以明确地判断他所欲何物。即使 1513 年 7 月之后,教皇莱奥十世会设想在意大利北区地区,以帕尔马和皮亚琴察或是在摩德纳和雷焦为根据地,为他的弟弟朱利亚诺和侄子洛伦佐设立国家[Luzio, *Isabella d'Este nei primordi del Papato di Leone X*(莱奥十世教皇任内初期的伊莎贝拉·德斯特), Arch. Storico Lombardo, 1906, pp. 121 sqq.],这也并不意味着,马基雅维里关于此事消息足够灵通,足以准确地描绘这一方案。他第一次提到自己知晓此类计划是在 1515 年 1 月 31 日[*Lettere Familiari*(与亲友通信集), CLIX],而他在表达中所使用的措辞表明,这一信息是通过"道听途说"(转下页)

重新对政府事务操心挂念①,这使他愈加渴望——那是一种油然而生、始终不懈的渴望——提高自己的声音,好着力为潜在的统治者指明道路,使之在政治上获得成功。所有这些都融合成了单一的动因,其中我们不再能区分纯粹实用性的因素和情感性的因素,也不再能区分随性的动机和作者头脑中的固有动机;由此,思想的碎片获得了确定的形式,它们服从于一个主导原则,被安置得井然有序。这部篇幅不大的著作在几个月之内就完成了。在当前的实际

（接上页）搜集得来,在此之前他并不了解。在马基雅维里与韦托里这些年的所有通信中,类似的观点都找不到其他任何线索;要是这对朋友在此问题上有着可靠的讨论基础,当然就不会产生这种现象。韦托里在 1513 年 7 月 12 日的信[*Lettere Familiari*（与亲友通信集）,CXXVII]中提到,这个教皇任人唯亲到了何等疯狂的程度,他"竭尽所能"想要为那些不满于佛罗伦萨的亲戚们创立新的国家;但需要注意的是,韦托里并未明确地提到任何事。"我并不想去猜测,他头脑中所构想的是何种类型的国家,因为在这方面,当时机到来时,他就会改变自己的计划。"的确,在韦托里看来,莱奥十世针对帕尔马和皮亚琴察的举动,是由"保卫教会的领土及显赫地位"的愿望所驱动的。两人只是泛泛地谈到,教会权力有可能会在某个时候削弱,美第奇家族则从中获利;但对于这种猜测,他们并未有任何具体的言语,哪怕是丝毫提及帕尔马和皮亚琴察。他们的话语一直很模糊。综上而言,我觉得还是不要为《君主论》的撰写过多地去寻找特定的理由。持久的纷扰使人们内心充满了巨大的焦虑;两位美第奇家族的君主都具备雄心——尽管其雄心所指还不甚明确;现任的教皇则"年轻富有、对荣耀相当渴求……他的兄弟和侄子没有自己的领地"[*Lettere Familiari*（与亲友通信集）,CXXIV: Machiavelli to Vettori, 20 June, 1513];如此的焦虑、如此的雄心、如此的教皇,作者的写作动机足以从中油然而生。

　　至于《君主论》的实际写作目的,可参阅前引《君主论及小作品》一书中迈内克的"序言评注"(Meinecke, *Anhang zur Einführung*, pp. 31 sqq.）。

① 迪布勒东注意到,《君主论》具有这种纯粹的实用主义动机,但他的言语过于夸张了:"... il (Machiavelli) se fait alors professeur *d'inganno*. Enseigne au maître le moyen d'être plus sûrement le maître, trahit ses compagnons, sa classe, exactement sa classe d'humble fonctionnaire mal payé——bref, redemande *à crever de faim avec honorabilité et décence*'[法语:他（马基雅维里）于是成了教人欺骗的老师。他教授主人更为可靠地做主人的方法,他背叛了自己的同伴、自己的阶级,确切地说是背叛了他那薪金微薄的卑微小吏的阶级——总之,他再次要求以不失荣誉和体面的方式忍饥挨饿。——译者注][Dubreton, *La Disgrace de Niccolò Machiavelli*（尼可洛·马基雅维里的鄙陋）, 2nd edition, Paris, 1913, p. 190]。显然,《君主论》并非仅仅是一个准备好"忍饥挨饿"的小吏的陈情书!

利益驱使下,那些"小小城堡"最终被构筑为一个有机的整体。尽管如此,它们依然是一部更宏大作品中的零散碎片,也许在很长一段时间内都是这样。①

共和国让位给了君主国;人民——他们具有支配自己意志和向国家施加自身影响的能力——让位给了单一的个人——他具备个

---

① 维拉里(*op. cit.*, II, pp.366 sqq.)很好地阐明了《君主论》的思想缘起,并指出了它与《论李维》的一致之处(*ib.*, pp.271 and 363):但他接下来声称:即便《君主论》已佚,我们也能完全将其重构出来(cf. also Fester, *op. cit.*, p.134),这却言过其实了。即使马基雅维里再从《论李维》转向《君主论》的时候没有进行自我否定,这也不能说明,他的思想并未随着两部著作的不同走向而有所发展。两者的相同之处不应使我们忘记:它们的整体背景并不一样——可以说是全然不同的。另一方面,迈耶(Mayer)、埃尔科莱(Ercole)、迈内克等近年来最出色的研究者们都倾向于认为,这两部著作具有共同的基础,那就是"能力"(virtue):它在维持自身本质特性不变的同时,又总是根据具体问题上的"材料"而做出调整。公允而言,这一观点取代了那种认为《君主论》和《论李维》之间存在着矛盾的陈词滥调——它在过去一直被诠释过度了。不过,新的观点有时表现出过于抽象和僵硬的特性。假设个人"能力"同样是共和国的基础;又假设它是一切活力的根本源泉;若它可以被分为第一类和第二类两种,便不免有了如此情形:在一种情况下,它成为集体生活的力量,即公民的"能力",在另一类情况下,它又绝对严格地保持个人化的特征。马基雅维里并不是抽象的理论家,可以将一个一开始就已彻底成型的概念在两种不同的涵义下分别加以发展;相反,他是一个政治家、一个充满激情的人,他完全依照自己在不同时期的活动、希望和实际的目的来逐渐发展和确定自己的思想观念。这样,我们就可以发现,在一个看似严格不变的标准下,概念的内涵会在根本上产生怎样的变化;我们还可以由此看到,在作者的内心生活中,"能力"是如何摇摆于两种情形之间的:它或是失去个体的特征而重于广大人民之间,或是显现出个人化的特质而构成独一无二的标准。不可否认的是,马基雅维里内心生活的方向及其思想的指向,在这两部著作中都并不相同。这并不是说,《论李维》的作者是一个现代意义上的民主派,因为他并没有过多地从民主的角度来看待集体生活的情状,尤其令人玩味的是,他是从国家——也即政府——整体的角度来考察各种团体的趋向(迈内克在《国家理由学说》一书中提出了这个极为敏锐的观点。Meinecke, *Idee der Staatsräson*, Munich and Berlin, 1924, p.40);这实际上反映了马基雅维里思想中真切而深刻的连续性。相反,那只不过是说明,在关于李维的评论中,政治生活的动机,其广度和强度都非《君主论》所能预知,可以说《论李维》突破了"能力"这个纲领性的概念,而《君主论》这部较为短小的著作则将这一概念充分表述。

体的活力和自身才干之资；对往昔荣光的回想萦绕在乡愁哀怨中，它也被意大利政治复兴的理论前景所取代了。

（二）意大利历史所展现的"往事之鉴"

"领主"（*Seigneurs*）①与区域国家

毋庸置疑，"君主"（the Prince）是意大利历史到那时为止的巅峰之作。②

统治者并非从一开始就享有了"权力之完满"（plenitudo potestatis），③那是最终的结果。而在此之前，在 14 世纪的绝大部分时间内，领主政府（seigniorial governments）长期在艰难困苦中徘徊。它们深受内部惨痛纷争之苦——即使那些纷争并未以武装冲突的形式所表现。古代的统治集团决心捍卫自己贵族权力的最后一些残余，正是由于他们的抵抗才建立起了领主政府。"领主"最初仅仅是党派的领导，派系成员赋予他们专断权力以救自身于困厄，不久之后，这些"领主"却成为了城市资产阶级（bourgeoisie）的救世主。这一阶级被迫放弃了对国家事务的全面掌控，因为他们面临着来自较低阶级的无情压力，又必须找到解决内战问题和金融困局的药方，还需要保卫自身的生命和财产安全——他们的财产尤其在偏远地区深受威胁，每天都被各种不法之徒所劫掠。无奈之下，他们要求有这样的人物坚决地介入公共生活之中：他手中的力量有时来自经济权力，有时来自农村和城市百姓的拥戴，有时来自封地和武装，还有时则来自于上述因素的齐备。尽管困难重重，

---

① Seigneur 一词来自于法语，相当于英语的 Lord 或意大利语的 Signore，指贵族统治者，但在汉语中难以找到对应的名称，遂勉强译为"领主"，有时也根据前后文译为"君主"。事实上，本书中该词与"君主"（prince）一词常常混用。——译者注

② 这里，我所思考的主要是意大利北部地区的历史发展，《君主论》也对这一地区着墨最多。

③ Plenitudo potestatis 为拉丁文，原指中世纪教皇的管辖权力。——译者注

但这一阶级还是力求尽可能地保有往日的权势。①

由此便产生了对旧时市政制度的独特依恋,这些制度虽仅成空壳,②却仍然留存,它们几乎可以象征着当时的思想冲突:人们的思想在对政府的虚幻梦想、对和平与秩序的向往以及对独裁者的憎恶之间动摇不定——这种憎恶有时竟使他们反去追求对立面;独裁者自行其是地限制公民自由、③召回被流放者、试图安抚对立派别、将边远地区的人们吸纳进市政议会,④并且还改革利率和税收体

---

① 例如,读者可以参考 1342 年阿斯蒂城(Asti)与卢基诺·维斯孔蒂(Luchino Visconti)签署的献城条约,其中的条款有利于阿斯蒂公社及其公民,即从前的统治者[F. Cognasso, *Note e documenti sulla formazione dello stato visconteo*(关于维斯孔蒂家族国家形成的记录和文件), Boll. Soc. Pavese stor. Patria, XXIII, Parts I–IV, pp.118 sqq. of the extract]。关于领主政府,安齐洛蒂有一篇简明而全面的文章,值得关注[A. Anzilotti, *Per la storia delle signorie e del diritto pubblico italiano nel Rinascimento*(文艺复兴时期诸政权及意大利公法的历史), Studi Storici, XXII, 1914, pp.76–106]。[卢基诺·维斯孔蒂(Luchino Visconti,? —1349),米兰统治者,同时也是雇佣军将领和帕维亚的统治者。——译者注]

② 如参见:F. Ercole, *Comuni e Signori del Veneto*(威尼托地区诸公社与君主), Nuovo Arch. Veneto, New Series, XIX, 1910, pp.255–338; also P. Torelli, *Capitanato del popolo e Vicariato Imperiale come elementi constitutivi della signoria Bonaclsiana*(作为博纳科西亚那政权组成部分的人民职位与帝国职权), Mantua, 1923。后一部著作清楚地勾勒了领主政制的发展。

③ 博洛尼亚人民憎恶维斯孔蒂,相反却拥护乔瓦尼·达·奥莱乔,后者对公社权利表现出更多的尊重;关于这件事可参见:L. Sighinolfi, *La Signoria di Giovanni da Oleggio in Bologna*(乔瓦尼·达·奥莱乔在博洛尼亚的统治), Bologna, 1905, pp.44 sqq.

④ 卡米诺家族(Caminesi, 又称 Da Camino, 在 13—14 世纪曾长期统治特雷维索。——译者注)便因此受到过抵制,参见:G. B. Picotti, *I Caminesi e la loro Sigoria in Treviso dal 1283 al 1312*(卡米诺家族及其在特雷维索的统治:1283—1312), Leghorn, 1905, pp.213–214 and 312—313。召回被流放者是领主政府所采取的典型手段。例如,阿佐内·维斯孔蒂颁布的政令之一就是:"……ob cuius meritum possidet Paradisum"(拉丁语:对于享有天国荣耀的人)[Galv. Flamma, *Opusculum de rebus gestis ab Azone, Luchino et Johanne Vicecomitibus*(阿佐内·维斯孔蒂、卢基诺·维斯孔蒂和乔瓦尼·维斯孔蒂事迹小录), R. I. S., XII, 1040]。

系，①他们以此遵循着自己"国家理由"（raison d'état）的逻辑律令。

　　一旦那些先前那些掌控公社的人们意识到他们放弃权力的严重性，一旦他们看到自己从前的统治正在渐渐失去最后的屏障，他们就要尽其所能地重启攻势，与那个他们一手缔造的政府作战到底，无论成败都坚持不懈。由此便出现了一个看似充满矛盾的历史发展阶段：最初支持领主的人不久之后就变成了他的反对者；他先前的敌人，即往日的被流放者，却挺身成为他的护卫——曾几何时，将他们逐向村野的可能就是此人。如此矛盾的情势又被各种情感和宗教因素渲染得光怪陆离，以至于有时，一个教会人士要起而捍卫衰亡中的公社社会。② 在某些时候，特定的外部环境会使形势趋于严峻，导致财政压力剧增，而领主也会采用更严酷的管制措施来弹压不听管教的臣民。最后，这样的矛盾情势在某些地方还会因独裁者的软弱而长期持续，这些独裁者既无力采取强硬的行动，又无法掌握巧妙的外交手段。

　　但渐渐地，反对派愈发无力，他们在无足轻重的小型斗争中日趋衰弱，转而满足于口头的抱怨嘟哝。人们迫切需要一个强大的力量来维护街坊安宁、保护财产安全，并通过对外征服，为贸易活动开辟更宽广的通途，为食物供给缔造新的中心。城市民众拥护领主；乡村群众终究得到了某些好处，也对他表示支持；他的敌手们缺乏决心和团结，又使双方的实力此消彼长；于是领主断然巩固

---

① 帕维亚（Pavia）"大众"（maiores）反对菲利波·玛丽亚·维斯孔蒂颁布的金融条例一事，参见：P. Ciapessoni, *Per la storia della economia e della finanza pubblica pavesi sotto Filippo Maria Visconti*（菲利波·玛丽亚·维斯孔蒂治下的帕维亚公共金融与经济史），Boll. soc. Pavese stor. patria, VI, 1906, pp. 192 and 221—222。

② 如 14 世纪中期帕维亚的修士贾科莫·布索拉里（Giacomo Bussolari）即是一例。参见：G. Romano, *Delle relazioni fra Pavia e Milano nella formazione della Signoria Viscontea*（维斯孔蒂家族统治形成时期帕维亚与米兰的关系），Arch. Stor. Lombardo, 1892, pp.579 sqq.。

了自己的政权,顺便以帝国职权①加以装点,为其统治奠定了法律基础,使之不再仅仅服从于公民意志。

到了这一世纪末,君主国便出现了,它从此也获得了正式的确认,并为神圣罗马帝国的印鉴所批准。② 这说明皇帝不仅认可了另外一种共同法(common law)③原则,也在某种意义上承认,新的政权具有与城市属性截然不同的区域性特征;这还说明,他对独裁者的内部胜利和雇佣军将领的对外征服都给予了认可。城市领主被地方领主(territorial seigneur)所取代了。④

那些最强大、最有能力的统治者们历经几代而完成的功业得到了法律上的承认,他们随即沉醉在了扩张主义的梦想里。扩张之梦虽然由所属城市的经济利益所驱动,但无疑也与领主的个人利益密不可分。对于领主而言,拥有一个广大的统治区域,就意味着有可能真正消除各个城市的抵抗运动。这些运动各自独立地涌现,它们彼此缺乏协调,动机不过是狭隘的本土情感,因此各种抵抗运动都注定是相互不容的;与此同时,领主却几乎可以在任何一个城市都掌握最高的权威,这些城市之所以各自选其为主,是因为其他城市都向他臣服。贝加莫(Bergamo)和帕维亚不但提升了维斯孔蒂家族的整体实力并满足了其成员的野心——他们正如所有年轻的大众领袖一样雄心勃勃——而且还有利于增强该家族对米

----

① 帝国职权(imperial vicariate)指中世纪晚期至文艺复兴时期的一种制度。神圣罗马帝国皇帝将意大利北部划分为若干区域,在形式上指定自己的代理人,赋予其"帝国职权"进行统治。——译者注

② 埃尔科莱对君主国体系的历史和法律意义有着敏锐的观察:Ercole, *Impero e Papato nella tradizione giuridica bolognese e nel diritto pubblico italiano del Rinascimento* (fourteenth and fifteenth centuries)(文艺复兴时期博洛尼亚法律传统和意大利公法之下的帝国和教廷——十四、十五世纪), in Atti e Mem. Dep. Stor. Patria Romagne, 1911, pp.164 sqq。

③ 法律界亦有译作"普通法",此处依上下文译为"共同法",意大利语原文则用"公法"(diritto pubblico)一词。——译者注

④ 托雷利的研究相当不错,他注意到,君主们都有意让皇帝认可其政权的"地方属性"(territorial nature)(*op. cit.*, p.95)。

兰的统治。领主们之所以要采取对外征服或和平渗透的政策，并不只是因为他们意欲建立强健的根基以抵御外部的威胁。国家生活的繁盛活力与统治者的个人利益糅合在一起，成为了扩张的诱因。

由此，在意大利——尤其是在波河河谷①——或快或慢地涌现出了一系列大型领地，从它们身上，我们可以见到区域国家的肇始。国家设立了官僚机构，其强大的结构有时的确令人瞩目；领主们尽管能力各有高下，但都不同程度地关注着经济、司法和财政方面的改革，改革使他们窥见了某些关乎普遍本质的原则，也使他们采取行动为自己的领地带来真正彻底的变化；权力和特权越来越多地回归到中央行政机构的手中——在所有这些因素的作用下，一个统一的政治机体无疑具备了雏形。法律从一个城市扩展到另一个城市，日益增多的法令则包含着普遍适用的条款传播开来，新的政治机体因这种特殊的方式而得以巩固；于是，各个地方虽然仍有自己的法律，但一种高于各地市政法律的共同法体系却慢慢出现了。此外，在这样的统一过程中，领主行政中心所在的城市也已愈发明显地体现出了优越地位，它的某些法规拓展到了领主治下那些较为次要的地区，②它将逐渐成为首府，成为政治和经济中心，领主期望利用同化和集中的政策，以该城为核心团结整个领土；如果他要构筑一个只服从于自己的意志、能够抵御任何外来攻击的紧密阵营，就必须得这样做。

---

① 波河（Po）是意大利北部的主要河流，波河河谷又称波河平原，米兰、莫德纳、皮亚琴察等城市都在其范围中。——译者注

② 关于维斯孔蒂家族的君主统治以及米兰贸易法规在领土中其他城市应用的情况，可参见：Gaddi, *Per la storia della legislazione e delle istituzioni mercantili lombarde*（伦巴第地区贸易制度及法制史），Arch. Stor. Lombardo, 1893, pp. 290-291；A. Lattes, *Degli antichi statuti di Milano che si credono perduti*（据信佚失的米兰古代法规），Rendiconti 1ˢᵗ. Lombardo, XXIX, 1896, pp. 1064 sqq.；一般性参考则可见：Lattes, *Il diritto consuetudinario nelle città lombarde*（伦巴第诸城市的习惯法），Milan, 1899, p. 75。

内部的分裂

假使这一进程得以完成,那么实际上就会产生现代意义上的统一国家;但它在很大程度上是注定要失败的。的确,由于行政体系日趋均衡有序,某种明显的统一态势形成了;但在根本上,历史是沿着另一条路线发展的。

对外的经济纠纷和对抗也许停止了;在外部,那些跨越阿尔卑斯山的"伦巴第人"常与当地人发生争斗,出于对金融和商业利益的偏爱以及自身所处的特殊状况,他们在很久之前就建立了商人联盟——这是那些年中唯一真正且持久的意大利人联盟。[①] 但在各自领土内部,经济纷争却十分严重,尤其在小商人和工匠阶层更是如此;他们无处不与邻城竞争相斗,因为相邻的城市几乎总是会涉及相似的产业。经济纷争的另一个原因是对土地所有权的长久争执,因为任何一个社群的生活大概都无法与土地相分离,结果,若是一个外来者在合法的范围内拥有地产,当地的民众也会对他怀有敌意。这些纷争对领主们的政策造成了持续不断的严重干扰,他们本指望实现国家统一、缩小社会差距,却发现仍有一种导致不平等的因素横亘于前:那便是"士族",[②]或谓之封建主义;它在许多地方——尤其是亚平宁半岛的山区——依旧根深蒂固。[③] 此

---

① F. Schupfer, *La società milanese all'epoca del risorgimento del Comune*(公社复兴时代米兰人的社会), Arch. Giuridico, VI, 1870, p.146。

② 此处意大利文是"gentiluomini",相当于英文中的"gentlemen",英译本则译为"gentry"。——译者注

③ 关于领主和封建主之间的斗争,可参见:N. Grimaldi, *La signoria di Bernabò Visconti e di Regina della Scala in Reggio*(贝尔纳博·维斯孔蒂与雷吉娜·德拉·斯卡拉在雷焦的统治), Reggio Emilia, 1921, pp.132 sqq. , 166 sqq.。在旧时的封建主之外还涌现出新的封建主,后者是领主的朋友,被其授予田庐、土地甚至统治权,如参见:L. Simeoni, *L'amministrazione del distretto veronese sotto gli Scaligeri*(斯卡拉家族对维罗纳地区的管理), Atti e Memorie Acc. Verona, 1904—1905, p.287。这样的授予行为也发生在 1377 和 1378 年。此外还有君主的个人统治(*ib.*, pp.280 sqq.)。另外,在发生危机的时候,君主也必然会授予领地和头衔,以回报下属的军事服务。在 1412—1413 年的米兰发生过一个典型案例:那时,菲利波·玛丽亚·维斯孔蒂公爵向自己势力范围内的社群(转下页)

外，市民精神之顽固几乎让领主的政策陷入绝望，这种精神根深蒂固，以至于容不得丝毫冒犯。[1] 这是一种混合了经济和情感因素的排外精神，它赖以滋生的土壤，是工匠、商人和农民之间的利益冲突，是对旧日敌手无法消弭的仇恨，是对于曾经拥有、直至相当晚近才消失的自治权的持久怀念。

将法律法规从一个城市移植到其他城市，这种政策主要局限在刑法和程序性法律上。[2] 然而，法律的某些内容若是牢固地根植于地方习俗和法规之中，成为公社之间相互分裂和敌对的明证，那么这部分内容是无法被消除的。于是，这样的法律不断地在证明新政权与生俱来的裂隙，[3]后者则试图克服最为棘手的障碍，借助法

（接上页）和臣属授予封地，或是对过去的授予行为进行确认，以此来换取他们发誓对自己效忠［G. Romano, *Contributi alla storia della ricostituzione del ducato milanese sotto Filippo Maria Visconti*（1412—1421）（论文集：关于菲利波·玛丽亚·维斯孔蒂治下米兰公国重构的历史；英译本此处 sotto 误为 otto。——译者注），Arch. Storico Lombardo, 1896, Vol. VI, pp.240 sqq.］。于是我们也不难理解，为什么 1499 年米兰境内来自于世俗封地（lay feuds）的年收入可以高达 60 万达克特。［G. Pélissier, *Louis XII et Ludovic Sforza*（路易十二与卢多维科·斯福尔扎），I, p.462］

[1] 雷焦民众对贝尔纳博·维斯孔蒂非常反感，因为后者不仅触犯了他们的利益，还冒犯了他们的感情。参见：N. Grimaldi, *op. cit*。

[2] Lattes, *Degli antichi statuti*（古代法规），etc.（cited above），p.1075。需要提醒读者的是，各个公社的法律准则早已体现出某些共同的特征和普遍的相似性，但这却造成了相互的敌对，也带来了城市生活的封闭。在中央权力增强的时候，君主的法令事实上也会变得更多，它们在本质上能够起到促进统一之效。

[3] 例如，贝加莫 1391 年颁布的法规重新确认了一些著名的条款，即关于嫁出公社的妇女"无行为能力"和关于外邦人成为公社属民的条款。［Lattes, *Il diritto consuetudinario*（习惯法），etc.（cited above），pp.261 and 456］而在圣萨尔瓦托雷·迪·蒙费拉托（San Salvatore di Monferrato），下列原则仍然有效：一个人若非公社属民，就不能拥有或建造房屋，甚至首先要发誓"生活良好"（bene vivendo）才能租屋［*Statuta Oppidi S. Salvatoris Ducatus Montisferrati*, fourteenth and fifteenth centuries（蒙费拉托下辖的圣萨尔瓦托雷市镇法规：14 和 15 世纪），in the *Rivista di storia*, arte, archeologia per la provincia di Alessandria, April-June, 1924, p.30］。我们也可以看到，蒙费拉托公国境内的地方自治主义是多么的顽强，具体分析可参见：Bozzola, *Appunti sulla vita economica sulle classi sociali e sull'ordinamento amministrativo del Mon-* （转下页）

学家来攻击阻挠统一的根本因素——习惯法。①

不过,最为集中地体现了这一政权难以弥合的碎裂性的,是次要城市的居民对待首府的思想态度。在领主个人最高权威的大旗下,首府往往实行自己的霸权,要将所有的地方传统都削减为同一。而次要城市却骄傲地重申自己的独立性,它们只向统治者本人低头,只承认他个人的更高权威。②

这样,区域国家在君主身上得到了人格化的体现。君主是广袤领土的唯一统治者,而这块土地上的各个组成部分不论如何紧密地互相结合,都仍然保留着各自的特性。统治在本质上是个人的。

（接上页）*ferrato nei secoli XIV e XV*（关于 14、15 世纪蒙费拉托经济生活、社会阶级和行政体制的笔记）, in Boll. Stor. Bibl. Subalpino, 1923, pp. 4 sqq. （单行本）。

① Lattes, *Il diritto consuetudinario*（习惯法）, etc. （cited above）, p. 23.

② 关于这一点不乏其例。1447 年安布罗西共和国（米兰公爵菲利波·玛丽亚·维斯孔蒂逝后,米兰人成立的共和国,以 4 世纪米兰主教安布罗西为名,全称为"黄金安布罗西共和国",意为共和国时期是黄金时代,后于 1450 年被其雇佣军将领弗朗切斯科·斯福尔扎推翻,后者继任米兰公爵。——译者注）成立时,维斯孔蒂家族辖地内几乎其他所有城市都采取了独立的行动,拒绝服从一个"并不比自己高贵的城市"（G. Pélissier, *op. cit.*, I, p. 90）。1499 年 9 月,米兰临时政府同意向法国投降,接受后者的统治;因为害怕公国分裂,它请求特里武齐奥（Gian Giacomo Trivulzio,意大利雇佣军将领,1499 年指挥法军攻占米兰,并成为米兰的实际统治者。——译者注）在出现状况时,阻止帕维亚脱离米兰,因为这是米兰市民无法忍受的巨大耻辱（*ib.*, II. p. 268）! 旧时的对立仍然存在［关于 14 世纪帕维亚市民的地方自治情绪及其发展结果,参见前引罗马诺（Romano）的著作］。此外,当奥尔维耶托（Orvieto）不再归布拉乔（Braccio da Montono,意大利雇佣军将领,曾统治翁布里亚（Umbria）地区的大多数城市,包括其首府佩鲁贾。——译者注］统辖之后,它与佩鲁贾之间的冲突也具有极为重要的意义。在某次争论过程中,佩鲁贾的代表轻蔑地将奥尔维耶托称为一个刚刚才从翁布里亚的首府——布拉乔政府的所在地——独立出来的城市;但奥尔维耶托人回应道:"Verum fuimus sub magnifico et excelso domino Braccio qui, esto quod nobis dominaretur ad plenum, tamen nos non ita depressit, ut iurisdictioni civitatis Perusii subiugaret"［拉丁文:但我们是在高贵非凡的布拉乔大人的统治之下,对于我们他是全权的统治者;相反,我们并非卑躬屈膝,臣服在佩鲁贾的统辖之下。R. Valentini, *Braccio da Montone e il Comune di Orvieto*（布拉乔·达·蒙托内与奥尔维耶托公社）, Perugia, 1923, p. 202］

道德统一性的缺失

不过，在这个转型的时代里、在城市国家的艰苦扩张中，出现上述现象是完全合乎逻辑的。但为了让国家的分裂不至于使整个领土都面临明显的危险，此时就必须要有一种活跃的精神力量，足以聚合在实践领域中分散的人心——那是一种深沉的信念，人们从中可以找到构筑和谐与和合的稳固根基。为使君主摆脱限制重重、时日尚浅的特征，就必须要有一种强大的传统力量，以其久长来托起君主的形象，让他几可承启绵延不绝的历史存在，几可承启整个历史的演进过程——这一过程所发轫的时代如今已成传说，它如此遥远，恰为本民族生活的初次兴盛之时，与其领导者的王朝密不可分。

这正是法国王权的本质精神，它创建于人民的"心肠深处"①，烙刻着民族情感的印记——这种情感最早体现在骑士时代和《罗兰之歌》中。国王是神圣的、神授的继承者，他的祖先在远古的斗争中指引着法国；他是漫长谱系中的一环；他是法国的记忆和荣光的首要守护者；先人的形象仍生气勃勃地在背后映衬着他的身影。他的个人身份淹没在"君权"（Royauté）之下。②

意大利的领主们则缺乏这样的精神力量。

1272 年，米兰市民掩埋了"红胡子"腓特烈③所摧毁的古钟楼的残垣断壁，也掩埋了城市教堂外举行群众大会（Arengo）时人们曾安坐于上的巨大石块；④他们将自己城市传统中可歌可泣的英雄壮举置之脑后，也漠然淡忘了往日的斗争、鲜血换来的自由、曾经

---

① 这个生动的短语来自于雷吉诺（Reginon，亦称 Reginone，Regino，9—10 世纪本笃教会修士、编年史作家。——译者注）的《编年史》一书：Reginon, *Chronicon*, A. D. 888, *Script, Rerum German. In usum schol.*, Hanover, 1890, p.129。

② 法国政治著作中随处可见这种信念，尤以 16 世纪为甚。

③ "红胡子"腓特烈（Frederick I Barbarossa, 1122—1190)，即腓特烈一世，神圣罗马帝国皇帝，曾多次发动对意大利的战争，后参加十字军东征时意外溺毙。——译者注

④ Giulini, *Memorie della città e campagna di Milano*（对米兰市及乡村的回忆），1855 edition, IV, p.605。

的苦难与胜利;久远的传统在那遗迹间向人们的心灵倾诉,此刻又有谁倾听? 这正是维斯孔蒂家族的统治奠基之时!

新的主人们带来了何种情感上的发酵剂,能在臣民的心中催生出激情、希望与信念? 他们会找到怎样的话语,触动那些筋疲力尽、渴求和平的人们的灵魂;他们又会找到怎样的话语,使大众不仅怀有对面包和马戏的热爱,也能充满激情、充满信念——这信念能在严峻的形势下提高人们的觉悟,并警醒他们:必须面对无情的斗争?

这些人出身于市民阶层或是来自于长期受到排挤的封建氏族,他们会在人民眼前幻化出怎样的记忆?[1] 他们能唤起何种传统、何种荣光,使臣民能感受到:自己与其先人有着精神上的渊源? 他们既未蒙天主所授,又非上帝的牧师,也未受天意册封,那么他们可以为人们提供怎样的信念?[2] 或许,信念可以来自于他们无时不在乞求的帝国委任状?

他们点燃的热情实在微不足道,无法使人民得到激励;勿需惊讶,在米兰,在这个最强大的意大利领主国家的首府,竟然听不到洋溢着党派激情的流行歌曲——充满躁动的心灵正该在此间震颤。情感已冷却,无人能重燃。这是一个迅速衰亡的时代,事物的新秩序突然到来,将旧日扫出了历史舞台;在这个时代中,公社资产阶级的愤怨是最后的一声怒吼。战斗的热情已不复存在,取而代之的是对和平与安宁劳作的热爱。

民众已倦怠之极。他们只求不论在乡野还是街巷,人身与私产皆可安全。领主当然能提供这种保障;但他所无法提供的,是支撑起疲惫的灵魂并使之足以复苏的更为强烈的情感,是吹散民众的迷茫并使之重新振作的话语言辞。

---

① 顺便提一句,领主们缺乏传统,这正是研究文艺复兴的评论家们最常注意到的特征之一。

② 在我看来,神圣罗马帝国和各个民族王国都具备的这种神圣特质,是国家生活最重要的因素、历史进程最丰硕的成果之一。而在我们所谈论的意大利领主身上,这一特质却全然不存在。

除了自治市镇的小小荣耀或可一提，意大利中世纪根本提供不了什么伟大的传统、伟大的国家精神。于是，当人们钻入故纸堆中，想要寻找可供附丽的某种记忆、寻求民族团结的远古纽带，或许除了一个已成为丰功伟业之象征的帝王，①便没有任何形象可跃然纸上。人民找不到祖先的传奇可以聚焦自己的情感，只能将目光投向自身内在生活之外。当公社的信念已然消散，帝国和教廷不再能支持人们的精神生活，这生活便崩溃、朽毁。

人文主义者致力于复兴人们的精神，他们的学术闲暇既蒙君主所赐，便也为君主来追溯传统。在有些时期，人们情感上的力量和冲动都陷于衰退，以至于无法从自身的生活和意识中找到激励行动的精神药方；在有些年代，对自身渐感厌倦的大众发觉自己的政治激情和政治情感都在消散；正如所有这些时候一样，在 15 世纪，人们从另一个世界的废墟中为他们自己时代的荣耀找寻基础，创造了一种虚构的虔诚，这种虔诚——假使斗争不可避免的话——将永远也无法激发出民族的内在机理。

在某种内在精神的作用下，领主所辖的城市或许既能保持自身与众不同的特征，又会意识到一种不受人类生活变动影响的强大的统一力量；然而如上所述，任何内在的精神都无法克服领主属地中那强烈的分裂性。这些城市的目光只盯着统治者的形象，统一完全由他来维系。而统治者一旦消失，或在外部压力下显出屈从之态，那么区域国家就会分崩离析，行政上的统合机制也无力保持成员的团结。这些成员既分道扬镳，无政府状态便随之而来，直到一个其"能力"足以重建秩序、重聚散流的新的主权者粉墨登场。

---

① 这就是查理曼大帝，来自于另一个国家的传说中的英雄，他吸引了那些寻古溯源的人们的注意。埃泽利诺·达·罗马诺（Ezzelino da Romano，1194—1259，意大利中世纪维罗纳等地的统治者。——译者注）曾夸口说，要在伦巴第成就自遥远的查理曼大帝以来无人能及的功业。[*Cortusiorum Historiae*, R. I. S., XII, p.72. Cf. Verci, *Storia degli Ecelini*（埃泽利诺家族史），Bassano, 1779, I, p.133]

在吉安·加莱亚佐和菲利波·玛丽亚①逝后,米兰公国境内混乱不堪,这表明:意大利诸邦中最为现代和最有组织的一个,实际上根基却是多么脆弱,如建沙丘之上。②

政治意识的削弱与统治者的形象

由此,君主始终是区域生活得以维持的坚实支柱;而为了使其个人特性更显突出,另一种意义极为重大的发展现象随即产生:公社阶级的政治能力逐渐衰落了。如果说,过去自由体制被抛弃、党派领导人被赋予独裁权力的现象表明,那些长久贪婪地维护自身特权及其政府自治权的人们,其意志力和政治意识正在削弱;③如果说,统治阶级的这种衰落先是使他们绝望地吁求和平,而和平又只能通过国王的干预才能实现——"unum proprium et naturalem dominum qui non sit barbarae nationis et regnum eius continuet naturalis posteritas successive"④;如果说,领主的成功尤其是要归因于公社社会政治"能力"的衰落,那么他们现在的所作所为就标志着一个更深入的阶段同时也是最终阶段的来临(而其过程竟如此平顺),那就是人民政治意识的全然湮灭。

领主最先是作为阶级的政党领导人出现的,这一阶级固然愿意接受某一个人的领导,但仍未全然抛弃成就卓越的空想,因此,领主的地位可想而知是既不稳固又不安全的。为了让自己的统治稳

---

① 菲利波·玛丽亚(Filippo Maria Visconti,1392—1447),吉安·加莱亚佐之子,在其兄吉安·玛丽亚(Gian Maria,1388—1412)死后继任米兰大公。——译者注

② 很明显,这一现象主要(但非仅仅)出现在领土广大的领主国中。维斯孔蒂家族是典型的例子。另一方面,那些只聚合了少数地区的国家——最为关键的是,它们未将具有自身公社生活传统、以自我为中心的城市囊括在内——并不会面临分裂的问题。我们找不到此类国家分裂的相关材料。

③ "独裁"潮流和公社主义间的冲突在 13 世纪的大多数时间内都持续存在,对此可参见:Salzer, *Über die Anfänge der Signorie in Oberitalien*(论意大利北部君主国的起源), Berlin, 1900, pp. 61 sqq.

④ Cognasso, op. cit., p. 6.(拉丁语:若一位统治者并非出身蛮族,且举止恰当、合乎自然,那么他的王国自将存续,香火不绝。——译者注)

固持久，他们决心去压制那些选择了他们，同时又有可能对他们的政权不断造成威胁的群体；在这方面，他们发现自己不仅与被褫夺公权的党派目标一致，也与一种更强大、更深刻的政治运动保持一致——后者源自于城镇和乡村的平民，两者都曾受到原先掌权阶层的压迫。被流放者回到自己的城市，他们成为了君主强有力的攻击武器，以对付那些过去拥护自己上台的最主要的支持者。然而，这种力量在根本上总免不了党派政治的特征，因而当其宗派完全恢复实力，或者当某些新的摩擦因素出现时，它迟早会转而成为独裁政权的威胁。另一方面，人民大众形成了一个极为不同的执政基础。他们自己无力应对重大的斗争，因而总是得寻找一个领导者，但只要有人激励他们、给他们指引方向，他们便能妥帖地压制共同的敌人：旧时的统治阶级。①

　　君主的政策于是就有了两重性。一方面，他们需要讨好散居在城镇小巷和乡野中的平民大众：此事并不困难，因为后者首要关注的是面包与和平，只要能实行良好的经济改革、有效的警务措施，在饥馑时期精明地保持谷物供应，这便足矣；另一方面，他们需要摧毁或至少彻底改变司法和政治体制——旧时公社的统治阶级正是容身于这些制度之下。对利率和税率进行重估；②向上层阶级的财政特权开战——新政府试图从这一阶级身上获得更大的收益；③更加积极地捍卫正义；这种种措施使得君主成为了平民大众的朋

---

① 埃尔科莱在一篇综述文章里对此有中肯的评论，参见 Ercole, *La lotta delle classi alla fine del Medio Evo*（中世纪末的阶级斗争）, in *Politica*, October, 1920, p.228。

② 利率体制的改革几乎成为了包治百病的神奇良药。我们可以看看甘巴科尔塔统治时期的比萨所发生的一个奇特例子：利率一会儿制定，一会儿又重新制定，先是因为财多者不满，后是因为财寡者不满。P. Silva, *Il governo di Pietro Gambacorta in Pisa*（彼得罗·甘巴科尔塔在比萨的统治）, Pisa, 1912, pp.116 - 117, 124—126。

③ 维斯孔蒂家族的财政政策是这方面的典型例子。Ciapessoni, op. cit., Boll. Pavese, Part III, pp.383 sqq。

友。①

就另一方面而言,统治者通过巧妙而无情的方法逐渐剥夺了行会的政治内涵,将后者的危险力量转化并消除,②又毁灭性地压制了城镇资产阶级的政治组织,同时,他们将仍在形式上存在的城市宪法的主要功能压缩在单纯的管理范围中,而最后的共和派则将这过去时代的废墟紧紧抓住,作为他们最终的防线。

资产阶级不仅面临着这种自上而下的压力,而且在长期的内战之后也自然会备感疲倦,他们需要休养生息的时间,好将全部的精力投入到工商业中,或是拯救自己免于经济灾难,由此,他们的政治意识便逐渐消逝了。领主反对他们——尽管不是公开反对;满怀敌意的底层民众成群结队地围攻他们;于是资产阶级放下了自己的过去,转而寻求在工作中释放无尽的能量,如今他们只要能维持自己的社会地位便心满意足了。旧时统治阶级的政治分裂又因许

---

① 里扎尔多·达卡米诺"Plebi sue gratus habebatur"(拉丁语:属于他亲爱的人民)[Ferreto, *Historia rerum in Italia gestarum*(意大利纪事),ed. Cipolla, Rome, 1914, II, p. 127]。马泰奥·维斯孔蒂"maioribus obviate, illis opponens plebem";他"audax ex vulgi robore""et plebis captivat colla latenter"(拉丁语:"他与多数人为敌,站在了人民的对立面","胆大妄为,剥夺了民众的力量""将人民当作自己的私人奴隶")(摘自于一个托里家族成员帕切·德尔弗留利的短诗),Cognasso, op. cit., p.9、10。我们还可以想想 1325 年支持卡拉拉家族并烧毁"iura Communis"的"gentem rusticam et enormem"(拉丁语:"公社法典";"广大的乡村人民")(*Cortusiorum Historiae*, R. I. S., XII, p.835)。[里扎尔多·达卡米诺(Rizzardo da Camino, 1274—1312),意大利政治家、军事将领,特莱维索的统治者;马泰奥·维斯孔蒂(Matteo Visconti, 1250—1322),曾两度统治米兰;托里家族(Torri 或 Della Torre)曾统治米兰,后于 13 世纪末、14 世纪初被维斯孔蒂家族打败;帕切·德尔·弗留利(Pace del Friuli)是当时的拉丁语诗人,曾在诗作中记载了 14 世纪初托里家族与维斯孔蒂家族对米兰统治权的争夺;卡拉拉家族为 14 世纪帕多瓦的统治者。——译者注]

② 例如,对于塔代奥·佩波利的所作所为,以下这部著作有精当的分析:Rodolico, *Dal Comune alla Signoria. Saggio sul governo di Taddeo Pepoli in Bologna*(从公社到君主国——论塔代奥·佩波利在博洛尼亚的统治),Bologna, 1898, pp.84 sqq。[塔代奥·佩波利(Taddeo Pepoli, ? —1347),博洛尼亚人,于 1337 至 1347 年统治博洛尼亚。——译者注]

多卓越人物的离去而加剧，后者或是进入了领主的行政机构，[①]或是被征召加入外交官队伍和君主的机要班子（Princes' Councils）；[②]因此，如果说在此情形下国家的内部统一仍未达成，那么至少它让原先统治阶层中的很大一批人发生了转变。雇佣军现象的盛行使情况更为恶化。公社阶级在道德上的困倦，资产阶级对军事训练的厌恶（他们很难克服这种厌恶，因为这白白浪费了本可以用来从事贸易的宝贵时光），最后还有独裁政府的出现——在很大程度上，雇佣军便是这种种因素的后果之一，并且还并非是最为无关紧要的后果。然而反过来，雇佣军又加速了城市社会的瓦解，有了这一武器，领主可以独立于自己所统治的民众之上，并使后者没有可能重整旗鼓。

旧时的政治世界便如此碎裂了。但与此同时，经济活动却活力十足，经济的增长是因为工业得到了发展——君主们精明地对工业予以了保护；也是因为某些家族新近转向了生产实业——对于他们公共生活的大门业已关闭；[③]而最重要的原因则是庞大的领土开始形成。过去，在帝国面前，伟大的公社意识也曾光芒四射，如今，君主国的纷纷建立却昭示着它的最终消融。

此时，只有一种最为卑微的乡土情绪依然留存，人们费尽心机想要保持此处与别处的差异；或许还时而有些乡愁之怨，它可能会诉诸言辞，却无法激励起新鲜的激情。有时某种情感会突然爆发，似乎显示出年轻活力的回归；也有时，若特定的环境提供了合适的

---

① Cognasso, op. cit., pp. 44 sqq.

② 在吉安·加莱亚佐·维斯孔蒂的群臣中，我们发现了鲁斯科尼（Poterio Rusconi）、卡瓦尔卡波（Andreasio Cavalcabo）、来自于帕尔马的贝尔特兰多·罗西（Bertrando Rossi）以及米兰人阿雷塞（Andreolo Arese）——这些都是在公社历史中的著名人物。G. Romano, *Niccolò Spinelli da Giovinazzo diplomatico del secolo XIV*（十四世纪的外交官 来自于焦维纳佐的尼可洛·斯皮内利），Naples, 1902, p. 375. 关于曼图亚（Mantua）的外交，参见：A. Luzio, *L'Archivio Gonzaga di Mantova*（曼图亚的贡萨加家族档案），Verona, 1922, pp. 80 - 81. （贡萨加家族从 14 世纪开始长期统治曼图亚。——译者注）

③ Cf. Segre, *Storia del commercio*（商业史），1923, I, p. 136。

机会,还会出现起义,并使自由政府体制短暂恢复。然而,后者的性质已然转变,这从其守护者的称号便可看出:他们被称为"自由之首"(principes libertatis),[①]好像在提醒人们,独裁现在不可缺少;[②]自由政府很快便垮台,让位于一个新近崛起的雇佣军将领,后者在入城时,身边围绕着手持面包的士兵。[③] 强有力的统治阶级不复存在,只有"粗野的兽类,他们……不习惯于自食其力,也不知何处能隐匿藏身,一旦有人要重新给他们套上锁链,他们便会被捕获到手"。[④] 当时的政治阴谋自然也不能被视为反映了生气勃勃的共同精神!

在一个政治阶级衰朽的同时,并未相应地有另一个富于行动力的派别取而代之。例如,乡村小资产阶级就无法兴盛起来,因为土地仍然在很大程度上掌握在大大小小的封建领主或是城市有产者的手中,除此之外,那个时代无休无止的小型战争和蹂躏破坏也使土地不堪重负。领主的对外政策也常常给乡村民众带来极为沉重的压力,后者被政府采取的行动所哄骗,随即为其主人的一时高兴付出了代价,在成群结队、掠夺成性的雇佣军面前陷入了长久的悲惨境地。也没有迹象表明出现过一个强大而统一的手工业阶级。对此形成阻碍的正是经济体制:它不是建立在原发性的工业资本主义之上——后者可以促进劳动的集中,从而催生出稳固的工薪者组织;相反,它通常是建立在控制着分散劳动的商业资本主义之上;[⑤]决定这个经济体制的是原材料的进口需求,是商人(mercatores)垄断之下的强大资本的要求,此外还有当时的制造工

---

① 该称号见于 1477 年的安布罗西共和国;Pélissier, op. cit., I, p.90。

② 该词可能来自于罗马事实上的第一任君主奥古斯都·屋大维的称号"princeps senatus"(元老院首席,复数形式为 principes senatus),众所周知,这是为了不引起共和派的反对而对独裁统治的掩饰。——译者注

③ 这是弗朗切斯科·斯福尔扎进入米兰时的情景。Ib., I, p.93.

④ 马基雅维里:《论李维》第一卷第 16 章。

⑤ 参见:H. Sée, *Remarques sur l'evolution du capitalisme et les origines de la grande industrie*(论资本主义的发展与大工业的兴起), in *Revue de Synthèse historique*(历史总合评论),XXXVII (1924),p.48、66。

艺；但它所带来的后果却是将工人阶级分割为众多零散团体、使之无法聚合在一起。分散的大众的确可以给领主提供某种支持；他们有时也会揭竿起义，以暴力反抗回应压迫之苦；但他们显然无法形成一个能给国家提供稳固的支撑、能向国家施加自己的意志的阶级，他们只是在沉重而孤独的生活中沦落了。即使政治运动的火种不时闪现，行会的规条却抑制了此类向往，至于行会本身，其利益也同样受到领主的压制；统治一群缺乏凝聚力的大众使领主心满意足，他当然不愿看到这个阶级自觉地组织起来。

于是，一种强大的政治意识已经消散。种种社会群体依然存在，它们相互敌视，各自分裂，因为资产阶级一贯看不起普通百姓，[①]平民大众则对富人耿耿于怀，而城镇居民又无论何时都对村野鄙夫嘲讽讥刺。[②] 人民依然存在，他们畏怯地注视着君主的宠臣，[③]君主则以其父权政治统治——对其下属的幸福给予无微不至的关心[④]——反过来加剧了普遍存在的衰弱状态，而人们的灵魂又

---

① Schupfer, op. cit. , in *Archiv. Giurid.* , VI, pp.164 - 5. 从费雷托和马泰奥·帕尔米耶里直到圭恰迪尼，他们的调子都绝无二致。[费雷托（Ferreto dei Ferreti，? —1337），意大利诗人、历史学家；马泰奥·帕尔米耶里（Matteo Palmieri，1406—1475），佛罗伦萨人文主义学者、历史学家。——译者注]

② 事实上我们很少能听到富于同情的声音，仅有的一些声音则几乎都是文学旨趣激励的结果（扎布金的著作《意大利文艺复兴中的维吉尔》一书提供了某些怀有善意的例子，但我无法对其中的大多数事例给予太多的关注。Zabughin, *Vergilio nel Rinascimento italiano* , I, Bologna, 1921, pp.233 - 234, 244 sqq。也许只有曼图亚人才真诚地同情农民）。在宫廷环境中，或者说在君主周围的小圈子里，对农村的看法相对开明宽容，但这也无法完全消除民众之间的分裂。[关于米兰廷臣和斯福尔扎对于乡村的热爱，参见：Malaguzzi Valeri, *La corte di Lodovico il Moro*（摩尔人卢多维科的宫廷）, I, Milan, 1913, pp.596 sqq][扎布金（Vladimir Zabugin，意大利拼法为 Zabughin，19 世纪末 20 世纪初的俄罗斯历史学家，长期在意大利工作；"摩尔人卢多维科"即卢多维科·斯福尔扎。——译者注]

③ Cf. P. Monnier, *Le Quattrocento*（十四世纪）, Paris, 1901, p.39、40。关于贡萨加家族的宠臣，参见：Luzio, op. cit. , p.67。

④ Luzio, ib. , p.51。对于斯福尔扎宫廷中有时不免显得夸张的民主风气，可参见：Malaguzzi Valeri, op. cit. , I, p.456。

在宫廷生活和人文主义文化的熏陶下对任何狂暴情绪都不动于心。大众也依然存在,他们极少能感觉到,领袖的精神可以使他们重新振作起来。最后,还有那几乎完全在领主个人身上和行政机制之中才能表现出统一性的社会政治结构——它不再拥有足以奋战的共同力量,而只有个人的形象,彼此徒劳争斗。

在 15 世纪下半叶,意大利诸邦内部这种创造性活力的衰竭,甚至在对外政策中也表现出来。在 14 世纪,一些领主——尤其是维斯孔蒂家族的成员——知道如何将自己的最终目标隐藏在渐趋有序和完整的方针计划中,从而创造出权力不断增长的幻象。在新世纪初,一些斗士们以吉安·加莱亚佐为榜样,继承了他的雄心,他们或是为了在意大利最终称霸而放手一搏,或是试图沿着台伯河谷建立王国。但后来,人们的志向开始收缩,宏大的目标降解为小规模的接触战,或是随着琐碎权谋的发展而迷失了,相反,外国势力对于意大利半岛政治活动的影响却与日俱增。因其称霸宏图而被全意大利视为"骇人的"(formidolosi)威尼斯人,[①]正在准备对费拉拉发动攻击。阿拉贡的阿尔方索发现自己被 1454 年的意大利联盟(Italic League)所包围。[②] 最终,"均势"政策开始流行,这显示出意大利诸邦已经衰弱到多么无能的境地。[③]

如今大展身手的是外交官,尤其是那些商人们——马萨乔[④]在壁画中栩栩如生地描绘了他们严峻、神秘的形象。这些人过去擅

---

① Guiccardini, *Storia d'Ialia*(意大利史),I,1。

② Cf. G. Soranzo, *La lega italica* (1454—1455),Milan,1924.［此处当指阿尔方索五世(Alfonso V of Aragon,1396—1458),除占据阿拉贡王国之外,还领有瓦伦西亚、西西里、那不勒斯等地;意大利联盟在威尼斯、米兰等国的推动下在 1454 年成立,旨在实行集体防卫和维持意大利均势。——译者注］

③ "因此,在意大利的生活平和非常,让那些君主操心最多的是彼此观望,以及依靠亲缘、新朋和联盟来相互确保安全。"(马基雅维里:《佛罗伦萨史》第七卷第二十三章)

④ 马萨乔(Masaccio,1401—1428),意大利文艺复兴时期画家,尤以善于描摹人物的生动形象闻名。——译者注

长讨论金融贷款的收放，结果却被驱策来弥补公共生活的缺陷。他们要算计的不再是金钱，而是人：这种算计应用了心理探究的方式，在细微具体的行为准则中表露无疑，并且愈发精微，因为写下这些准则的人是如此善于察言观色，如此善于从对手脸部肌肉的一颤中发觉其内在的情绪活动。人际关系中的一切外在表现既然都如此重要，人们就因而形成了审慎的个性，他们镇定自若、不动如山，甚至冷若磐石，①这种气质发展到极致，便"彬彬有礼，气自华然，但同时又让人觉得深不可测"。②

在这样的竞争中，政府的技艺或者说少数人的艺术，就必须达到让人惊讶的精致程度。在威尼斯和佛罗伦萨使节的注视下，一切都无可遁形；他们最为令人恐惧，因为作为商人，他们是天生的外交家；他们被派遣出访，目的是为"最为安宁之国"（Serenissima）和"领主国"（Seigniory）③搜集情报。因此，圭卡迪尼的理论精义无非是对这百年历险的理性总结——在这一个世纪中，人类情感与理智的生活是唯一的要务。

君主的个体形象变得越来越突出。除君主之外，意大利已无鲜活事物留存。事实上，他是一位技师，每天的任务是衡量各种极为不同的环境、探查对手的阴谋、小心翼翼地设计好每一步。在他之

---

① 这自然使那些不够如此精致也不擅此类"气质"的外国人大为震惊："... et de leur costé ne parloit nul que ledict duc et du nostre, ung; mais nostre condition n'est point de parler si posément comme ilz font, car nous parlions quelquesfois deux ou trios ensemble, et ledict duc disoit 'Ho, ung à ung'"。［法语：……在他们这一方（指意大利人），除了那公爵（卢多维科·斯福尔扎）以外无人言语，谈论的也只有我们的事情；但我们丝毫不像他们那样沉稳庄重，因为有时我们两三人会同时开口，那公爵便说："哦，一个一个来。"——译者注］［Commynes, *Mémoires*（回忆录），VIII, 16］

② Burckhardt, *La civiltà del Rinascimento*（文艺复兴时期的文化，即布克哈特：《意大利文艺复兴时期的文化》。——译者注），3rd ed.，Florence, 1921, p.102. 关于佛罗伦萨对外政策的专门研究，参见：Luchaire, *Les démocraties italiennes*（意大利的民主政权），Paris, 1916, pp.241-246, 290 sqq.

③ 指威尼斯共和国（Serenissima Repubblica di Venezia，最为安宁的威尼斯共和国）和美第奇家族统治下的佛罗伦萨。——译者注

下，没有任何大众观点能超越其个人的判断。

（三）《君主论》

《君主论》之实质

这样的世界缺乏深刻的道德和政治动机，没有民众力量的参与，只有零散的个人各自的能力才具有些许活力——他们在柔弱破碎的材料上打下自己的印记。《君主论》正展现了这个世界原初而终极的特征。如果历史著作意味着对特定事件作出细致的探查并不断进行琐碎的评价，那么该书并非是严格意义上关于领主国（Seignories）和君主国（Principates）的历史著作。《君主论》所做的是概括并厘清历史的结果，将它通过简明扼要的线索揭示出来，裁去一切无关紧要的枝节。今天的人们不会将马基雅维里视为历史的书写者，他的著作自然也不求细节；我们须从别处去寻求细节，正如从别处去发现关于14、15世纪意大利生活准确而据实的论述。这里所呈现的只是基本的原则，它蕴含和规定着这一生活方方面面的直接表现——它既是原则，又是结果。

马基雅维里有着强大的富于创造性的想象力，[1]这让他能够不拘于单纯的外交领域，而圭恰迪尼却固守其中。马基雅维里的目光超越了最近五十年的宫廷风云，他那奇妙的思想努力无法被同时代人所理解，被他们描述为"其观点可谓孤高，其人则对非同寻常的新事物别有所创"[2]，但他却能使伟大的政治斗争有可能重新出现。

正如领主国家的扩张并未伴随着政治能力的相应增长，马基雅维里也只是停留于表面现象；但他至少已有所成。维斯孔蒂家族寻求在波河河谷建立一个统一的国家，这个宏伟的理想在马基雅

---

① 关于马基雅维里的"政治想象力"参见本书第一章。

② 这段描述来自于圭恰迪尼1521年5月18日写给马基雅维里的信件（Machiavelli, *Lettere Familiari*（与亲友通信集），CLXXXI）。

维里笔下作为一种思想观念得到了再现。对他而言，成就这一伟业已是确定无疑之事，那是信念所指，这种信念揭示了马基雅维里灵魂中的全部激情——他的慎重与沉着并不总是足以掩盖其情感的真实脉动。他所关注的不是外交上的激烈交锋，也不是谈判中的波澜涌动——人们正是通过谈判，以精巧的计算寻找均衡点——真正使他动心的，是对某种体系明白无误地给予肯定，这一体系虽然在最大程度上利用了政府的技艺、人类的思虑和暗室的密谋，却并不以均势为其目标，而是旨在确立自身对于它者不容置疑的超越性。这便是马基雅维里所遵循的原则，由此他抛弃了意大利联邦和洛伦佐·德·美第奇的有限目标，转而回溯至吉安·加莱亚佐·维斯孔蒂和那不勒斯的拉迪斯劳。

因此，他会拒斥中立性，认为这是一切方法准则中最有害的，[1]他也会将早年意大利的政治均势看作是应予修正、当被遗忘的不合时宜之物。[2]

《君主论》一书便这样诞生了，在这部著作中，以征服和权力为突出表现的政治斗争，被缩减为了主题概要；但一种新的活力却从经验中脱颖而出，它接受了基本的准则，试图以更为明确的方式将之体现，并由此展示出过去时代的疑虑和错误。

至于观念如何付诸实践，这毋庸置疑。既然没有任何共同的力量足以支撑新的大厦，既然如马基雅维里所设想的那样，君主的能力是对于生活的最高掌控，那么无疑，他所要做的便是遵循业已踏上的道路，复兴必将在他身上得以实现。这就是为什么，《君主论》要围绕着那假定的统治者的形象进行如此细微、冰冷、敏锐的分

---

[1] 《君主论》第二十一章（作者此处的观点在《论李维》第一卷第三十八章已有所提及）。实际上，马基雅维里为了证明他的政治原则，对道德和人性也作出了论断："而且人们也绝不会这样地不要脸，作为忘恩负义的例子压迫你"；这与其他地方的论述大相径庭，如参见第十八章："但是因为人们是恶劣的，而且对你并不是守信不渝的……"

[2] 第二十章："意大利过去保持着一定程度的均衡状态，在那种日子里，这当然是做得对的。但是我不相信这可以作为今日的一条箴规……"

析;这就是为什么,马基雅维里要对君主如何处理与属下和异邦的关系详加考察。这些细节上的工作显然保持了作者在起点和终点上都一贯具有的那种个人特质。

在两百年的历史中,统治着意大利的,是那些并未受到传统力量或者任何神话支持的伟大领主们;与此相同,在《君主论》中,作者正是用君主的特性来解释事件的普遍背景——即使个人并非这些事件唯一的决定性因素。一切精力与思想都是冰冷的,坚不可摧,恰似那千锤百炼的钢铁所铸就的精良铠甲,供将士们在战场上披挂;支撑着新君主的,并非是对其祖先的追思,并非是长年与其人民同甘共苦的回忆,而仅仅是他的个人机敏与意志之力,是他的武功战力与外交智能。富有能力的行动比"古老的家族"更为紧密地"维系"着人们。[1]

"人民",这是催生了《论李维》第一卷并决定其思想的因素,它的作用如此之强,以至于马基雅维里将贵族与平民之间的斗争视为罗马伟大之源泉,然而人民在《君主论》中却消失了。他们甚至都没有作为一个社会和政治实体出现在边缘。我们所看到的只有君主的臣民,他们是孤立的生物,或可看作是一个不复存在的巨大整体的碎片,他们也许会反对统治者,但那只是个人之间的斗争。于是,君主所要做的是纵容他们,避免冒犯他们的尊严或侵犯他们的财产,与他们保持友谊。[2] 但是哪里能体现出从共同行动中产生的力量呢? 当马基雅维里似乎要回归大众的组织能力这一主题时,[3]我们却发觉,出现在眼前的并不是人民,而是一群杂乱无章的乌合之众;那并非是一个党派——它本身的能量充盈,又富有自我进取的精神,它试图去实现明确的政治抱负,并因此有能力面对争议和各种观点的自由冲撞,共和国的幸运正是筑基于这不同的声

---

[1] 《君主论》第二十四章。

[2] 人民本质上是温驯的子民,与他们保持友谊是君主成功的秘密。亦参见第十、二十和二十四章。

[3] 例如在第九章里就可见到,第十九和二十章里也有简短的涉及。

音之上；相反，我们看到的是"希望不受压迫"和被"事物的结果"所吸引的群氓。① 我们可以比较一下《君主论》第九章与《论李维》第一卷第四章：马基雅维里在后者中谈论了罗马贵族与平民之间的冲突，该书第六章也可作为参照。②《论李维》的这些章节里存在着一种鲜活的力量，持久而自觉，它创造了自身的存在形式，通过将个体热情封闭于集体热情的紧密运作之中而凌驾于前者之上，它或许也会因为对自由的"过度热爱"而产生错误，但在一个并不腐败的共和国中，这种错误将会带来极大的益处并"为其（共和国）造就自由的生活"。③ 而在《君主论》第九章中，我们看到的却是混乱松散、真正无名的群氓，对于他们来说，除了各自的感情之外其他都无关紧要，他们无法意识到超越自身思维的共同思维，也无力怀有宏伟的政治决心——即便那只是意味着党派的公共斗争。我们再一次看到了"粗野的兽类，他们……不习惯于自食其力，也不知何处能隐匿藏身，一旦有人要重新给他们套上锁链，他们便会被捕获到手"。④

　　贵族也是同样地优柔寡断、漫无目的。简而言之，他们的行为只不过是与君主和人民斗智，仅仅是为了实现狭隘的眼前利益而策划阴谋，除此之外别无他物。这些意大利的贵人们（Grandi）甚至连染有些许英雄品质的傲气都没有——法国的封建主们正是因傲气而聚集起来反对国王；正如马基雅维里所言，这些法国人至少还

---

① 第九、十八章。（意大利原文为"Ibid., cap. XVIII"，即"同上，第十八章"，英译者此处只注"Chapter XVIII"，疑有误，因"希望不受压迫"一句当来自于第九章。但原作者在正文中所引第九、第十八章中两句都与《君主论》原文略有出入。——译者注）

② "在罗马是否可能设立一种国体，消除人民与元老院间的敌意？"马基雅维里对此的回答是"不能"。因为若罗马国家"更趋安宁，随之而来的问题便是，它亦将更为软弱"。

③ 《论李维》，第一卷第二十九章。

④ 《论李维》，第一卷第十六章。

有骄傲的等级意识。① 仇恨与激情产生于个人之间微不足道——并因此来去匆匆——的分歧。贵人们无法将统治人民的欲望转化为明确的行动路线，所以他们终究向君主俯首称臣，随之而来的是新的纷争。

最后，君主必须赢得人民的友谊，借此便可"激励"他们；②但群氓只能从外在于自身的能力（virtù）和超越自身之上的权力中获得这种激励性的"精神"。而在那些"行会"与"部族"之中——它们是古老而光辉的艺术与军事组织，是公社资产阶级创造力的强大象征——还有何种生活留存？君主应该对这些人民予以重视，③为此他可以时而与他们交谈，展现一下自己的仁慈和高贵，就像是需要赢得冷漠观众欢心的卖艺人。④

正是以下这充满感情的呼唤，最终彻底显示出了精神力的匮乏："各个部分都有巨大的能力"；⑤然而只有当某一位天才的领袖

---

① *Ritratto di cose di Francia*（关于法兰西情况的描述）。在《论李维》第四卷第五十五章中出现了关于贵族的论述，马基雅维里指责他们导致了许多意大利地区的毁灭，因为正是由于他们，这些地区缺乏任何政治组织。然而即使是这部分内容，所涉及的也只是孤立的混乱状态，而不是一个阶级有组织、有意识的反抗——这一阶级的成员愿意为普遍的共同利益而努力，他们具有自己坚定明确的愿望，并决心战胜他人、实现抱负。

② 《君主论》第九章。费斯泰注意到，即使在这里，人民的爱戴也只不过是政府的手段而已。（Fester, op. cit. , p.165）

③ 同上书，第二十一章。

④ 在这里我们会感觉到一种煽动家的才智，当马基雅维里引用瓦伦蒂诺公爵的例子时，我们的这种感觉更为明显，后者对雷米罗·德·奥尔科戏剧性的惩罚使他的臣民"既感到痛快淋漓，同时又惊讶恐惧"（第七章）。在专制者和煽动家之间，统治的准则并不相同，扎布金在论及瓦伦蒂诺本人时就敏锐地注意到了这一点。Zabughin, *Storia del Rinascimento cristiano in Italia*（意大利基督教文艺复兴史），Milan, 1924, p.267。（雷米罗·德·奥尔科通常拼为 Ramiro de Lorqua 或 Ramiro d'Orc，但在《君主论》中的拼法为 Remirro de Orco，此处中文名依照潘汉典先生《君主论》译文。——译者注）

⑤ 《君主论》第二十六章。全句直译为："各个部分都有巨大的能力——若头脑并不软弱"。潘汉典译本意译为"要是头脑不贫弱，四肢就有巨大的能力"。此处照顾上下文涵义未采用潘先生译文。——译者注

前来引领，他们才可能有所作为；他们在"张口"以待"仙粮"。①

于是，马基雅维里不得不将目光仅仅锁定在个人身上。他在长期思考之后有所感悟，从而提出了一些基本准则——其中他认为最根本、最首要的一条，便是国家必须建立自己的国民军——而接下来的任务就是寻找特定的人类法则，使得政府的统治这一极具难度的技艺以后都有径可循；为此，《君主论》一书在形式上洋溢着持久、热烈的分析，交织着人类五彩缤纷的形象。

甚至在此处，我们就已经能感受到，马基雅维里那充满创造性的想象力正在持续地表现出来，通过其自身归纳综合的能力，被用来重构分析上的精细之处；我们也能清楚地感觉到，精致华美的表达必须被无情地压缩为严格的准则。正如历史的事实转化为了理论上的谆谆教导，在马基雅维里这里，对细节的精准观察也转化为了意义恒久的警句箴言，②从而与弗朗切斯科·圭恰迪尼的"慎重"再一次形成了鲜明的对比；但这样的准则终究含有一种活力——一种扎根于细微具体生活之中的活力，它常常会掩盖准则的普遍性，使之变得如心理记录那样直白。

通过对人类简洁、清晰和完整的描绘，马基雅维里的论点得到了润色。他在佛罗伦萨共和国政府工作多年，阅人无数，尤其看惯了那些将政治乱麻的纷繁头绪一手掌握的人。或许他在本质上并不适合外交工作，不习惯巧妙地提出异议、谨慎地让自己的话语合乎礼仪的要求——这种要求使人无法遵照贺拉斯所言："fides

① *Decennale*，I（《十年记·其一》）："尔等在此口皆张／以待客从法国来／赐尔大漠仙果粮……"

② 的确，马基雅维里的心理常常显示出一种理性化的特性，与其说是要寻找活生生的人，不如说是在探索人的类型［E. W. Mayer, *Machiavelli Geschichtsauffassung und sein Begriff 'virtù'*（马基雅维里的历史观念及其"能力"的概念），Munich，1912，pp.39 sq. ］；然而正是作者鲜活的人性以及对真实生活的执守，使这种理性探索本身在很大程度上浸润在对于真切事物的感知之中，并因此让他笔下的人物形象不会变得过于僵化，而是重新具有了灵活性。迈内克也注意到了这一点。Meinecke, *Idee der Staatsräson*（国家理由学说），p.187。

perlucidior vitro".① 或许他缺少一种商人气质,不能像他们那样,通过长期的实践让自己心如止水、古井不波,以其不动心使人折服。或许他并不总是能以冷静、高贵的自制力压抑自己炽热的情感,而圭恰迪尼却精于此道。然而,他在多年的经历中时而遭受苦难,这使他磨去了棱角,也让他学会了规矩,他能够游刃有余地掌控最为困难的策略,也可以表现得不动声色、让人捉摸不透——对于期望以自己的生命和国家的命运为赌注在宫廷风浪中搏击的人来说,这是必不可少的技能。有时,他的确也会忘记这些经验,爆发出激情和悲鸣,而一个真正的外交官却永远不应如此;正是在《君主论》中,在后天习得的技能之外,他那出于本心的自信又重新展现,将冷静与严肃的分析糅合在那些始终活泼生动、出人意料的段落之中。然而,他在公共生活中所受到的长久限制以及他的观点判断中所自然具有的那种敏锐性都使他认识到:对于那些在城市政府中担任要职的人,要详加衡量他们的言行;对于那有时不相契合的感情与思想,要仔细探究它们彼此之间的微妙交织——现实的事件从此间产生,但群氓却视而不见。

因此,即使这些准则看似放之四海而皆准,我们依然能够发现,它们有着具体而明确的根基,在细节上毫不含糊。那简明清楚的语句,每一个重音都被赋予了色彩和形象;正是在这语句的起承转合中,呈现出心理探究的精妙所在,新国家的轮廓正跃然纸上,而画纸间布满了对心理活动的探寻。

此外,对马基雅维里而言,要描绘不同人物形象的特征、勾勒他们各自的线条也并不困难。他只要紧盯着各种各样的意大利君主们便足够了,这群人中不乏从最卑微的环境一跃而上荣登宝座的例子——这在当时完全有可能,他们使自己成为了同时代人的奇迹;马基雅维里或是在封闭的密室中或是在另一位君主拥挤的厅堂里见到这样的人,前者如瓦伦蒂诺公爵,②后者如马克西米利安

---

① 拉丁语:如玻璃一般透明的信念。语出贺拉斯:《颂歌集》,I. 18。——译者注
② Legation to Valentino, Letters 9,12,15,17 October 1502, etc.

宫廷中的君主与使节们。① 这些人物的生活断片几乎自动地表现出来，以待重新拼合为一个有机的整体，人们会想到某些著名的人物，例如西吉斯蒙多·马拉泰斯塔或者费代里戈·达·蒙泰费尔特罗，②两者都既是"狐狸"又是"狮子"。皮耶罗·德拉·弗兰切斯卡③的肖像画是无与伦比的，那宽广的脸庞、野兽般突出的下颚以及冷漠无情的目光，都生动地展示了君主的形象。④ 至于君主的灵魂，马基雅维里可以确定无疑地重构出来，他只要思索一下在明亮的背景下已然大致显现的形象就行了。

在他看来，瓦伦蒂诺公爵是真正完美的，⑤这固然是因为，作为教皇的儿子，"le plus disloyal filz de Prestre qui fut onques"⑥，冰冷的算计与火热的激情奇妙地混合在一起，在他身上达致完美的平衡，使他那沉浸于感官享乐之中的激情不会妨碍他明智的霸业计划；但最重要的原因在于，切萨雷·博尔贾试图创造一个强大的中央集权国家，他所追求的这一目标与独居村舍的马基雅维里的思想

---

① Legation to the Emperor.

② 费代里戈·达·蒙泰费尔特罗（Federigo da Montefeltro, 1422—1482，亦拼作 Federico），意大利文艺复兴时期最著名的雇佣军将领之一，曾长期统治乌尔比诺，后来成为乌尔比诺公爵。——译者注

③ 皮耶罗·德拉·弗兰切斯卡（Piero della Francesca, 1415—1492），文艺复兴时期著名画家，以肖像画的几何比例和透视法闻名。——译者注

④ R. De la Sizeranne, *Le vertueux condottière*（雄才大略的雇佣军将领），in *Revue des Deux Mondes*，1 and 15 December 1923，15 January 1924。

⑤ 迈内克认为，《君主论》中真正的英雄是第六章中的那些人物，即摩西和罗慕路斯等，而不是切萨雷·博尔贾。［Meinecke, *Anhang zur Einführung*（《君主论及小作品》一书的"序言评注"），pp. 27 sqq.］事实上，他们在第二十六章中再次出现，并被树立为国家君主的范本。但他们过于遥远，正如"王国"过于遥远。他们是"最卓越的人们"，君主应当以他们的能力为追求的目标，但他们回馈给君主的只是"几分气派"；时至今日，往昔卓越之高远已不可企及，于是，切萨雷·博尔贾成为了《君主论》所依靠的现实人物形象。我们不应忘记，即使在后来，马基雅维里也将博尔贾视为新君主的典型［*Lettere Familiari*（与亲友通信集），CLIX］——换言之，一个可能在当时的意大利出现的君主。关于马基雅维里对瓦伦蒂诺公爵的理想化，参见：Fester, op. cit., p. 63）。

⑥ J. Bodin, *Les Six Livres de la République*（共和六论），ed. Paris，1578（Preface）。（引文法语：有史以来教皇诸子中最不忠诚的一个。——译者注）

遥相呼应。最后的毁灭难以遮蔽眩目的光亮,在这强烈的追光灯下,那 condottière sans peur et sans remords① 的形象翩然而行。马基雅维里将他的毁灭解释为命运的反复无常——"命运"是一个模糊不清、涵义不明的理念,马基雅维里从未能以确定无误的精神给予它清楚明白的表达,有时他将它视作历史的力量和逻辑,但在更多的时候,他认为命运是各种事件神秘、超然的聚合,其无定之状非人类理智所能洞察。② 瓦伦蒂诺公爵"被命运抛弃了"③:但作者并不关注,命运的判决在本质上是否公正。

于是,一幅如雕塑般沉静的景象在我们眼前展开。远远望去,占据中心的是博尔贾那充满嘲弄的形象,他的微笑和意味深长的目光都神秘莫测;浓密的黑须攀爬在苍白的颊上,使他的脸庞又带有一抹忧郁的色彩,即使在头脑中充满了不可动摇的霸业大计,那也只会朦胧地反映在他的每一个举动里。

但只有在远观时,他才统领着整幅画卷;因为不论是对切萨

---

① 法语:无惧无悔的雇佣军将领。此句在作者原文中是意大利语,并且未以引语方式出现,英译者则改为法语引语,但未注明出处。"无惧无悔"可能是法语中的俗语,如波德莱尔《恶之花》中就曾用到。——译者注

② Croce, *Teoria e storia della storiografia*(历史学的理论和实际), Bari, 1917, pp. 215 - 216. 当人们无法用理性来解释事物时,命运便介入了。(Mayer, op. cit., pp. 38 - 39)亦参见下列著作中埃尔科莱的引用、迈内克的分析和费拉比诺的评注:Ercole, *Lo 'Stato' nel pensiero di Niccolò Machiavelli*(马基雅维里思想中的"国家"), I, *Studi Economico-Giuridici della R. Università di Cagliari*, VIII (1917), pp. 17 sqq; Meinecke, *Idee der Staatsräson*(国家理由学说), pp. 45 sqq.; Ferrabino, *L'università della Storia*(历史的普遍性), in *Giornale critico della Filosofia Ital.*, IV, Part II, p. 137. 马基雅维里对于能力和命运的深入探讨,被费拉比诺看作是对历史 principium universalitatis(拉丁语:普遍原则)的探寻,但前者多半从未明确思考过这样的理论主题。在《君主论》中的讨论只不过表现了他的疑惑:对于一个完全由精确性和个人意志所构建的世界中发生的变化,他无法满意地做出解释,这位佛罗伦萨人的疑惑同那个时代的历史思想完全吻合。[关于这一点,富埃特有着敏锐而中肯的观察:Fueter, *Histoire de l'historiographie moderne*(近代史学史), translated by Jeanmaire, Paris, 1914, pp. 70 sqq.]

③ 《君主论》第二十六章。——译者注

雷·博尔贾或是其他屡屡登台的领主们，《君主论》都无意歌功颂德。有些人物在书中不断重现，例如我们总能瞥见弗朗切斯科·斯福尔扎和阿拉贡的斐迪南那棱角分明的冷酷模样。但由于新的国家必须建立在一个特定的人物身上——个人的能力是创造新国家的首要条件，呆滞的材料有待"极其"卓越之人来冲压成型——那么自然，《君主论》的分析应当围绕着这样一个形象：他能将共同体的观念从理智和情感上赋予那松散的群体；无疑，这位核心人物就是亚历山大六世的儿子①——他受到了佛罗伦萨共和国不遗余力的谩骂指责。

马基雅维里的希望

马基雅维里这位桑·卡希亚诺的独居者所要构筑的"小小城堡"，便建立在如此的基础之上，当他等待着自己所期望的最终结果时，这"城堡"也在具体地成形。这可谓了不起的工作，因为15世纪末的意大利君主们大多已遗忘了称霸的美梦，在外交斗争和势力均衡中固步自封；壮志未泯的威尼斯则发现，自己不得不隐匿意图，耍起诡计；而此时，马基雅维里却在追溯14世纪那些伟大战士们的思想，将自己的经验与想象融入其中，并再一次指出：必须发起公开的斗争，继而建立强大的国家——这正是瓦伦蒂诺公爵最近追求付诸实践的目标。

他并非是要提倡意大利的完全统一。② 对于王国的回忆鲜活地体现在他激动的思想中。那些将之摧毁、将意大利的生活剥夺一空的人受到了马基雅维里的强烈责骂。然而此处所显现的，终究只是面对着往昔岁月的发古幽思，只是流露出失落苦涩的杳然远望，它并不能转而成为现世的计划，无法提供现实的可能性。

伴随着马基雅维里对古代罗马的思考，王国的图景便自然浮

---

① 即切萨雷·博尔贾。——译者注

② 这个观点早已有之，最近的例子可参见：Ercole, *Dante e Machiavelli*（但丁与马基雅维里），in *Politica*, July, 1921, p.136。

现,罗马能够将整个意大利半岛统一在自己的羽翼之下,给它打上自己富于创造性的印记;①马基雅维里怀着强烈的激情,如同置身于长久以前罗马共和国的宏大与光荣之中,他全心全意地沉浸在对历史的重构里,以至于召唤出一幅意大利业已失去的极乐美景,同时对那些摧毁这幅历史景象的首脑人物们百般斥责。后来,马基雅维里在他的最后一部历史著作的开头,通过描绘被荣光环绕着的提奥多里克②所创下的伟业,又不断地将王国的观念展示在我们面前。③ 在他论及伦巴第人时,王国再次出现——但它已因不和而夭折;④最后,在讨论安茹的查理⑤时,作者也有些勉强地提到了王国。⑥ 马基雅维里在回忆这些历史事件的时候,总因心系当代的

① 《论李维》,第一卷第 12 章。在这里,马基雅维里受到罗马历史的启发,运用自己的经验和创造性的能力,思考了如何实现统一的问题,他认为,摧毁统一的正是教会。

② 提奥多里克(Theodoric,454—526),东哥特国王,493 年开始占领意大利,在统治期间对意大利的和平稳定做出了一定贡献。——译者注

③ "他将占领罗马帝国疆土的蛮族诸王限制在他们各自的范围之内,这并非是通过混乱的战争,而只是依靠他个人的权威便达成;从亚得里亚海海口直到阿尔卑斯山山麓,他都建立了城镇和堡垒,这样就可以在新的蛮族企图进攻意大利时更为方便地阻止其通行。"(《佛罗伦萨史》第一卷第四章)(在商务版中译本中则是第一卷第二章。——译者注)

④ "正是因为这个建议[即在克莱菲(Clefi,亦作 Clefis——译者注)之后不设国王的建议],伦巴第人从未能占领意大利全境,他们的王国范围只及本内文托(Benevento)。"(同上书,第一卷第八章)稍后,马基雅维里又重新回到了这个贯穿《论李维》第十二章的主题:"那时,蛮族在意大利发动的一切战争,在很大程度上都肇因于教皇,而所有涌入此地的蛮族,大多也是被其召唤而来。这种行为模式一直延续至今,它始终并仍然导致意大利分裂而弱小。"(同上书,第一卷第九章)

⑤ 安茹的查理(Charles of Anjou,1226—1285),法王路易八世之子,路易十一的弟弟,安茹和曼恩伯爵,被教皇引入意大利并封为西西里国王,曾一度征服西西里,后被驱逐,但仍占领那不勒斯,开创了那不勒斯王国的安茹王朝,又称查理一世。——译者注

⑥ 马基雅维里又一次站在了教皇的对立面:"这样,教皇或是由于宗教原因,或是出于个人野心,不断将新的势力召入意大利,并挑起新的战争;而一旦外来者建立起强大的君主政权,教皇便萌生悔意并寻求将其毁灭,同时,他也不允许因自身弱小而无力进行统治的地方被其他政权所占领。"(《佛罗伦萨史》第一卷第二十三章)

惨境而带着痛苦的感情。此后，王国便不再被提及。①

统一已是追忆，已成往昔之回响——最多是一种自知其空洞的忧伤愿望。②这种观念对于一种旨在改变现实的思想不会产生什么影响。在《君主论》诞生的时代，建立王国的可能性比任何时候都要小得多；这部著作更多地是在期待某些特定事件的出现，后者当然不会以一个王国作为圆满的终结。最后，《君主论》中浸透着一种我们无法忽视的现世性。因此，我们不能将它与时代背景相剥离，让它适用于过分宽广的领域，迫使它进入业已过时的图景。这本书是献给美第奇家族成员，并且也是部分为其所写的，后者显然并未有志于意大利半岛的统一，也不关心有利于统一的相关事务；③《君主论》的本身构架以及它的写作对象，都使人们无法产生

---

① "我们的另一些意大利人就曾将其归咎于教会，而非其他"。(《论李维》第一卷第12章)马基雅维里几乎是顺带地提到了吉安·加莱亚佐建立王国的企图，显然没有意识到它也许会具有怎样的重要性(《佛罗伦萨史》第三卷第二十五章)。"此人相信，自己能够通过武力成为意大利国王……"可以认为，作者实际是借此在谈论他与佛罗伦萨的关系："最终的结果却远非一场可怕的战争那么糟糕：因为，当公爵……准备戴上王冠，在佛罗伦萨加冕为意大利国王时，他却死了。"(同上)这里，作者甚至一丝遗憾之情也没有。同样的例子还出现在对拉迪斯劳的描述中——作者提到他仅仅是因为这和佛罗伦萨人相关："他的死亡……比他们自己的能力更能保护他们。"(同上书，第三卷第二十四章)

② 例如，在《兵法》中，马基雅维里写道："我向你们保证，今日意大利诸邦的统治者，不论谁最先走上这条道路，便可最先成为这块地方的领主……"(第七卷)这里体现了马基雅维里的典型语气，先是充满轻蔑之情，继而则满是沮丧消沉("……对于造物主，我感到难过……")，他还谴责那些"生活在同样的混乱中"的君主——这些都揭示出马基雅维里的希望究竟为何。与此相同，瓦尔基在论及意大利的"最高统治权"时，也只是飞快掠过，好像这是一个多谈无益的漂亮主题。[Varchi, *Storia Fiorentina*(佛罗伦萨史)，Milan, 1845, I, p.65, l. ii]费拉里对此有一些中肯的见解，参见：Ferrari, *Histoire de la raison d'état*(国家理由的历史)，Paris, 1860, pp.256 - 257。关于马基雅维里对王国的态度，亦参见：Fester, op. cit., p.145、151。

③ 马基雅维里所寻找的国家正是切萨雷·博尔贾企图实现的那种类型。"至于进行新的征服问题，他决计成为托斯卡纳的主宰。他已经占领了佩鲁贾和皮奥姆比诺。并且经已把比萨置于自己的保护之下。他一旦不再需要顾虑法国……他就立即攫取比萨。继此之后，卢卡和锡耶纳……都会立即投降。 (转下页)

一个现代意义上的统一梦想。此外，马基雅维里虽然如此富有感情且生动形象地将意大利的王权、将那被教权摧毁的古代统一国家作为历史重构的核心，但他的《君主论》是立足于现实的著作，最晚近的历史对他来说是可资利用而非遭到拒斥的对象，他在写作时不可能想象，意大利人会在某一位个人的领导下重新统一起来。

君主的"国家"，其意义在于别处。我们发现，它最为明显地体现在作者对于公开的、不受拘束的政治斗争之必要性的重申之中，这种政治斗争本身便可有益于复兴这块曾遭受"蹂躏、掠夺、摧残和凌辱"的土地的伟大和光荣。① 我们还发现，它体现在对于政治和军事力量重组的不断呼吁之中，这种脱离了修辞学和人文主义的力量，其自身便能够为这个"被奴役、被使唤、四分五裂的"民族重新带来欢乐。

此刻，我们离开了文学领域，见证了一种政治意识的形成。马基雅维里的道德本质正在于此：他很可以谴责那些独守书斋之中构想精美词句的君主们，而他本人却抛弃了文艺复兴的"精致格调"，创造了一种新的风格，并向意大利人传授社会道德的第一课。

然而他渴望建立的是这样一个国家：它虽有广袤的领土，却首先是因其最高统治者的能力而得以重建、得享安全；它因自己所拥有的国民军而强大，因统治者的明确目标、坚决行动和执政智慧而强盛——简而言之，这样的国家既能凌驾于其他意大利君主之上，

（接上页）对此，佛罗伦萨人不会有什么补救办法。如果他的这些计划实现了……他就会取得巨大的权力和声望，他可以自立，不再依靠他人的武力和幸运，而是依靠自己的力量和能力。"（《君主论》第七章。此处潘汉典译本中"皮萨"依俗改为"比萨"——译者注）类似地："当我听说……他（朱利亚诺）成为了帕尔马、皮亚琴察、摩德纳、雷焦等地的统治者，我就感觉到，若这块领地从一开始就得到善治，那么它将会是卓越而强大的，面对任何事情都能安然度过。" [*Lettere Familiari*（与亲友通信集），CLIX]"这块领地……是卓越而强大的"：《君主论》的指向正是从一开始就妥善维持如此性质的国家。

① 出自《君主论》第十二章："意大利遭受查理（八世）的蹂躏、路易（十二世）的掠夺、斐迪南的摧残和瑞士人的凌辱。"此处引文原作者未放入"摧残"一词，英译者将其补全。——译者注

从而在无政府状态中重构和平与社会秩序,又能防范外部威胁,将蛮族逐出意大利人的共同家园。① 毕竟,马基雅维里并不是一个"意大利的越山派"(即亲法派或外国势力的追随者)。② 最为重要的是,这个国家能够抵御蛮族对意大利的侵扰:这是马基雅维里的第一要则,他那未被深思熟虑所拘束的思想中的强烈激情又将这一要则转化为一种希望与信念。

由此,马基雅维里所追求的并不是意大利的完全统一,③甚至也不是联邦:他并不太喜欢 15 世纪的意大利联盟(Italic foederatio),因为这恰恰表明,要征服众多国家是不可能的。他所追求的是围绕着一个"古代国家"——或许可以是美第奇家族的佛罗伦萨——所建立的政权,这就是说,它以一个已做好准备的核心国家为基础,占据意大利中部地区,确保拥有出海口,拥有横亘亚平宁半岛的通道,也拥有明确划定的边界,其创立者的能力则是它坚实的内在支撑。简而言之,这个政权能够让意大利"较弱小的国家"各安其位,能够打压侵扰共同体生活的"较强大的势力",并能够驱逐"强大的外国人"——为了将意大利置于自己的奴役之下,这些外国人总是不会放过在内争中插入黑手的机会的。④

---

① Cf. Nourrisson, *Machiavel*, Paris, 1875, pp. 257 sqq. and especially 266.

② 《论李维》第二卷前言。[该词原文为"oltramontano",直译为"跨越大山",在当时指跨越阿尔卑斯山的外来者(尤其是来自于阿尔卑斯山以北区域的教皇)或亲法国(阿尔卑斯山以北)的意大利人。英译本此处译为"越阿尔卑斯山"(Transalpine),并在正文中对其涵义加以补充。Oltramontano 一词在英文中也可译为 ultramontane,如此则是"教皇至上"的涵义。——译者注]

③ 意大利的完全统一恰巧又受阻于不同地区之间根深蒂固的矛盾——一方是养育了绅士贵族并腐败到根子里的那不勒斯和米兰(《论李维》第一卷第十七、五十五章),另一方则是"有着最杰出品质"的佛罗伦萨[《论李维》第一卷第 55 章;亦参见《论佛罗伦萨国家的改革》(*Discorso sul riformare lo stato di Firenze*)和《佛罗伦萨史》第三卷第 1 章,后者这样写道:"它将不平等缩减成奇迹般的平等。"]。在后两部文献中,作者尤其将米兰与佛罗伦萨共和国进行了对比。

④ 马基雅维里在《君主论》第三章中用了很大的篇幅来说明,征服了"在语言、习惯和各种制度……不同的地区"(意大利当时就是这样)的君主,应当让自己成为"较弱小的国家"的领导者和保护者,削弱其中较强大的势力,还要 (转下页)

(接上页)注意"不让任何一个同自己一般强大的外国人利用任何意外事件插足那里"。作者的这些思考囊括了新君主的所有任务。这样一位君主将给意大利带来和平，抚平它的创伤，为其医治已溃烂多时的脓肿。他正是要像一个征服了外国土地又与当地统治者妥善相处的君主一样行事，以自身超然的力量使其他势力俯首称臣、保持平静，并由此防止蛮族再次越过阿尔卑斯山侵扰意大利。我们不难理解，在《君主论》最后一章中，将意大利从蛮族手中解放这一最终目标，何以由一种热烈的呼吁转变成对那些强硬、可鄙、可憎之民族的痛苦仇恨；马基雅维里又为何要整个意大利等待救赎和解放者？

同时代的其他史学家也恰有类似的观点。纳尔迪就将瓦伦蒂诺公爵视为统治意大利的真命君主。[在《佛罗伦萨城史》第四卷的提要中，作者说："瓦伦蒂诺公爵尽管很是表现出与他们（法国人）的友谊，却想要将后者完全驱逐出意大利，好建立他自己的统治……"（此句英译本缺。——译者注）]在《佛罗伦萨城史》第四卷中，作者在对博尔贾之死的记载中表达了这一观点："这个邪恶的人便这样走到了终点，他曾如此傲慢地企图成为意大利的国王——这在他的所谋与所为中都显明可见。"（Nardi，*Istorie della Città di Firenze*，Florence，1842，I，pp.218，395）我们不妨看看其所谋与所为的实质："……因为人们发现瓦伦蒂诺公爵在集合自己的军队，并且还在招兵买马，所以众所周知，他和教皇无疑将与其部队一起袖手旁观，不会进入（1503 年的那不勒斯）王国去帮助法国……他如此作为，既是为了惩戒欲惩戒之人——事实上最主要的就是佛罗伦萨人……也是为了在此后——若天赐良机，当法国人遇到某些灾祸时——可以展开进攻，将每一个法国人都驱逐出意大利，使自己几乎能完全主宰和支配这块土地……瓦伦蒂诺公爵从北面朝着教皇领地的方向几乎包围了我们（即佛罗伦萨）整个领土，其意图很明显：当法国军队路过此地向（那不勒斯）王国进军的时候，他就扑向佩鲁贾，立即从此方向将其攻占……公爵与教皇长久萦绕在头脑中的计划就这样付诸实践了……"（ib.，pp.309–310）"王国"（monarchy）的涵义即**意大利的主宰**；它的前提条件在于：意大利中部有一个集权国家，并且蛮族都被驱除，只有这样，才能从根源上消除一切纷争。王国是**霸权**，而不是绝对的统一；没有建立一个强大的中央政权，没有将"强大的外国人"驱逐出去，这样的霸权就不会存在。马基雅维里的观点并无二致。我们特别要注意，就瓦伦蒂诺及其对权力的渴望而言，马基雅维里与纳尔迪有着相同的看法。

关于那个年代意大利自由的观念，参见 F. Nitti，*Leone X e la sua politica*（莱奥十世及其政策），Florence，1892，pp.35 sqq.。几乎所有人都可以重复萨卢塔蒂的话："Sum denique gente italicus, patria florentinus"[拉丁语：我终究在民族上属于意大利，在国家上属于佛罗伦萨。*Epistolario*（书信集），ed. Novati，Rome，II，1893，p.254，Book VII，3]——即使有些人因而自称属于"una Urbs"（一个城市）或是"Itala gens una"（一个意大利人）。参见：A. （转下页）

建立这样一个强大的政权一直是瓦伦蒂诺公爵的目标,[1]马基雅维里因此觉得他的形象更显高大。这种类型的国家正是马基雅维里——他现在的愿望不过是日后成为智囊——意欲向美第奇提出的建议。因为他急不可耐地构思《君主论》,并非是将它看作一部文艺著作,也并不认为那只是论述政治组织的理论作品;《君主论》意味着更多,它仅仅在一卷书中就提纲挈领地将政策建议和实践原则迅速地集成在一起——我几乎要称之为一部臣民自发向领主贡献的备忘录。简而言之,它与马基雅维里或其他人书写的关于重组该城市的各种公文和报告并无多大差异;就其意图而言,与马基雅维里后来在红衣主教朱利奥·德·美第奇[2]激励下为莱奥十世所写的《论佛罗伦萨国家的改革》一文也无太大不同。[3] 马基雅维里需要创造一个全新的精神世界,在其中他可以以自己的方式进行自由的运动和讨论;一种清晰的思想体系随着时间的流逝一点一滴地成型——他几乎是怀着欢愉的心情进行这种沉思;他期望向那些有志于更为崇高命运的人们指明政府统治的确切途径,也决心向实践的世界回归,他的期望和决心使得上述思想体系日渐具体。正是这各种情感的交织催生了这本小书;而在创作的激情中,这些情感不再以一种清晰的面貌展现在作者眼前。

但《君主论》的写作并不是一次文学实践!意大利人长期以来

(接上页)Medin, *Caratteri e forme della poesia storico-politica sino a tutto il secolo XVI*(十六世纪末以前历史—政治诗歌的特征与形式),Padua,1897,p.35[萨卢塔蒂(Coluccio Salutati, 1331—1406),意大利人文主义学者,佛罗伦萨文艺复兴时期的政治领袖。——译者注]

[1] 他渴望"统治托斯卡纳地区,这样再加上他已经控制的其他国家,就越发接近也更为适合建立一个王国了"。马基雅维里:《论基亚纳谷地人民背叛的方式》(*Del modo di trattare i popoli della Val di chiana ribellati*)。

[2] 朱利奥·德·美第奇(Giulio de' Medici, 1478—1534),美第奇家族成员,1523年起任教皇,称克莱门特七世。英译本此处作 Ginlio,可能为笔误。——译者注

[3] 关于这一点,参见:Tommasini, op. cit., II, pp.200-207;Villari, op. cit., III, pp.54 sqq.(Ridolfi, op. cit., pp.275-277, and n.28, pp.450-451.)。然而在此处我们可以觉察到,马基雅维里重新回到了萨伏那洛拉时代的民主思想中:这是一个"公民"马基雅维里。

有一种根深蒂固的弱点，即用文学技巧和精致格调来冲淡所要表达的意识和意志，马基雅维里远非这种陋习的受害者。他甚至都没有在这本小书的扉页写上标题；他用了几个意义无甚差别的词来称呼这部著作：De Principatibus，"论君权"（Of Principates），"君主论"（The Prince），①好像其价值不是来自于正式的名称或文体结构，而是来自于内在的严肃厚重——此书的灵魂正在于此，书中的箴言和建议也正基于此。

然而这一次，实践上的必要性和目的上的直接性——它们曾过分刺激了《论佛罗伦萨国家的改革》一文的写作——被作者的创造性热情转变为了一种全然发自内心的要求，即进行自我启蒙和有机创造；这种要求为他的孤独沉思赋予了意义；于是我们有幸看到了一部不同的作品：《君主论》。

马基雅维里重新思考了意大利历史的最新进展，在此基础上形成了他的政治理论，就好像他的祖国仍处在最为繁盛的阶段，有着充沛的有机创造力；他将意大利重建辉煌的展望与个人的独创之举——国家应当拥有自己的国民军这一论断——结合在了一起。可是现在，一种再也无法被抑制，甚至可谓全然不受任何外交矜持所约束的情感洪流却将他的主旨原则冲刷干净。不论是判定单个的事件，还是为受到召唤的领袖去逐步构建他所要遵循的新道路，这些都离不开分析的方法，然而《君主论》最后一章中却只见强烈的呼吁而没有分析，所有内容都被捏合在一起，服从于一个更高的目标：在这个目标下，才有这些单个部分的存在理由。在这一章

---

① 在有些手稿中，它被称为 De Principatibus（Tommasini, op. cit. , II, Appendix, pp.1016 sqq. ）［在马基雅维里 1513 年 12 月 10 日写给韦托里的著名信件中也是如此］。在《论李维》中，它被称为"论君权"（第二卷第一章）和"君主论"（第三卷第四十二章）。

　　［在 1813 年的马基雅维里作品选中（*Italia* edition, 1813），《论李维》第三卷第四十二章在提及这部著作时这样写道："我已在关于君主的著作中进行了详细的论述。"然而在其他版本中（Mazzoni-Casella, Panella, Flora-Cordié），同样的一句话里却用了拉丁语的标题："我已在 De Principe 这部著作中进行了详细的论述。"］

里,马基雅维里尽情宣泄了他那受到痛苦压抑的情感,他在此前始终遵循逻辑的模式,此时却在一种新的创造冲动下将它倾入自身欲求的洪峰中。他原先视之为理性之物,存在着实现的可能性,此时却将它变为了希望和信念。[1]

(四)马基雅维里思想的本质和局限

在时代背景之下所见的马基雅维里

马基雅维里异常清晰地阐释了当时的意大利历史状况,并以此为基础构筑了自己的理论,而同时,他也接受了时代的前提。在他看来,君主国代表着与大众生活相异的个人能力,在创造君主国的过程中,他也宣判了当代社会的死刑。此时的社会虽可被视为一种有能力复兴的政治力量,却与国家的重建相脱离。一切皆依赖于孤独的雇佣军将领个人的智谋和能量。

这种对于人民的不信任和对于当代社会的重重谴责,在《君主论》的创作中表露无疑。作者曾充满激情、持续不断地评估人民的力量,从中发现了其自身伟大性的根源,但这一评估过程却戛然而止(他虽然在一开始显露出了对人民能力的信任,但在评价过程中却偶尔会表现犹豫,这让他有时在民众和个人之间难以抉择,也使他中断了对人民与贵族斗争的颂扬——若循此路径详加考察,《君

---

[1] 鲍姆加滕提出过一个著名的论断,即《君主论》最后一章差不多只是个"小点心"(hors-d'oeuvre),是个无关紧要的附加之物,后来帕斯托尔附和此说。我无意对此详加反驳,我们只需要注意到,第二十四、二十五和二十六章之间的相互关联甚至要比之前的部分更为紧密:第二十四章列举了意大利诸国毁灭的原因,第二十五章提出了复兴的抽象可能性,最后一章则提出了具体的要求。尤其是关于命运的章节,引入这一章只是为了使最终的呼吁显得合乎逻辑并具有确定的理性基础(参见本书第一章对于命运章节的讨论,英译本第21—23页)。《君主论》的实践意义和历史意义都在最后三章中得到了完全的体现。[鲍姆加滕(Baumgarten, Hermann Baumgarten, 1825—1893),德国历史学家,对19世纪德国的政治思想和政治实践都具有重要的影响;帕斯托尔(Ludwig Pastor, 1854—1928),德国、奥地利历史学家,对教会史特别是教皇史有深入研究。——译者注]

主论》本可避免忘恩负义的瑕疵）。我们发现他突然回到了先前提及的主题，以此为基础展开宏篇大论，并出人意料地为这一主题投入了大量的精力。我们发现他放弃了对于历史的综合考察，代之以详细精致的分析，旨在确定一种新的社会体系。这些过程本身便足以解释马基雅维里的思想状态：当脱下古人的朝服后，他发现自己要不断地面对如何组织现实生活的尖锐问题，这个问题曾在担任公职的岁月里使他苦恼不已，而如今，在他思考实践性的主题时则更显严峻。

在对当代意大利进行沉思之时，马基雅维里心中充满着深切的悲怨。有时这种情感鲜明可辨，在谩骂、嘲讽或是突然爆发的悲鸣中得到宣泄，[①]有时这位眼神忧郁的作者却沉溺在徒劳的怨悔之中。[②]他时而会对束缚自己的锁链感到不耐，想要挣脱它，将同胞们拉到自己身边，但很快他又回复到先前的状态，怀着一种痛苦的嘲讽来研究民众，这其中充满了一个渴望行动却又被迫自我局限在梦幻泡影中的人理想的破灭。

对他而言，佛罗伦萨可堪深深一叹，以至于有时，我们都很难感觉到他对故土的旧情。关于皮耶罗·索代里尼的短诗已广受讨论，而这只不过是某种思想态度的具体表现而已。先前洋溢着的激情与怒火已让位于充满嘲弄的讥讽，但当他意识到自身的痛苦

---

① “……但若是出生在意大利或希腊，又并未成为意大利的越山派或希腊的土耳其人，那他便有理由厚古薄今。因为有足够多的事情能令古代使人惊叹；而现今却充斥着极端的悲惨、丑恶与可鄙，一无是处：宗教、法律、国民军，人们都不闻不顾；当世被无数恶行所污浊”（《论李维》第二卷前言）。“至于其他意大利人的联盟，我只能对此一笑置之——首先是因为没有任何联盟会带来任何好处……其次是因为他们首尾之间没有相互照应；不论发生任何情况、有何种理由，这一代人甚至连第一步都不会迈出。”[Lettere Familiari（与亲友通信集），CXXXI, dated 10 August, 1513]

② “……但且原宥他，那个费尽/心机，充满了空想之人/企图减轻些时世忧伤/只因他不知还有何方/可以让他的目光凝视。”（《曼陀罗花》序幕）

是多么无力时，这讥讽中又揉入了一抹忧伤之色。①

在佛罗伦萨从未出现过有组织的政治生活。虽然丝毫没有参与过索代里尼的共和国，但马基雅维里却指出：它是弱小无力、不合时宜的，因为佛罗伦萨的资产阶级作为建设国家的原材料，与意大利其他所有社会一样都腐败不堪。② 在谈论萨伏那洛拉时[他和科米纳③一样，都认为萨伏那洛拉是一个"好人"（bon homme），只不过这位诚实的法国思想家不觉讶然，马基雅维里却有着佛罗伦萨人的狡黠和机敏]，他唇边和眼中闪过一丝不易察觉的微笑，其中显露着满含讥讽的惋惜之情，毋庸多言，这体现了他对于这个正在崩溃的社会的真正印象。

甚至连深受佛罗伦萨共和派热爱的威尼斯，④也无法成为马基雅维里的希望之源。实际上，他在那里看到的不是圣马可广场上辉煌壮丽的狮像，⑤而是一个国家深刻的虚弱。在独居一隅、为一小群商业寡头所统治的情况下，威尼斯无法确保自己的安全，若它

---

① 关于马基雅维里对索代里尼的态度，参见：Benoist, *Le gonfalonière perpetual Pier Soderini*（永远的正义旗手索代里尼），in *Revue des Deux Mondes*，1 May 1924，pp.120 and 135 sqq.

② 《论李维》第一卷第三十八章、四十九章；第二卷第十二章["……他们（佛罗伦萨人）在长久之前的战争中体现了如此的能力，在最近以来的战争中体现了如此的懦弱"]，第十五、二十一章（"毫无疑问，若佛罗伦萨人通过结盟或是援助的方式来教化邻邦，而不是使之蛮横不群，那么他们统治托斯卡纳的时候也就到了"），第二十三、三十章（"相反，我们也将看到弱小的国家，让我们从自己的国家佛罗伦萨开始……"）；第三卷第二十七、三十章（关于索代里尼的部分）；《佛罗伦萨史》第三卷第1章（"一直在变得愈加卑微和低贱……"），第八卷第二十二章（"佛罗伦萨是一个热衷于夸夸其谈的城市，以事物的成败而非依靠建议来作出判断……"）；《十年记·其一、其二》（Decennale I and II），《金驴记》（Asino d'Oro）第五章（"既然她已将势力向四周辐射／有了强大的实力又国土广阔／她便害怕起一切，而不只强者"）。

③ *Mémoires*（回忆录），VIII, iii.

④ G. Toffanin, *Machiavelli e il 'Tacitismo'*（马基雅维里与"塔西佗主义"）[*La 'Politica storica' al tempo della Controriforma*（反宗教改革时期的"历史政治"）]，Padua，1921，pp.9 sqq.

⑤ 威尼斯以带翼飞狮作为城市的象征。——译者注

想要拓展自己的统治领域,让政治扩张不再停留于天然的狭小范围之中,那它所面临的是愈加确定的毁灭。威尼斯惊人的经济实力并不足以创造政治能力。马基雅维里既不中意前一种情形,又不看好后一种情况:他严厉地责备威尼斯的称霸企图——佛罗伦萨的政治家们对瓦伊拉泰的猝然之灾[①]大为震惊,一想到威尼斯的经历他们心中仍不能平静。[②]

米兰和那不勒斯腐败到了根子里;[③]热那亚无足轻重;[④]而意大利就其整体而言,则是各国之中最为腐败的一个。[⑤] 马基雅维里对此深信不疑!

然而,如此的政治衰弱仅仅部分符合事实,是什么原因促使马基雅维里作出这样尖锐刺耳、直截了当的判定?

有时,马基雅维里对于公社体制失败的某些主要原因有着清醒

[①] 瓦伊拉泰(Vailate)之战发生在 1509 年,威尼斯军队被路易十二的法国军队击败,威尼斯自此失去对意大利北部的控制权;在马基雅维里的著作中,瓦伊拉泰称为维拉(Vailà)。——译者注

[②] 《论李维》第一卷第六章;第二卷第十、十九、三十章;第三卷第十一、三十一章(其中有着对威尼斯最严厉的言辞);《佛罗伦萨史》第一卷第二十九章("在一日之内,他们耗费无数、苦心经营多年才获得的这样一个国家就被夺去了。尽管在最近一段时期他们恢复了部分土地,但既不能恢复自己的名誉也不能恢复自身的力量,和意大利其他所有君主一样,他们要看他人脸色行事");《十年记·其一》(Decennale I)("满怀恐惧又满是饥渴的马可"),《十年记·其二》(Decennale II);《金驴记》(Asino d'Oro)第五章;《与亲友通信集》(Lettere Familiari),CXXXIV。参见韦托里的判断:"……他们日渐消瘦,就像我们所说的,死于瘦弱……他们在过去三年中一直患有此病,现在仍不见好转,越来越趋近死亡了。"[Lettere Familiari(与亲友通信集),CXXIII]

[③] 《论李维》第一卷第十七、四十章,《佛罗伦萨史》第六卷第二十三章。"……相信米兰人能维持自己的自由,这种观点可并不明智。因为他们的市民素质和生活方式,以及这个城市中的陈旧宗派,这些都与任何公民政府的形式相悖。"

[④] "热那亚人时而得享自由,时而遭受奴役,或是被法国国王控制,或是被维斯孔蒂家族征服,他们活得毫无尊严,当属弱国之列。"(《佛罗伦萨史》第一卷第三十九章)

[⑤] 《论李维》第一卷第四十章。

的认识。① 在《佛罗伦萨史》一处非常出色的段落中，他极其成功地揭示了这一文明发展的奥秘，指出了其腐化的表现之一，②而在其

_____

① 《论李维》第二卷第十九章："……手无武力却握有帝国，这样的人必遭毁灭……威尼斯人和佛罗伦萨人便是如此，前者曾安心偏居海边，后者则仅有六里边界，然而当他们各自占有了伦巴第和托斯卡纳之后，却比过去衰弱得多。这一切的根源在于，他们仅有获取的愿望，却不知实现的方式……"而方式便是："增加城市居民人口，寻求盟友而非臣属，派遣移民保卫既得土地，利用战利品兴建都城，用突袭和鏖战而非围困使敌人屈服，保持公共财政的充裕和民众个人的贫困，以最高水准操练军队……"（同上）这也是罗马所采取的方式，参见《论李维》第二卷第四章，其中还说道："我们再一次看到，使他人臣服这种方式总是收效甚微、获利甚薄的；而要是此法运用过度，灾难便随之而来。如果说使他人臣服这种方式对于有武装的共和国无甚用处，那么对于我们时代的意大利诸共和国这样没有武装的国家来说，它更是毫无用处。"《论李维》第二卷第三章也是一样："然而，一个小共和国不能占有比自己实力更为强大或者领土更为广袤的城市或王国，若的确这样做了，那它所遇到的状况就好比一棵枝丫更甚于根基的树木——它勉力支撑枝丫，每一阵轻风都使之更加衰弱：我们看到，在斯巴达所发生的便是这样的问题……"斯巴达和威尼斯很相似，"由于扩张对于类似的共和国来说无异毒药，因而进行统治的人要竭尽所能阻止其对外征服，因为就一个虚弱的共和国而言，它自身的毁灭完全来自于所需承载的既得土地。斯巴达和威尼斯正是如此……"（同上书，第一卷第六章）。在其他地方还提到了殖民地的问题："由于共和国和君主国的不当之举，这种习惯如今已经完全消失，各地的毁灭和衰落便肇因于此；因为这是增进帝国安全的唯一方式……"（《佛罗伦萨史》第二卷第一章）

② "人民大众与贵族之间天然存在着的严重敌对……是滋生于城市的诸恶之源；因为扰乱共和国的其他一切事物都是从这种对于人类性质的区分中汲取养料的。罗马因此而不得凝聚，若允我将荧光与皓月相提并论，佛罗伦萨也是因此而分裂；在这两个城市中，同一现象却产生了不同的效果：因为人民与贵族之间的敌对，在始作俑者罗马这里意味着争论，在佛罗伦萨这里意味着争斗……在罗马它总能增强军事能力，在佛罗伦萨它全然使其毁灭；在罗马，它将公民之间的平等转变为极度的不平等，在佛罗伦萨，它将不平等缩减成奇迹般的平等……佛罗伦萨人民的欲望是不恰当也不正当的，以至于贵族时刻准备着用更大的力量来自卫；因此，公民中便会发生流血事件，也会有人被流放。而此后创立的法律，不是为公社整体，而是完全为胜利者的利益所设……然而在佛罗伦萨，胜利者是人民，贵族则被剥夺了司法行政权（magistrati），为了重获权力，他们就需要……不但在实质上而且在外表上与百姓趋同……由此，贵族所曾经具备的军事能力与思想品质便消失了；而在人民身上，这样的能力和品质既然不曾存在，那也不会复兴，这样，佛罗伦萨就一直在变得愈加卑微和低贱"（《佛罗（转下页）

他时候,他的历史视野中也不乏极为博大和深刻的主题。[1] 但这些是作者在凝神沉思整个宏大历史进程时的灵光一现。当他放低眼光去对这个或者那个意大利国家进行具体的判断时——尤其是当他锐意改革的意图想要适应思想中的创造性举动,而他又无法在与世隔绝的安宁研究中保持平静,却要在当时的现实世界里冒险前行之时——他的思想便失去了视野的宽广博大。社会问题、派阀之别、人民与贵族之间无益而徒劳的斗争,使他的思想转向了雇佣军的丑恶、君主的无力,以及没有自己武装的共和国的孱弱。对他而言,意大利不幸的首要原因在于缺乏自己的国民军。他忘记了更为深沉的民众疾苦,却满心关注卑鄙可耻的雇佣军犯下的外在暴行,以及不知如何率领自己的军队的统治者所显现的荒唐愚蠢。[2] 马基雅维里在其所有著作都提到了爵爷们和士兵们的庸碌懈怠,他一直哀其不幸、怒其不争,认为这正是当代意大利苦难的根源;而另一方面,他也不断地谴责共和国恶劣的军事组织和雇佣军狭隘的目光。国民军不仅仅是马基雅维里所要建立的新架构的根基,[3]它本身已成为评价历史的标准。[4]

（接上页）伦萨史》第三卷第一章）。这段文字虽然在细节上不尽真实,但其中所体现出来的构思却着实博大有力。关于党争问题以及马基雅维里的历史观念,参见:Moriz Ritter, *Studien über die Entwicklung der Geschichtswissenschaft*（对历史学发展的研究）, in *Historische Zeitschrift*, 1912, pp.272 sqq. 戴尔考察了佛罗伦萨派系斗争与罗马历史之间的联系,这也是非常有意思的:Dyer, *Machiavelli and the Modern State*, Boston, 1904, pp.87 sqq.

[1] 例如《论李维》第一卷第十二章,此外第五十五章在某种程度上也是如此。

[2] "因此,我的历史著作中将满是这些软弱无能的君主和无耻之极的军队……"（《佛罗伦萨史》第一卷第三十九章）

[3] 《君主论》的中间几章（第十二、十三章）实际上就是在讨论军队的问题,并且这也并不局限在物质层面的描述上。好的法律本身也取决于好的军队。

[4] 《论李维》第一卷第二十一章;第二卷第十八、三十章;《君主论》第十二、十三、二十六章;《兵法》第一、七卷;我们不必引用那些众所周知的普遍论断,而只要考察一下他对于某些单个国家衰弱原因的判断就可以了:"威尼斯人……在需要进行陆战的时候……聘请曼图亚侯爵为统领。正是这一不幸的举动,使他们硬生生不得一步登天、扩张疆域"（《兵法》第一卷）;"1508 年的威尼斯人……并不拥有足够的军队能将敌人拖延……大难临头"（《论李维》第三卷第十一章）;（转下页）

马基雅维里评价历史时的错误

世人非难马基雅维里时，以下这个错误极少被提及。他的逻辑推理建立在一个不可否认的事实之上：自 15 世纪最后几十年开始，意大利诸国在军事等方面都相当落后低劣。在疲弱状态出现之前，意大利半岛的军备与军队都曾有过一段并不灰暗的时期，但是，马基雅维里并没有去刨根究底，彻查这种软弱之势的根本原因——不仅是整军经武的问题，还有经济和政治原因——相反，他执著于表面现象，与同时代的人们眼光相仿——那些人看到国家的尘世命运在一日之内就由战场上见分晓，他们的恐惧瞬间转为希望，平静即刻化为不安。① 外交和军事事件只是被孤立对待，局限

（接上页）"他们的政府并不精于战事，这种无能致使他们心生怯懦，从而在同一时刻（瓦伊拉泰战役之后）既失去了国土又失去了精神"（同上书，第三卷第三十一章）；"……我对威尼斯人评价甚低，即便他们声势最盛之时也是如此，因为对我而言，他们获得和维持这一帝国比失去帝国更堪称奇迹……让我感到触动的是，他们没有自己的将领和士兵竟还能运转下去"（*Lettere Familiari*（与亲友通信集），CXXXIV）。就佛罗伦萨而言，只需忆及《十年记·其一》（*Decennale*，I）的终句便足矣："若尔重开战神庙/前路必将易且短。"

① 结果，他们变得有些不知所措："如此这般，威尼斯共和国的情势一落千丈，几乎难以令人置信"（Guicciardini, *Storia d'Italia*（意大利史），VIII, vii）；科米纳面对着查理八世摧枯拉朽般的征服，只能这样说道："Tout cedict voyage fut vray mistere de Dieu."（法语：上述整个历程真的是上帝的奇迹）[*Mémoires*（回忆录），VIII, iii]。后来，帕鲁塔又提到："法国人突然进入意大利，带来了一种人们未曾习惯的可怕的作战方式。"[Paruta, *Historia Vinetiana*（威尼斯史），Venice, 1605, Book I, p.5]很自然，这种思想态度将会导致人们对士兵及其将领的恶行和腐败大肆谴责，它甚至在蒙田那里也得到了共鸣："Quand nostre roy Charles huictiesme, quasi sans tirer l'espee du fourreau, se veit maistre du royaume de Naples et d'une bonne partie de la Toscane, les seigneurs de sa suite attribuerent cette inesperee facilité de conqueste, à ce que les princes et la noblesse d'Italie s'amusoient plus à se render ingenieux et sçavants, que vigoreux et guerriers."法语："当我们的查理八世国王，剑未出鞘，便已成为那不勒斯王国之主，又占有了好一部分托斯卡纳之地，群臣们便将这种出乎意料的征服之力归因于此：意大利的君主和贵族更乐于成就才智与学识，而非获得活力与武艺。"[*Essais*（论说集），I, Chapter XXIV][帕鲁塔（Paolo Paruta, 1540—1598），威尼斯政治家、外交家、历史学家，有几部政论和历史著作传世。——译者注]

于本身面貌,而没有被认为是在展现出一种持久贯穿于国家整个社会和政治机体中的更为内在的过程。这位佛罗伦萨的秘书在评注古代史的时候,曾经从人民的力量和活跃的党争中寻找国家辉煌的深层原因,但现在,他的调查研究却禁锢在如此的局限之中。

我们几乎可以说,马基雅维里已经对当时的宫廷政治风云、不断爆发的武装骚乱和不期而遇的军事剧变司空见惯,他的头脑中充斥着这些印象,以至于在谈论自己所处的年代时,忘记了其他所有的声音。另一方面,他有着痛苦的回忆,他的怒火在强加于身的公务规条下被长久压抑,最重要的是,他还怀有继承自先祖的难消之恨——仇恨那些野蛮、可恶、鄙陋的雇佣军们:他们常常给聚集议事的公民带来恐怖,也给马基雅维里这位十人委员会和九人委员会的秘书①带来了长久的精神痛苦——我们几乎可以说,所有这一切都在他眼前浮动,将他对历史的思考裹挟于它们所煽起的激情之中。② 这位思想家想要寻找一个明确的目标,好让充塞胸臆的一切仇恨和绝望倾泻于上;此刻,他在批判中所犯下的错误已经深深地带有了情绪化的特征。他被自己隐秘的忧愁所压倒,将憎恶的对象锁定为"雇佣军主义"(mercenarism),再也无法解脱。

他并没有问问自己,在战术单位形式、军事训练和战争技术上已经发生的各种变化,是否以及如何导致了意大利的军事疲弱;③

---

① 马基雅维里除 1498 年被任命为"十人委员会"的秘书之外,还于 1507 年成为"国民军与军令九人委员会"(Nove di ordinanza e milizia)的秘书,后者正是在他的建议下成立的。——译者注

② 我的确感到,有时马基雅维里对待士兵的态度似乎与公务员无异。参见:Hobohm, *Machiavellis Renaissance der Kriegskunst*(马基雅维里:兵法之复兴),Berlin, 1913, II, p.281。

③ 马基雅维里在对于步兵的观察研究中作出了正确的判断。但这本身并不能否定"雇佣军主义";事实上,已得到应用的那些新的战术要求和作战方法,正需要熟知军备的职业军人作为强大的骨干。同样,对过去的作战方法也不应该进行毫不留情的谴责,它们在当时都是必需和有效的。然而实际情况是,马基雅维里提倡将步兵的使用置于最高的地位,因为他相信这样做可以摆脱"雇佣军主义"。这也可以说明,为什么他在确立了自己的观点之后,并不担心自己的头脑还会过多关注军事艺术上其他一些新的重要因素——比如说炮兵。

他也没有再想想,政治和经济力量上的彻底重组以及欧洲各国在作战能力上所进行的深刻调整,何以密切地影响着这种疲弱状态。相反,他毫无例外地全面抨击意大利军队的长期军事实践,而没有注意到,在最近一段时期之前,这样的军事实践不仅是必需的,而且事实上也并非全无辉煌。① 他将有道理的观点和无理由的论断混杂在了同一个语境之下。他不加区分、直截了当地指责意大利的一切政权,结果那些最不应当遭他蔑视的政权也受到了严厉的批评。②

他甚至都没有去探究,同样是"雇佣军主义",意大利与其他国家在哪些方面有所不同:例如,为什么"雇佣军将领主义"③这种体

---

① 有人认为除了马基雅维里之外,圭恰迪尼和焦维奥也将矛头对准雇佣军将领,这种指控是错误的。[Delbrück, *Geschichte der Kriegskunst*(战争史),IV,Berlin,1920,p.21]事实上,在 15 世纪初之前,意大利人一直享有武士的美名。意大利雇佣军将领被认为是训练骑兵的行家,例如,他们曾为大胆的查理服务。[A. Spont, *La milice des francs-archers*(自由射手之国民军),in *Revue des Questions Historiques*,LXI,1897,p.461]马基雅维里却以轻蔑的眼光判断一切。他的这种思想态度导致怎样的结果,我们只要从《佛罗伦萨史》对资料来源的弄虚作假上(这么说毫不夸张)便可见一斑,他这么做只是为了丑化雇佣军将领和雇佣兵,以至于他颇为恰当地受到了阿米拉托的责备。参见:Villari,op. cit., III,pp.257‑258,270‑271,279[札戈纳拉(Zagonara)、安吉亚里(Anghiari)、莫利内拉(Molinella)等战役]。马基雅维里关于斯福尔扎和福尔泰布拉齐的其他一些不确之词,参见:Villari,ib.,p.268,n.1。

　　[大胆的查理(Charles the Bold,1433—1477),勃艮第公爵,好征战,甚至不计代价轻启战端,故有此名;阿米拉托(Scipione Ammirato,1531—1601),意大利历史学家,著有《佛罗伦萨史》等作品;福尔泰布拉齐(Niccolò Fortebraccio,1375—1435),意大利雇佣军将领,曾为佛罗伦萨效力。——译者注]

② 他对于威尼斯及其军事组织的判断就是错误的。[Hobohm, op. cit., II,p.25;Fueter, *Geschichte des Europäischen Staatensystems von* 1492—1559(1492—1559 年间欧洲国家体系的历史),Munich and Berlin,1919,p.161]

③ 原作者在此所用的是"雇佣军将领的体制"(sistema dei condottieri),指雇佣军将领大行其道的机制,但在此后也偶尔用到"雇佣军主义"(condottierismo)一词,英译者将其统一译为"雇佣军将领主义"(condottierism),与"雇佣军主义"(意文"mercenarismo",英文"mercenarism")相对应。中译本为保持语言连贯性按英译本方式直译。——译者注

制在意大利表现得最为成功？（雇佣军队是意大利遭遇灾难及其整体秩序发生变化的真正原因，但仅仅存在着雇佣军队的现象并不等于"雇佣军将领主义"的体制。）倘若提出这样的疑问，便可指向问题的核心，就能展现意大利历史——不仅在军事方面，而且在政治领域——截然不同的发展过程，就能探明 15 世纪生活最为隐蔽的奥秘，就能揭示意大利半岛各君主国和共和国政体器质性的虚弱。①

但马基雅维里并没有意识到这些：他混淆了"雇佣军主义"与"雇佣军将领主义"。②此外，他还本能地想要将自己的研究所得推而广之，从而怀着惊人的自信，扩大其理论的应用范围，一棍子打向意大利、法国和西班牙等各个**没有自己武装**的国家，不加区别地指责斯福尔扎和法国国王。

他也没有意识到，正当此时，对于那些筚路蓝缕创建民族国家的君主们来说，雇用外国军队正在成为一种绝对不可或缺的方式。他们需要获得克敌制胜的手段，以消灭封建主的抵抗，压制地方与城市的个体主义，同时也需要开创真正的、宏大的欧洲扩张政策，将它变为现实；然而马基雅维里却无法理解，对于他们来说，中央政府首脑有一支自己所统辖的军队是多么必要——这支军队只听

---

① 霍博姆对此有一段精彩的论述。参见：Hobohm, op. cit. , II, pp. 266 sqq. , 279 sqq。这位出色的学者将这个问题放在了真正的位置上。此外，在这本不可或缺的著作中，他还清楚地指出了马基雅维里在军事理论和实践上的许多严重错误。关于对马基雅维里军事思想的整体批评，亦参见：Delbrück, op. cit. , pp. 117-133。

② 例如，我们可以发现，他在《君主论》第十二章中突然从雇佣军军队转到了雇佣军将领的主题："我想进一步论证这种军队的不可靠，雇佣军的首领们……"他将两个需要区别对待的问题混为一谈。军队是雇佣来的，但实际上统领军队的却是政治统治者个人，这种情况完全有可能存在，例如在法国就是如此（Hobohm, op. cit. , II, pp. 266, 279, 324—325）。"雇佣军将领主义"（原谅我使用这个丑陋的词语）只有在某些特定的政治环境中才会兴盛起来，而意大利君主国正具备这样的环境。马基雅维里本应坚持讨论这个主题，并进而探究为何君主们会忽视**自己的技艺**：国民军。

命于首脑本人及其帑银,①又在长期的东征西战中获得了良好的训练和作战技能,战则能胜。

西欧国家的对内强化和对外扩张的前提条件,是拥有一支稳定的、久经沙场的军队,这样的部队在当时只能由本地或者外国的职业军人所组成。② 国民军或许可以起到本土防卫的作用,但决非常备力量。它不能被用来投入对外征服的战争中,更不能确保中央政权具有绝对的对内最高地位。③

马基雅维里并未注意到这一点,他谴责法国国王撤销以"自由射手"④为名的步兵建制,而这支在吉内加特被可耻地击败的部队,在其不甚光彩的存在过程中,给每一处所经之地都带来了混乱,与雇佣军并无两样,甚至遭到了本国人的嘲笑。⑤ 不过幸好,法国的国

---

① 因此,当马基雅维里断言钱财并非战争的支柱时,我们甚至都无需刻意强调他的错误:那些年的经验足以证明事实恰恰相反。

② 这一点在法国身上体现得很明显。出于自身的利益,法国国王要求掌握一支仅仅听命于他本人的常备军,即一队强大的雇佣国民军,而这恰巧也符合法国政治根本而普遍的利益。这又和法国资产阶级的愿望保持一致,后者可不愿披甲上阵,尤其不想参加旷日持久、充满危险的战争。另外,我们还可以注意到很有意思的一点:远在马基雅维里提出佛罗伦萨改革计划之前的1484年,在图尔召开的法国三级会议(States General)上,就有人要求解散所有雇佣军,建立国家军队;雇佣军的问题实际上成了争论不休的话题。但这种改革最大的受益者是那些封建领主,他们是这块土地上最强大的分裂因素,是国家实现统一的主要障碍。王权为了彻底重组国家,就必须反对那些封建主,而一旦设立国家军队,武备就会在很大程度上落入后者手中。[Imbart de la Tour, *Les origines de la Réforme*(改革的起源),I,Paris,1905,pp.48 and 61 sqq. Cf. also Hanotaux,*Histoire du cardinal de Richelieu*(黎塞留红衣主教史),I,Paris,1893,pp.267 sqq.,283]

③ 就实际情况而言,在法国保卫各个城镇的任务常常交给由市民组成的国民军。关于文艺复兴时期拒不承认本土国民军自身特性的情况,参见:Hobohm,op. cit.,II,p.142。

④ "自由射手"(Francs-Archers)是法国在1448年成立的建制,由平民组成,因参加军队即可免税,故以"自由"为名。这支部队在战争中作用较弱,尤其在1479年的吉内加特(Guinegate)战役中被勃艮第军队击溃,致使法国国王路易十一在1481年将其撤销。——译者注

⑤ Spont, article cited above, pp.457 sqq.,472 sqq.

王们比马基雅维里这位率性而为、不明就里的外国策士更了解自己的利益。他们仍招募瑞士人、德国佣兵、加斯科涅人和皮卡第人，[①]并在这些雇佣军的协助下用一场场的胜利来确保法国的伟大。[②]

在马基雅维里如此的评价标准中，体现出的是一种全面重构历史的企图，一种真正值得关注的描绘全景的努力，因为他得以发现，意大利的苦难不仅仅是由于领主们缺乏作为谈判者的机敏与才智，也不仅仅是由于这个或那个势力疑惑不定、犹豫不决、算计不精；更重大、更普遍的原因在于：军力衰微——一切个体之失尽纳于其中。然而，他如此大张旗鼓所强调的这个因素，却并非唯一的原因，更重要的是，这还并非最本质的原因。雇佣军将领的形象浓缩了意大利军事体制的重大失误，但这种失误本身却源自于整个社会和政治机制的根本结构。因此，马基雅维里对历史的重构是全然有误的。

此后，马基雅维里的这种成见还会侵入并误导他的历史思考，让他以为长久的军事独裁是罗马衰落的原因之一；[③]而此刻，他习惯于将任何事物都套上外交和军事的框架，也过于固执地敌视那些他认为对时代的灾难负有责任的人，这些都有碍于他探究造成

---

① 加斯科涅人（Gascons）和皮卡第人（Picards）均来自于法国，德国佣兵（Lansquenets）一词则源自德语"国土仆人"（Landsknecht），特指 15、16 世纪来自德国的雇佣步兵。以上几类人都是当时常见的雇佣军。——译者注

② 路易十二曾经试图组织一支步兵部队，但并未成功，后者只存在了十八个月。参见：Spont, *Marignan et l'organisation militaire sous Francois I*ᵉʳ（马里尼亚诺战役与弗朗西斯一世的军事组织），in *Revue des Questions Historiques*，LXVI（1899），p. 60。关于弗朗西斯一世军队的惨痛经历，参见 Delbrück, op. cit.，pp. 18‐19。[弗朗西斯一世（Francis I, 1494—1547），法国国王，1515 年加冕后不久即在意大利境内的马里尼亚诺（Marignano）击败瑞士军队，并获得米兰，但在与神圣罗马帝国皇帝查理五世争夺意大利的战争中曾遭到失败。——译者注]

③ 《论李维》第三卷第二十四章。作者实际上对土地纷争有着清醒的认识。但对于军事独裁的成见却使他再一次成为了那个思考当代意大利的马基雅维里："……若一个公民长久地指挥军队，他不仅会赢得忠心，也会造就派阀；因为假以时日，这支军队将忘记元老院，而只识统领者。"就马基雅维里而言，这等于是说，罗马衰落的原因之一又是"雇佣军将领主义"。还有，"……而罗马在得到善治之时（即格拉古兄弟的时代之前），没有任何一个战士以职业为目的接受这样的军事操练……"（《兵法》第一卷）参见：Hobohm, op. cit.，II, pp. 105 sqq.

意大利腐败的更隐蔽原因，也不利于他寻找强效"疗法"的主要药方——如果这当真存在的话。

但这样一种深具局限性的评价标准还会带来另外的后果。诚然，马基雅维里能够注意到，威尼斯和佛罗伦萨这类手无武力却握有帝国的共和国所统治的领土是分裂零碎的；他与同时代的所有人怀着相同的感情，指责这些共和国总是迫人臣服而非寻找盟友——这与君主统治的国家恰恰相反。但他并未自问，这些共和国的虚弱是因为各个部分未能实现统一，还是因为国家的现实政体内蕴着某些重大缺陷，抑或仅仅是因为他们面对着更大、更强、更富之国，无力有效抵挡后者的举动？马基雅维里凝思着君主和君主的碌碌无为，高谈他们在军事上的怯懦，也阔论他们的软弱，然而他未曾探究，在这些特定的个人原因之外，是否还存在着其他更重要的因素，可以解释他们的深深恐惧、他们的临阵脱逃、他们的惊人之失？有时，他注意到了贵族的腐化，但并未就此深究。他也曾建议在严重不平等的城市中设立君主政体，[1]似乎君权万能，奇迹立生。在进行总结的时候，他始终将君主这万恶之源的形象摆在显著位置。他在军事上存在着教条主义，[2]又习惯于对事物特殊而非普遍的原因作出判断，他的思想极大地受到了这些因素的影响，而且还受制于其他一些缺陷。

例如，在崇尚军事的观念下，马基雅维里对经济的作用漠不关心，将财富和私产视作滋生腐败而非滋养力量的源泉，是衰落之因，军备之患。不只如此，他还始终坚持城市主义，这一点在他论及乡村民众时就表露无遗。[3] 这些分散、混乱的民众在公社政策的

---

① 《论李维》第一卷第五十五章。

② "军事上的教条主义"一词来源于：Fester, op. cit. , p.179。

③ Mayer, op. cit. , p. 100. 但是以下两篇文献意义不大：Tangorra, *Il pensiero economico di Niccolò Machiavelli*（马基雅维里的经济思想），in *Saggi critici di economia politica*，Turin 1900，pp. 121 - 159；Gebhart, *Les historiens florentins de la Renaissance et les commencements de l'économie politique et sociale*（文艺复兴时期的佛罗伦萨历史学家以及政治社会经济学的起源），Paris, 1875，pp. 38 sqq。

沉重压迫下从事着劳动,却被排除在公共生活甚至城市自身的精神和道德生活之外,而马基雅维里并不支持他们的权益,至多将他们视为独裁者的仆从。①

终究有一天,他将不得不转而诉诸乡民,这些人被城市资产阶级轻视良久,要求能够直接参与国家的生活。然而即使到那时,在一切壁垒似乎都被打破的时候,市民们又会再次登场。他们谨慎而多疑,担心手中的控制权不保,他们压迫自己的同胞,使后者听命于一个首领:在其治下,国民因地域宿怨而彼此分隔。② 此处,对故城的热爱不断地在作者心中煽起属于公社时代的激情!

马基雅维里与宗教

所有这些主题都显示出马基雅维里精神上的狭隘性,而他思想的根本倾向又使之更为严重。在此倾向下,他对任何不受纯粹政治理念指引的思想运动都回应冷淡;他漠视永恒与超然之物,③对道德上的疑惑以及反求诸己的灵魂所饱含的痛苦焦虑都视而不见;④由此,面对着信念中的人事因素和神秘因素,他不得不同时赋

① 在平民反对独裁者的时候,乡村民众应当在独裁者的要求下武装起来,以承担"本该由平民承担的职责"(《论李维》第一卷第四十章)。同样的目的也可以通过外邦仆从或者君主亲睦的强大邻邦来达到。换言之,当马基雅维里转而论述独裁者并跳回到自己的年代时,乡民们是被排除于国家内在生活之外的——虽说他也同时意识到,自己的榜样罗马却提供了不同的经验:"乡村和罗马是一体之物。"

② 关于马基雅维里在这方面的思想特征,《论新国民军制度的报告》是极其重要的文献(*Relazione sulla istituzione della nuova Milizia*, reproduced by Villari, op. cit., I, pp.637 - 642)。该报告最后的一些建议——如何保证武装起来的人们不"作恶"——反映了三个世纪以来对市民一切形式的不信任。如果说马基雅维里在论著中谴责了共和国迫人臣服而非寻找盟友的行为,那么在实践中,他也不能避免自己所深表遗憾的政治风气。这明确地体现在他关于郊区的政策建议中。

③ Fester, op. cit., p.146.

④ 因此我对托马西尼(Tommasini, op. cit., I, pp.699 sqq.)所说的马基雅维里的宗教情怀深表怀疑。马基雅维里要求改革罗马教会,其背后的动机与当时那些异议者和改革者并不相同,而托马西尼却将他们归于同侪(ib., p.738)。迈内克则对此有着中肯的见解,参见:Meinecke, *Idee der Staatsräson*(国家理由学说), p.38、44。

予它们彻底的政治意义，归于国家法律和统治的范畴之内。若有善法和国民军相佐，宗教颇可以构成国家生活的基石；[①]然而此处所及，并非宗教本身的情感，也不在于：一个苦闷自生的人必得靠它来获得灵魂的安慰；作者所关注的，只是它附带的实际作用：宗教可以制衡腐败，也有利于共同体生活的有序运转。宗教即等同于通过宗教组织所展现的外在形式，[②]它向国家生活所施加的道德影响，是一种来自上天的强制力量，它聪明地规训着人们的思想，促使他们完成作为公民应尽的责任。

由此，一切宗教运动都失去了其本质特征，不再具有神秘的内容，所留下的只有那些一次又一次被不可避免地注入宗教之中的具体政治内涵，而后者也构成宗教演进中虽非唯一却最强有力的因素。在萨伏那洛拉此人身上，马基雅维里仅仅看到了一个没有武装的先知形象，对于这个圣马可修道院修士代上帝立言的说法，他的态度是漠不关心、嘲讽怀疑。[③]但马基雅维里并未注意到，这种暴烈的传教方式的失败对自己有着深刻的影响，因为对于萨伏那洛拉这个政治改革者所犯下的政治错误，他的不满已悄然转化为对教士阶层的蔑视，再加上他自然具有的非宗教观念，这就在很大程度上决定了他对于教会的尖刻态度。这个多明我会修士对亚历山大六世所怀有的愤怒得到了马基雅维里的共鸣，后者的怒火

---

① 然而，我们需要注意到，即使是宗教的政治意义，在《君主论》中所述也远不及《论李维》。这一点容后详述。

② Mayer, op. cit., p.97. 因此我们显然不能认为，马基雅维里的理想国家是现代意义上的**世俗**国家。

③ "……吉罗拉莫·萨伏那洛拉教士使他们（佛罗伦萨人）相信，自己是在代上帝立言。我无意断其真伪，因为对于这样一个人物，我们总该言之有敬……"（《论李维》第一卷第11章）就马基雅维里相比于萨伏那洛拉的地位，托马西尼有着尖锐的评论：Tommasini, op. cit., I, pp.160 sqq. 而维拉里的论述则不够中肯：Villari, *La storia di Gerolamo Savonarola*（吉罗拉莫·萨伏那洛拉的历史），Florence, 1887, I, p.319, II, p.107. 施尼策尔也曾简短论及这一问题，但有欠考虑：Schnitzer, *Savonarola*, Munich, 1924, I, p.592; II, p.1075, footnotes 96, 99.

更广,蔓延为对教皇政权——他眼中的意大利腐败之源——的普遍敌视;同时,萨伏那洛拉过度的复古主义又愈加激发了马基雅维里的不屑与不信,这在此后对蒂莫泰奥修士的塑造中表现得淋漓尽致。① 对于某个教皇一时的不满由此变为了持久无尽的敌视。② 马基雅维里的宗教哲学正是沿着这条线索日渐成熟——它由理论和实践上的思考所构成,又因其个人的思想本质和所获的思维训练而受到局限。③

新的领主和马基雅维里新的想象

因此,马基雅维里的"君主"产生于一个全然政治性和军事性的思想世界。作者不再关注人民的生活;而由于宫廷生活和军事活动都反映在主导它们的人身上,都浓缩在一个特定的人物形象中,所以意大利的君主也就对本国的灾难负有了责任。④

既然意大利失误的根源在君主这里,那么药方也将着落在他们

———————

① 蒂莫泰奥修士是马基雅维里戏剧《曼陀罗花》中为了钱财而诲淫诲盗的人物。——译者注

② 关于马基雅维里对教皇政权的不满,参见:Fester, op. cit.,pp. 80 sqq.。

③ 关于萨伏那洛拉对马基雅维里的"反面"(a contrario)影响,参见 Luchaire, op. cit.,p. 282。马基雅维里所受的思想教育与萨伏那洛拉的传教之间的关系,可参见:De Leva, *Storia documentata di Carlo V*(查理五世档案中的历史),Venice,1863,I,p. 159。

④ 在这方面马基雅维里有很多论述,兹举几例:"……有人说,其原因是由于我们的罪过,他说的确是真实情况,可是这并不是他所想象的那些罪过,而是我已经论述的那些罪过。因为那是君主们的罪过,所以他们也受到了惩罚"(《君主论》第十二章);"意大利君主所犯下的罪行已使本国遭受异邦奴役,在这诸恶之中……"(《论李维》第二卷第十八章);"对其治下的人民所犯的任何罪行,意大利的君主都不必怨声载道;因为这些罪行之所以产生,或是因为君主疏忽不查,或是因为他们也染有相似的污点"(《论李维》第三卷第二十九章);"让我们回到意大利人身上,他们未曾拥有明智的君主,因而未能获得任何善治,他们未曾像西班牙人那样面临着'必须如此'的境地,因而也不曾自动意识到该这样做;由此他们成了世间之耻。但我们应当责备的不是人民,而是君主本身;他们已受到惩戒,已因其疏漏获得了公正的判罚……"(《兵法》第七卷)。意大利的"四肢"仍保有巨大的能力:"材料"还是出色的。(《君主论》第二十六章)

身上。萨伏那洛拉将君主视作万恶之源，相信上帝送他们来是为了惩罚臣民之罪，他所重建的世界要将君主们驱逐出社会生活；马基雅维里却只关注着君主，眼中只有他们的形象。

新的领主由此而生。

在此前多处，马基雅维里都曾表达过对个人能力的信念，将它视为使民众摆脱堕落并重建良好制度的力量；他也早已深信，个人能力是拯救国家的关键。[①] 即便在思考罗马人民的复杂生活时，他也将这种孤立的特质视为提纲挈领的力量；个人能力几乎出现在一切社会之中，[②]马基雅维里确信，它在更丰富、更多样的人民生活中也仍然存在。这里，他又重新落入了意大利历史的窠臼，接受了文艺复兴的原则。对于个人能力的这种确信，反映出这位作者与圭恰迪尼一样，都具有同样的人类局限性。

但在其他时候，人的能力与好的制度这两个主题会交替出现。复兴的能力不再仅存于个人的头脑之中，也包含在法律自身的力量——人民生活的活力——之内，人民从自己身上发现了善和秩序，由此可重建始基、重获伟大。[③] 此时，新的立法者不再变为专制

---

① 迈耶、埃尔科莱、迈内克等人在这个问题上有详尽的分析，参见：Mayer, op. cit. , pp. 15 sqq. , 83 sqq；Ercole, *Lo Stato nel pensiero di Niccolò Machiavelli*（马基雅维里思想中的国家）, in *Studi economico-giuridici della R. Università di Cagliari*, VIII, 1916, pp. 8 sqq. ; *La difesa dello Stato in Machiavelli*（马基雅维里对国家的辩护）, in *Politica*, March-April, 1921, pp. 22 - 23（以及此前所引埃尔科莱全部作品）；Meinecke, *Idee der Staatsräson*（国家理由学说）, pp. 40 sqq. ; *Anhang zur Einführung*（《君主论及小作品》一书的"序言评注"）, pp. 21 sqq。

② 但只是"几乎"而已。即使在罗马，虽然"没有一个吕库古在始建之时就为其立法定制，使它能长久享有自由的生活"，但这个国家由于平民和元老院之间的分裂而趋向自我完善。"创制者未做之事，竟由机缘而成"（《论李维》第一卷第二章）。因而创制者的能力对于国家的繁荣而言并非绝对不可缺少的。[吕库古（Lycurgus），斯巴达早期的统治者和立法者，为斯巴达创立了此后沿用数百年的政治制度，也有译作莱库古、利库尔戈斯等；"创制者"在马基雅维里原文中为"ordinatore"，来自于"ordine"一词，后者有法律、秩序、统治等涵义，本书英译者译为"立法者"（law-giver）。——译者注]

③ 《论李维》第三卷第一章。

者,而仅限于为城市重新指明正道通途,将一切原初之制重新设立。①

有时,马基雅维里的确会有所犹豫。这并非是因为他不再相信能力,也不是因为他对个人征服和统治的才能失去了信心;而是因为,他觉得这样的才能过于依赖命运的青睐,也与人类生存的脆弱不定联结得太过紧密。② 诚然,马基雅维里的这种犹豫并不完全意味着一种新的观念,不足以使他认识到:在缺乏基础的情况下、在领袖的行动无法从人民的精神生活中得到足够的响应时,个人的努力将是多么徒劳;他的疑虑往往是出于某种特定的原因,而并非来自于思想的倏然转折,以至于他会认为:若一个人的生命足够长久,或者统治者的能力可以随着政权的延续而代代流传,那么仅靠能力本身就足以维持一个国家。尽管如此,他仍不免逡巡。一个是文艺复兴时期的公民,一个是间或超越时代限制的思想家,也许,这两个马基雅维里之间的冲突,正是孕育了新人类的土壤。

但是现在,他不再犹豫。好的制度荡然无存,能为共和国立法定制的原则又再难回复。惟有君主的能力自放光彩:君主必须以自身意志的鞭策之力,为朽木之材注入活力。城市、人民、好的制度,这些都远不入马基雅维里之眼;回归根本原则并从始基之处重

---

① "若城市中真能……有幸出现一个聪明、善良而强大的市民,他所创立的法律能够抚平贵族和人民之间的敌意,或者足以限制他们为恶,那么这个城市可称自由之邦,其情势可谓稳定巩固。因为,它既筑基于良好的法律和良好的制度之上,便无需如其他城市一样,必得依靠某一个人的能力才得以维持。"(《佛罗伦萨史》第四卷第一章)

② "由此,王国若全然依赖于某一个人之能力,则甚少长治久安,因为这种能力随此人生命之逝去而消失;在其继任者身上鲜能重现……因而,一个共和国或一个王国的健康,不在于有一位君主,有生之年进行着审慎的统治,而在于其人所施政令即使在身后也能维持不变。"(《论李维》第一卷第十一章)"……一个因为居民腐败而衰落的城市,若有机会复苏,那么其复苏便是由于某个当世之人的能力,而非坚持良好制度的大众的能力;此人一死,就复归原状……其原因在于,一个人的生命终究短暂,不足以使长久习惯于恶行的城市走上正道。而若是有个人生命极长,或两个有能力的人相继出现,却也无法为缺少善治的城市立下规矩……它就将逢灾难。"(同上书,第十七章)

建新的社会,对他而言也过于渺茫。他关注着自己的时代,想要将新的活力播洒其上。在创造的热情中,他忘记了内心的冲突、思想的犹豫,也不再怀疑:从意大利晚近历史中产生的人,是否具有规训社会的能力。这样的人最终再现于眼前:他特立独行,横刀立马,既精于外交手腕,又辅以内政才智,全身上下无一弱处。他是拯救者,将以自己的辉煌——一个新君主的辉煌——弥补旧领主的罪过。[1]

马基雅维里没有意识到,即便如此的重建之路也不过一场空梦,而这也是他最后和最伟大的想象。

国家的一切生机活力都在瓦解之中,新的力量则尚未出现。公社资产阶级不再有能力支撑政府的统治,一种新的意识和一个能够取而代之的新阶级则尚未产生。意大利各地区仍四分五裂、不得统一;它们承受着西方大国的压力,在政治和经济上都日渐衰弱。在人文主义和文学的熏陶下,人们的道德生活已然沦丧,社会的基本规范不复存在,而个人主义倾向则并未消失。在如此情况下,让我们相信:一个军事领袖可以挽回意大利式微的命运,在这块不论是公社的超然活力还是 14 世纪伟大领主们的统一志向都未能凝聚起来的土地上建邦立国;让我们设想:只需出现新的君主并建立新的国民军,只需依靠单纯的意志、对事物的敏锐洞察、出谋划策的能力以及一位超卓君主的严厉之举,为此目的而积极采

---

[1] 对我而言,吕谢尔的如下论断过于激进了:马基雅维里"dans ce terrible dilemma, plus de république, ou point d'unité italienne, entrevoit cette solution: accepter la monarchie, qui démolira les vielles barriers, refondra ensuite les formes sociales, fera la nation; le peuple reprendra ensuite ses droits. Il esquissait ainsi l'histoire future des nations européennes"(法语:处于深深的困境之中,若更趋向于共和国,意大利统一则不可得,他的解决之道是:接受一个王权,后者将清除旧有的边界,继而重新凝聚社会形式,缔造民族,人民随之重获自己的权利。如此,他便规划了欧洲国家的未来历史)。我觉得,吕谢尔在这里似乎无论如何都要将马基雅维里表述为一个先知,实则马基雅维里对先知怀有极为厌恶的态度。他的思想和精神都并非这样复杂。他在接受君主的同时,并未设想未来的发展趋势,他没有梦想在美第奇家族的君主国之后还会出现共和国。

取行动，就足以挽狂澜于既倒，甚至重建大厦于将倾，整个历史时代便会有一个圆满的结局——这样的梦想美丽绝伦、大胆无畏、令人敬佩，但只是梦想而已！

迷醉在罗马人民荣光中的马基雅维里曾对凯撒加以谴责，但此刻，他却错误地预言道，瓦伦蒂诺公爵①或美第奇家族的另一名成员将用自己的双手创造奇迹；不论其统治才智多么令人称绝，他们的努力终究未能让意大利社会走上一条新的通途，它依然在自行衰亡的道路上渐行渐远。若君主遵循马基雅维里的建议和告诫，他就必须改变两百年的历史进程，就必须将世事洪流引导至其他的渠道，让它不再沿着命中注定的路径奔涌。如果说一开始，马基雅维里对人民及其健康活泼的力量有着热情洋溢的想法，这促使他对"暴君"予以谴责（何等的暴君！），那么当他对一个洋溢着新的活力、才能和自由的意大利充满期望时，这样的愿望却使他无法准确估量那个"小小城堡"的价值——这是凄凉赋闲时的他在痛苦紧张中完成的作品。

马基雅维里全身心地沉浸在热烈的情感与想象之中，最终走向了自己的反面。他在理论上的悲观主义突然转变为一种漫无边际的信念；不仅对政治家，也对这个翘首以盼、完全准备好追随自己拯救者的国家充满了信心。这就揭示出，他的悲观主义无非是一种思想态度而已，无力抵御激情的冲击。② 他的怀疑主义转而成为充满希望与信念的动情呐喊；他将人类看作本质罪恶的生物，但蔑视人类的言辞却最终变为了劝诫，充斥着宗教口吻，回荡着圣经般

① "Machiavel était plein de son idole, le duc de Valentinois …"（法语：马基雅维里头脑中充满了他的偶像：瓦伦蒂诺公爵）孟德斯鸠：《论法的精神》第二十九章第十九节。

② 马基雅维里与圭恰迪尼两人的悲观主义，其区别正在于此。就前者而言，充沛的感情常常使理论判断失去意义，在思想上受其鄙视的人物却还能重新获得他的信心。就后者而言，其论断虽非如此尖锐，却与作者感情之冷漠完全契合；因此，弗朗切斯科·圭恰迪尼先生不仅将"人民"说成是疯狂的动物，而且其行为也与思想一致，小心谨慎地避免与他们相往来。如同时代人所言，圭恰迪尼生性高傲，而马基雅维里却待友和善，在日常生活中也无异于平民。

的话语。

然而，即使是在全心思考"国民军队"（national army）的时候，马基雅维里也没有意识到他沉溺在多么荒谬的错误之中。要确保国家安全人人有责，不仅城市居民，而且郊区的贫苦人口也必须为了共同体的利益被征召承担最繁重的任务；要让生活在一块领土之上的所有人都积极关注这块土地的安全和统一；要从共御外侮的集体责任中寻找社会生活的基石——这就意味着，不仅在军事体制上，而且在政治和道德体系上都需要进行激进的改革。换言之，要达到这些目标，就必须跃出当代历史之外，跃出马基雅维里在自己整个政治理论的构建中都为之上下求索的这个时代。

但他对此视而不见。在为政府的实践活动操心时，他一方面向心怀不满的公社提出各种建议，一方面将国民军视为祖国的支柱，然而行动的紧迫性和必要性使他没能认识到，这两者之间存在着怎样的关系。作为"国民军九人委员会"的秘书，他首肯了国家的切割和深深的分裂，也认可了村庄和村庄之间，以及整个乡村和母城之间的彼此不信任。[1] 但这并非全部。即使在后来，当他从原本的实践计划退守到了理论形式之中，他也没有意识到，从军事体制直至整个政治机制，自己为之带来了多么重大的革命。

他会深入思考"以誓言约束士兵"（swearing-in soldiers）的合适

---

[1] 他告诉那些反对新征召令的公社，他们可以保留自己的人员卫戍各自的土地；为了平息他们的怨怒，他又保证，每一个村庄都可以留下自己的子弟以作自卫之用："……除了保卫领土之外，不会有很大数量的人被召去为共和国服务；因为如果共和国要他们去别处服役，从花名册中勾选的人决不会超过三分之一；在收到军饷之后，愿意出征的人走，其他人都不必。"［Letter to the Commune of Modigliana, 24 January 1512, in *Scritti inediti di Niccolò Machiavelli risguardanti la Storia e la Milizia*（马基雅维里关于历史和国民军的未发表著作）, ed. G. Canestrini, Florence, 1857, pp.373－374]亦参见同日写给马拉迪（Marradi）公社的信件，其中的语气也差不多（ib., p.369）；至于佛罗伦萨城对其"属下"的不信任，只需参考马基雅维里的《论新国民军制度的报告》（*Relazione sulla istituzione della nuova Milizia*, already cited）。关于佛罗伦萨国民军以及建设国民军所引起的政治问题，霍博姆有一段精彩的分析，参见：Hobohm, I（especially pp.420 sqq.）。

方法；①也会努力研究，哪种宗教能够让人们平静地面对死亡。但同时，他把新的君主国建立在了自身军队的基础之上，却没有意识到，"自己的军队"正是其政治构想中最招致非议也最无可救药的矛盾所在。他始终没有看清：若要让士兵们诚心发誓，宗教的存在就不可或缺——但他未曾向他们提供；若要让士兵们甘愿牺牲，就必须要创造一种（至少是宗教上的）社会意识，以及一种政治情感，后者的源泉在于，不管以多么模糊的方式，人们至少能意识到，统治者与属民在感情上血肉相连、密不可分。②

他没有问一问自己，对于一个领土广袤、实力强大的国家而言，建立一支公民组成的军队是否真的符合统治者的利益——要将它训练到足以有效抵挡强劲的外国雇佣军冲击的程度，需要耗费长久的岁月，这种医治国家的药方，其有效性特别是时效性很值得怀疑；他也没有考虑过，大权独揽的国家首脑将武器交到臣民手中是否合适——后者在很多情况下都会用这武器将他驱逐出宫邸。

当马基雅维里的思想遇上了这样的拐点，当他面临着这种深刻的精神危机，能帮助他脱离困境的或许不是希望，而是更强的判断能力；此时，他驻足于半途，继续逗留在问题的细节中。他将全部的精力都投入了技术性的分析，却没有认识到这与国家整体政制之间的关联。

在君主国的构建中，他完全没有将人民看作创造性的力量，但随后，在需要人民的道德支持时，他又重新召唤他们。这样的国

---

① "当战争结束，他们无需再有任何事情听命于我，那时，我该向他们承诺什么，使他们怀着恭敬的态度，对我或爱或怕？这些人在没有羞耻的环境中出生和成长，我应怎样做才能使他们有羞耻之心？他们并不认识我，为何要对我瞩目？我要让他们向哪个神灵、或者哪些圣人发誓？他们对何方神圣顶礼膜拜，对何方神圣自敢亵渎？"（《兵法》第七卷）

② 在这一点上，费斯泰有着敏锐的观察，参见：Fester, op. cit., p.88。此外，费拉里在《马基雅维里对于我们时代革命的判断》（Ferrari, *Machiavelli giudice delle rivoluzioni de nostril tempi*, Florence, 1921, pp.60 sqq.）一书中，曾经瞬间意识到了《君主论》在本质上的模糊之处，这堪称令人叫绝的灵光一现；后来，圭尔夫派和吉伯林派戏剧性的密谋，才再次引起他注意这一点。

家，其整体框架与新建的地基并非同种材料构成，彼此也很不相容。但马基雅维里没有注意到这一点，他以一种令人感佩的固执勉力支撑起一座大厦，然而一旦狂风袭来，它就注定倒塌。

这种矛盾无法避免，因为它蕴于本质之中；因为从根本上说，马基雅维里想要建立一支国民军，是由于他发现，意大利灾难的根源在于其军事的腐败：一旦治愈此疾，万事便重归有序。因此，他将注意力只集中在这一疗法本身，而忽略了其他一切因素，他既不关心：作为此疗法应用对象的那些材料会因此产生怎样的深刻变化；也未考虑：为了承受治疗，机体组织还需要具有多大的精力。

但这也是无法避免的，因为当马基雅维里要求将武装交付给城镇自身的居民时，他就又一次变成了城市主义者，成为了自由公社时期旧资产阶级的后裔。现在，他不再是一个预言未来的先知，而仅仅是一个落伍的鼓吹者，为本应寿终正寝的旧时代摇旗呐喊。①他没有意识到，触动自己的是怎样的感情，他自认为正在传播一种新的救赎教义，实际上只是在重复那些老旧的、流传于灾难时代的

---

① 将马基雅维里视作现代历史的先驱者，这绝对是错误的。这位思想家的"武装的人民"无非是对旧时公社国民军短暂而徒劳的招魂（不论在技术层面必然会产生怎样的修正都不管用）。现代的各种强制兵役制度，虽然在细节上有明显而重要的区别，但它们都建立在一种完全不同的国家内部政治制度之上，与马基雅维里的观念根本无从比较。若要成为预言我们时代的先知，马基雅维里就不仅需要改革军事体制，而且至少在理论上还需要改革政治体制，仅仅在这样的大背景下才应当考虑个别内容上的革新；不过如此一来我们的要求就过高了。但显然，这位在政治思想上属于文艺复兴时代的人，一旦转而关注军事问题，就成为了 13 世纪的人。

正是圭恰迪尼让我们知道，军事改革的真正本质是什么："在同一时期，作战单位的组织形式开始了最初的设置。这种组织形式在我们的土地上早已有之，那时，进行战斗的不是雇佣军和外国军队，而是我们自己的公民和臣民。到目前为止，它已被搁置了大约两百年时间；虽然如此，在 1494 年之前，人们曾数次想要将其恢复；在 1494 年之后，当我们处于磨难之中，很多人都不止一次提出，恢复旧有的风俗或许是一剂良方。然而，人们从未就此进行过磋商，也没有启动或规划过任何初步的方案。后来，马基雅维里开始思考这一问题……" [*Storia Fiorentina*（佛罗伦萨史），Chapter XXIX, in *Opere inedite*（未发表作品集），III, p.324]。

话语;①他自己都没有察觉到,这样做便又陷入了萨伏那洛拉得势的岁月里人们的思维习惯,是在有意无意地恢复那时的思想主题。② 对罗马共和国隆盛武功的长期研究使他信心更坚:我们又一次与作为佛罗伦萨公民的马基雅维里不期而遇,他与作为新君主指导者的马基雅维里自相矛盾。③

要将武器交付给人民,就必得对人民有所信任,这种信任虽然模糊,却比任何理论上的悲观主义更加强大;但这样的信任依然只是一种天真而朦胧的情感:马基雅维里尚不能厘清促使自己行动的思想动机,又无法从矛盾中脱身。如果说在他的著作中,《兵法》一书在思想上最接近于《论李维》,那么单就《君主论》而言,正是关于新国家军事制度的内容最能让我们忆及作者对李维的伟大评论,然而,那也仅仅体现了《论李维》的部分思想,只是成就罗马世界之力量的一个侧面。当马基雅维里回到自己的时代、承担起作为改革者的具体责任时,他相信自己正在做出新的、重要的贡献,但未能将其发展至完备。个人的经验能够启发他为政治重构规划方案,但这仍局限在特定的领域之内;当个人的经验一头撞入文艺

---

① 这样的观念正在蔓延,事实上文人们正准备重提此说[Zabughin, *Vergilio nel Rinascimento*(意大利文艺复兴中的维吉尔), I, pp. 233 - 234, 249]。在法国也一样,几乎在马基雅维里写作《君主论》的同时,塞塞勒也提出要建立本国的国民军,尽管他的考虑更为谨慎周全。参见:A. Jacquet, *Claude de Seyssel*, in *Revue des Questions Historiques*, LVII(1895), pp. 433 sqq. [塞塞勒(Claude de Seyssel, ? —1520),法国法学家、政治学家、人文主义学者,鼓吹王权,著有《法国的伟大君主制》(*La Grande Monarchie de France*)。——译者注]

② 实际上,切基早已谈到过将武器交付给公民这一话题。[Villari, *La storia di Gerolamo Savonarola*(吉罗拉莫·萨伏那洛拉的历史), I, p. 452; Tommasini, op. cit., I, pp. 145 and 343; Hobohm, op. cit., I, pp. 44 sqq.]。只不过萨伏那洛拉政治运动中所提出的军事改革,比《君主论》中的改革方案更有逻辑。[切基(Domenico Cecchi),佛罗伦萨人,萨伏那洛拉派的重要人物,在1497年出版了《神圣而珍贵的改革》(*Riforma sancta et pretiosa*)一书,鼓吹改革风俗习惯。——译者注]

③ 马基雅维里确实将瓦伦蒂诺作为自己的偶像;但博尔贾公爵的军事改革却更接近于常备军的观念,这就是说,两者的目标大相径庭——实际上截然相反。(Hobohm, op. cit., II, p. 297)

复兴的世界时，它并没有足够的力量将本应构成这个世界的一切主题注入其中。

马基雅维里无法克服自身思想的局限性，在此约束之下，他缔造了自己的君主国，却没有意识到，艰辛的劳动只是一场空；无拘无束的激情点燃了他的狂热，使他纵情漫游在创造性的想象之中，却无法准确衡量它的具体价值。《君主论》在理论上为意大利的历史结局描绘了图景、作出了概括，它也同样沉醉在空幻的希望中：意大利的君主们已经将这种希望置之脑后。

但正是这一点赋予了这部小书某种特别的意义。我们在每一个阶段，都能觉察到一种支撑必倾之大厦的绝望努力，一种建构空中花园的悲剧构想，也能体会到其中所释放的感情——它最终为理论的分析注入深情，产生了宗教训诫般的庄重。当我们凝视着这无与伦比的头脑进行着令人敬佩的努力时，一种悲哀之情油然而生——这位思想家以热切的信念试图唤起意大利的救星，却没有意识到，要让缔造新国家的"材料"充满能力只是徒劳，自己的创造力恰恰揭示了它的朽裂。[1] 同时代的其他作品虽乍看起来更有误导性，却显示出在那时的欧洲，新的生活正破土而出。[2]《君主论》则在想象力的丰富和戏剧性的强烈方面远胜同侪，却是一个辉煌的

---

① 讲到这里，格雷戈罗维乌斯（Gregorovius）的论断不禁又回荡在眼前："《君主论》一书……是其写作的年代最令人震惊的文卷；与切萨雷·博尔贾这个历史人物本身相比也毫不逊色。"[Gregorovius，*Storia dellsa città di Roma nel Medio Evo*（中世纪罗马城史），Roma 1900—1902，IV，p. 358][格雷戈罗维乌斯（Ferdinand Gregorovius，1821—1891），德国历史学家，精于中世纪罗马历史，《中世纪罗马城史》为其代表著作，此处所引是德文原著的意大利文译本。——译者注]

② 托马斯·莫尔的《乌托邦》便是一个具体的例子，克罗齐正确地指出，这部作品批判了封建经济崩溃时代英国的社会状况。[*Materialismo storico ed economia marxistica*（历史唯物主义和马克思主义经济学），p. 243. Cf. also Villari, op. cit.，II，pp. 409 sqq.]

时代穷途末路、黯然消逝的见证。①

因而,《君主论》既是意大利两百年历史的浓缩总括,也是对它的批判谴责;触动评论者心灵的,远不该是所谓的反道德性,而应当是思及我们意大利文明的命运所遭逢的无边苦难。②

(五)"失去一切之后"(Post Res Perditas)③

马基雅维里理想的破灭:《君主论》仅仅成为了诠释历史的准则

马基雅维里所呼唤的君主事实上并未到来。其实,在短短几年之内就发生了一些新的事件,最终证明他在实践上的判断是错误的。

---

① 西蒙兹认为,马基雅维里的体系并不足以启发我们思考正常情况下社会机体的功能。[John Addington Symonds, *The Renaissance in Italy*, Vol. I(2ⁿᵈ ed., 1880), p.338]但他并没有思考,马基雅维里笔下的社会机体何以是非正常的。[西蒙兹(John Addington Symonds, 1840—1893),英国诗人、文学批评家、文化历史学家;此处所引西蒙兹著作内容,意大利文原作写为第 303 页,英译本写为第 338 页,或因版本不同所致。——译者注]

② 关于马基雅维里思想在实践上的错谬之处,费拉里已经作出了详尽的考察,他还从中提炼材料,颇具想象力地组合成了一个马基雅维里的形象:"他将自己设立为全天下的伪教皇(anti-pope)、真正的撒旦、全世界和各民族的主人……在自己的天才暴躁的催促下,他创造了一种政治巫术,随心所欲地将王冠戴到人类理性所选择的人们头上。"[Ferrari, *Corso sugli scrittori politici italiani e stranieri*(论意大利和外国的政治思想家), Milan, 1862, pp.197-198]奥里亚尼循着费拉里的路径,极为生动地对马基雅维里的思想和政治理论进行了批评[Oriani in *Fino a Dogali*(多加里战役之前), Bari, 1918, pp.145-239,更简短的内容参见:*La Lotta politica in Italia*(意大利的政治斗争), Florence, 1921(new edition), I, pp.150-153]。但他并未对马基雅维里思想的局限性有明确的认识,因而他的批评不免有所夸大,尤其是流于肤浅。关于奥里亚尼对马基雅维里的态度,塞拉有着精彩的评论,参见:Serra, *Scritti inediti*(未发表著作集), Florence, 1923, pp.205-210。[奥里亚尼(Alfredo Oriani, 1852—1909),意大利诗人、作家;塞拉(Renato Serra, 1884—1915),意大利文学评论家、作家。——译者注]

③ 这句拉丁语是马基雅维里 1512 年被免职之后,在其出版于 1506 年的著作《论佛罗伦萨国家的改革》(*Discorso sul riformare lo stato di Firenze*)一书的个人藏本上写下的话。——译者注

他曾寄希望于美第奇家族的伟大，然而这一梦想在对于乌尔比诺公国的争夺中便破碎了，洛伦佐在此过程中实在表现不出一个政治改革者的气质；①法国再次侵略伦巴第地区，结果米兰公爵马西米利亚诺·斯福尔扎又一次走为上计，由公爵降为平民，以避免军事的困苦劳顿；莱奥十世疑心重重又冷淡漠然；原本应是《君主论》进献对象的那个君主逝世了，他是美第奇家族成员中唯一与马基雅维里称得上友好的一个；②最重要的是，统治者们的头脑中每次构想出一个有力的方案，结果都莫名其妙地不了了之，就好像他们一直被远方的异族梦魇缠身一样。所有这一切都使马基雅维里充分认识到，自己的希望是多么空虚贫乏。他与洛伦佐之间发生的故事明确地标志着他所营造的新世界化为了泡影——这个君主爱他的猎犬更甚于这本充满了往事之鉴的备忘录。③

马基雅维里并非没有注意到这些警示。这并不是说他理解了其中真切的、本质的意义，若是如此，他就会猛然发现此前自己思维中的所有错误，就会超越自己思想里的局限之处。他并没有这样做，而是继续谴责雇佣军和君主们，视之为意大利苦难的罪魁祸首；其实按他所想，展示在他眼前的那些新的历史事件，正为他提供了新的理由，好进行更尖锐也更强烈的抨击。④ 他的精神指向仍

---

① 《君主论》一书即题献给这位小洛伦佐。1516 年，教皇莱奥十世任命他的这个侄子为乌尔比诺公爵，并雇佣军队让他攻克该公国，但他在 1517 年的战争中负伤并退却，最终通过外交手段获得了这一地区。——译者注

② Tommasini, op. cit., II, p.105.（此处当指朱利亚诺·德·美第奇，《君主论》本欲献给他，他在 1516 年逝世。——译者注）

③ "尼科洛·马基雅维里进献给(洛伦佐·迪)皮耶罗·德·美第奇一册他的著作《君主论》。他献书之时，正巧有人献上一对猎犬，洛伦佐对后者感谢更多，他更为欣喜亲切地回应献犬之人，而非马基雅维里。因此马基雅维里怒气冲冲地离开了，他告诉自己的朋友，他并非阴谋推翻君主之人，但如果君主们始终如此行事，阴谋迟早都会发生——似乎他想要说，此书会为他雪耻。"［Alvisi, *Introduction* to the *Lettere Familiari*（与亲友通信集），p. xiv］

④ 在《兵法》中那些众所周知的段落里，马基雅维里用最激烈的语言谴责君主们；除此之外，我们还可以通过《佛罗伦萨史》中的选段印证这一点："由此，这种能力在其他地方随着长期的和平而消失，在意大利则因那些（战争）之中（转下页）

未改变。新的素材使他的经验而更为丰富,过去时代的旧素材也开始与之融会贯通,但这并未使其思想的本质架构发生变化。

　　他只是发觉,现实与自己彼此不容,而没有清楚地看到,这种对立中藏有何种深意。在他为《君主论》精耕细作之时,以及在此后不久,他都预见到,自己的声音将无人倾听;但他认为,责任在于人类的激情,也在于命运——命运使人盲目,让他们听不进有益的警言。①

　　但与此同时,充满激情和自信的雄心壮志在痛苦的回忆中淡漠了。行动的呼唤弱化为怨念愁思,在过去的岁月中寻找存在的形象。从前,君主是诠释现实事件的准则,②现在则转变为一种理想,一种历史类型;③如果说君主仍在马基雅维里的画面中占据主导地位,那也只是一个遥远的形象,苍白而朦胧。

　　继《君主论》之后的是《兵法》。这部著作的开头有着平缓的节奏,显示出某种放下一切的感觉,这种新的感觉使作者的思想陷入

　　(接上页)的怯懦可鄙而耗尽,这一点从我所描述的 1434 至 1494 年的事件中便可清楚地看到,人们能够发现,为何蛮族最终又可以向意大利长驱直入,意大利何以再次成为他们的臣属。如果说我们这些君主在国内国外的所作所为,不像古代的君主们那样因其能力和伟大而被人敬仰地注视,那么他们也可以因其他的品质而毫不逊色地被人打量,人们可以看看,如此多的高贵之人何以被这样脆弱不堪、管理不善的军队束缚得动弹不得。"(《佛罗伦萨史》第五卷第一章)还有:"现在我开始重新写作,通过控诉君主们而发泄自己的感情,他们无所不用其极,将我们带到了如此境地。"[*Lettere Familiari*(与亲友通信集),CXCIX]

①　"我知道,我的这一观点与人类的某种天性之失彼此不容,首先,他们想要一天一天消磨时日,其次,他们不相信未发生之事有可能变成现实……"[□*Lettere Familiari*(与亲友通信集),CXXXI]。类似的:"我无时无刻不认识到,你所说的、蓬塔诺所写的都是正确的;当命运想要介入时,她或是向我们展示,马上会出现益处;或是向我们显示,即刻会产生危险,或是两者兼而有之;我相信这两者对于我在信中所辩护的观点是最为不利的因素。"(ibid.,CLVI)[蓬塔诺(Giovanni Gioviano Pontano,拉丁文名 Iovianus Pontanus,1426—1503),意大利人文主义学者、诗人,主要在那不勒斯著述、为官。——译者注]

②　Croce, *Teoria e storia della storiografia*(历史学的理论和实际),p.214。

③　关于马基雅维里笔下人物的类型化(stylization),参见:Mayer, op. cit., pp.31 sqq。

内省，也使之一时不太明晰；①而第七卷结尾处，在对意大利各国进行严厉抨击之余，又更是加入了一位自知已老、有心无力的人悲伤的自省。② 随后便是《卡斯特鲁乔传》(Vita di Castruccio)，在《君主论》中，马基雅维里将一个统治者的形象矗立于未来，而在《卡斯特鲁乔传》中，他却将这一形象转送到了过去；但此处，一切信念已失：鸿图霸业皆成一场空，思及于此，这个垂死之人终究彻悟，怀着忧郁的慧心，他希望自己的继承者掌握和平的艺术，要他们认识到，命运才是一切人类事物的最终裁决者③——这整段言辞的基调是绝望。而几年之前，马基雅维里在宣扬自己的理论时，主题还是征服四方的自豪和人类意志的力量！

维系这三部著作的思想，在《君主论》中表现为一种波澜壮阔的坚毅信念，在其余两部书中却显示为一种心灰意冷的平静屈服，这种安宁也会被突发的暴怒所打断，那正揭示出作者内心的苦闷是多么沉重。从历史事件的教训中，马基雅维里学会了收敛想象，这种更为低调的思想反映在《曼陀罗花》的序幕中，又重现在《佛罗伦萨史》第一卷里——在这部史书的开篇，马基雅维里以非同寻常的宏篇大论记叙了伟大的统治者提奥多里克，而这位君主如今已

① "……他（法布里奇奥）尤为用心地关注那些树木，其中有一些他不识得，便在那儿苦思冥想。见此，科西莫说道：'这些树木中有一部分你或许并不了解；但不必为此惊讶，因为它们是在古代更为常见、而不是在今天普遍栽种的植物。'于是他将它们的名称告诉法布里奇奥，也对他说，他的祖父贝尔纳多（Bernardo）是多么辛劳地将之栽种，法布里奇奥回答道：'我想你所言不差；此地此思，使我忆起了某些王国的君主，他们为这些古代的作物和绿荫而欢喜。'他稍停下话头，颇像是陷入了自己的思绪……"

② "对于造物主，我感到难过，他或者不应让我对此有所了解，或者则应给予我奋起行动之力。此身既老，我想我不再会有任何机会了……我已活了这么多年，然而等待着我的是何种命运，我深表怀疑……"（此处是法布里奇奥所言。——译者注）

③ 临死的卡斯特鲁乔对继任者圭尼吉（Paolo Guinigi）的话。（此句英译本缺。——译者注）亦参见他这段话的最初部分："我非常相信这一点：命运想要向全世界显示，是她使人们获得丰功伟业，这并非是深思熟虑的功劳……"我们也应当记得马基雅维里在《君主论》第二十五章中写下的话。

无法激起内心的信念,只让他空自遗憾。在对于历史的追忆中,作者又回到了王权的主题上,因为信念和激情已不足以缔造一个君主国了。

意大利的君主们比马基雅维里更为谨慎,他们没有沉浸在任何过于高远的梦想中,而是满足于让意大利半岛平原上交战的蛮族彼此维持均势。同样,弗朗切斯科·圭恰迪尼也更为谨慎。他的策略是:零敲碎打地时而提出些建议,力求避免让自己交上厄运。

马基雅维里与圭恰迪尼①

此人是真正的贵族,又是贵族的后裔,因而他是一个天生的外交家,而不像马基雅维里,是机缘使然。据同时代人所言,他高傲而保守,甚至有些卑鄙。② 若有任何话语或姿态会让他在大人物那里名声不佳,他都要尽量避免。他的谈话和他的微笑一样,都有礼有节——他当然不会在里恰这样的女人屋子里赖着不走,尽提些无用而多余的建议。③ 甚至可以说,许多代人的特征都浓缩在这个聪明绝伦又难以对付的人身上:他的祖先每日沉浸在银行事务里,已将自身才智打磨精炼到非常地步,通过在外交活动中纵横捭阖,他们的思维更是变得机敏异常,我们似乎可以见到,祖先的思想在圭恰迪尼的头脑中又脱胎换骨,达到了无与伦比的完美程度。

他的思想具有卓越的平衡感,他的判断则极端冷静。《意大利

---

① 亦参见我在本书第一章里所提及的关于圭恰迪尼的文章:*Guicciardini in Enciclopedia Italiana Treccani*, vol. XVIII (1933), pp. 224 - 228。

② Varchi, *Storia fiorentina*(佛罗伦萨史), Milan, 1845, I, p. 245。

③ 马基雅维里自己提到了这个故事[*Lettere Familiari*(与亲友通信集), CXLII]:这个女人称他为"屋子里的麻烦人",而多纳托则称他为"店铺里的麻烦人"。[里恰(Riccia)是马基雅维里信件中长期提到的一个女子,生平不详,可能是当时的交际花,马基雅维里与她保持了十年左右的关系;多纳托(Donato del Corno)是马基雅维里的朋友;马基雅维里在信件中曾提到,他在佛罗伦萨的时候经常光顾多纳托的店铺和里恰的住处。——译者注]

史》(*Storia d'Italia*)的某些章节和《回忆录》(*Ricordi*)①的不少段落，都在对人物的分析上体现出一种无人能及的沉静客观。但他的局限之处在于，对所有时代的一切事务，都通过一个外交官的眼睛去观察。如果说，在马基雅维里这里，晚近的历史几乎都被浓缩在政治和军事框架中，那么圭恰迪尼先生的角度则更为狭隘：对历史的诠释仅仅成为了对个人技艺的反思，纯粹变成了其头脑的创造物——这个头脑知道如何能实现自我控制，如何巧妙地达到目标。我们只是偶尔才能看到一幅全景，而即便如此，由于圭恰迪尼固执地追求清晰简明，他也只是专注于统治者的形象。② 马基雅维里具有强大的想象力，他能够以此复兴宏伟斗争的理念，直指意大利的解放和强大国家的建立。圭恰迪尼则继续平静地生活在 15世纪末期的知识分子氛围中。他唯一关注的，是如何以自己敏锐的头脑重构当代历史，而这只是出于一种学者的求知欲望，想要好好理清织就历史事件的各种脉络线索。他也并未梦想开创新的天地、创造新的事物，因为他缺少一种原初的动力：一种充满了强烈的内在情感、能够被转化为信念和行动的意识。我们会看到，马基雅维里将意大利历史的结局加以概括和放大，为一种新的思想视野奠定了最初的根基，而圭恰迪尼却仅仅体现着优雅绚丽的文艺复兴风格，在自己的论著中将其展现得尽善尽美，却并不关注是否能更具前瞻性。他无疑是时代的真正代表——这个时代的特征恰如他本人，平静中隐约渗透着些许痛苦。当然，他也预见了某些新的东西，但即使是对于自己所预言的新社会，他也全然以不温不火、稍显冰冷的方式沉着地加以描绘。圭恰迪尼的思想谨慎而机敏，正如他的风格，准确、流畅而清晰，他的思想已然具备后来佛罗

---

① 该书因编纂问题，有多个名称，如"回忆录"(Ricordi)、"政治回忆录(Ricordi politici)"、"政治与公民问题回忆录"(Ricordi politici e civili)等，英文译名也不统一，中文采取直译的方式。——译者注

② 例如《意大利史》(*Storia d'Italia*)第一卷第 1 章便是这样，而在此处，作者的论述也又一次紧紧地围绕着某个明确的形象，即洛伦佐·德·美第奇。

伦萨大公国的特征：井井有条、单调划一。①

　　显然，要让秉性和习惯都如此不同的两个人彼此相契并非易事。的确，他们之间并不具有亲密的情感——就其本质而言，这首先应当是思想和意识上的志趣相投。两人的往来信件就清楚地反映了这一点，尤其是在早期，马基雅维里显得保守而犹豫，他不太像平常那样大谈政治伟业，而是谈论较为低微之事，谈论那些日常生活中具体而短暂的场景和那些关乎眼前利益的问题。在与韦托里的通信中，他常常写下自己的希望和宏伟的计划，这在某种程度上构成了对意大利事务的持续评论；②在与圭恰迪尼的通信里，对于历史事件的这种解读则非常罕见。两人的通信只有在1525和1526年才较多地涉及政治问题，这也是现实的必要性使然；但即便如此，相比于同自己的朋友、驻莱奥十世教廷大使之间的通信，③马基雅维里在与圭恰迪尼谈论政治问题时仍显得更为克制和谨慎，也更少涉及普遍性的问题。两人的对话几乎总是离不开玩笑戏谑、关于日常生活鸡毛蒜皮的俏皮话、对《曼陀罗花》的讨论，④还有圭恰迪尼先生的重要问题：他女儿们的婚姻大事。⑤

　　这位神圣罗马教廷的将校⑥时常以其平稳、准确、冷静的贵族作派，彬彬有礼地耍弄自己的朋友，要求他将卡尔皮修士的共和

---

① 因此，德·圣克提斯的判断并不十分正确。他说："他（马基雅维里）代表着历史的起点，开启了新的时代；另一个（圭恰迪尼）如同一幅美丽的画卷，完善而自闭。"［De Sanctis, *Storia della Letteratura Italiana*（意大利文学史），Bari, 1912, II, p.112］圭恰迪尼才是意大利此后历史的起点，正是在他的风格之中，有着一种现代气息，为现代思想提供了土壤。而马基雅维里所开创的道路则将为其他民族所追随。

② 关于马基雅维里与韦托里的关系，参见 L. Passy, *Un ami de Machiavel, François Vettori ; sa vie et ses oeuvres*（韦托里：马基雅维里的一位朋友；他的生平与作品），Paris, 1914, I, pp.38 - 113。

③ 即韦托里。——译者注

④ *Lettere Familiari*（与亲友通信集），CXCVI, CXCVIII。

⑤ Ib., CXCIX.

⑥ 即圭恰迪尼。——译者注

国①也放在自己的理论考虑范围之内，将后者比作"你那些模式中的一种"。② 但马基雅维里在回信中只是简短地、玩笑般地提到此事，并没有特意为自己辩护，如果他是在与韦托里通信就不会这样。③

马基雅维里那突然爆发的激情有违外交官高贵沉着的形象，也有扰以极大智慧所修得的镇定；压倒一切的想象力让他以新的、从未见过的方式处置事物；他对意大利拯救者的出现抱有强烈的信念——作为克莱门特七世的幕僚，圭恰迪尼思想客观、有条不紊，具备风云变幻的外交博弈中所需的一切稳重和沉静，马基雅维里的上述一切特质都必然使他惊讶，与他不和，甚至在某种程度上令他震动。与此同时，面对着圭恰迪尼这种隐匿任何情感冲动的沉着平和，马基雅维里也必定会感到些许的不适。

于是他有了一种不受信任甚至遭受怀疑的感觉。通常这只会在他惯有的戏谑、谦卑的风格中稍现痕迹；然而这种感觉在内心深处相当强烈，甚至让马基雅维里诚惶诚恐，他因而极为恭顺地称呼他"总管阁下"，④直到圭恰迪尼告诉他不要再使用这些空衔虚名。⑤

圭恰迪尼认为，意大利之前的幸运是由于不存在一个王国，他由此全力支持意大利联盟（Italic foederatio）和均势的想法，他这样的人又如何能理解马基雅维里英雄般壮阔的激情和对于强大国家悲剧性的信念？⑥ 当圭恰迪尼先生阅读《君主论》时，他或许从心底里想要他的这位朋友先弄清事实再加以讨论，就像有一次他曾建

---

① 卡尔皮（Carpi）是佛罗伦萨、米兰、摩德纳之间的小镇，1521 年马基雅维里曾出使卡尔皮与当地方济各会修士会谈，此时卡尔皮属于教皇领地，由摩德纳总督管理，而总督便是圭恰迪尼。——译者注

② Lettere Familiari.，CLXXXI.

③ Lettere Familiari.，CLXXXIII.

④ 圭恰迪尼在 1524 年被克莱门特七世任命为罗马尼阿总管（Presidente），马基雅维里在信中常称呼他"总管阁下"（Signor Presidente）。——译者注

⑤ Lettere Familiari.，CXCIII（"若我们仍彼此用这些名衔相互称呼……最终我们会发现……彼此都不自在"）。

⑥ *Considerazioni sui discorsi del Machiavelli*（对马基雅维里《论李维》的思考）（Book I, Chapter xii），in *Opere inedite*（未发表作品集），Florence, 1857，I, pp. 26 sqq。

议马基雅维里仔细反思一下罗慕路斯的故事;①当他思考这个"总是对非同寻常、激进猛烈的药方太过欣喜"②的人所提出的计划时,必定有一丝含着讽刺的微笑浮现在他那棱角分明的冷峻脸庞上。

两人之间的差异是极为深刻的,这不仅体现在思想上,也体现在心理上。在分析时代的灾难时,圭恰迪尼引为憾事的是他不懂得跳舞、不能优雅地掌握体育技能,因为这些都是一个完美政治家的相宜之物;③而即便在其喜剧的序幕里,马基雅维里也沉浸于哀思遗恨之中,虽屡屡失望,曾经的信念仍无法尽忘。前者认为,既然不能将蛮族驱逐出意大利,那么至少让他们在这块土地上成双,如此倒也不无益处,因为各个城市还能存活下来、保其所有;④后者则着眼于无法实现的协议和同盟,其目的只是驱除鞑虏。两人之间在情感和抱负上都存在着巨大的鸿沟,因而他们的思想不可能完全相符、尽皆一致。

在其他方面,两人不乏相似之处。例如,他们都能够抓住变化多端的思想和感情,并对它们进行详尽透彻的分析。马基雅维里从此出发,转而寻求普遍性的准则——虽然只是人类社会的规律;但在圭恰迪尼这里,这样的分析却变成了一种机敏而堂皇的讽刺,平静地留存在自身的一切细节之中,当作者微睁着灰色的眼睛,深邃的目光中流露出一抹若有若无的微笑,我们便能看见它在这微笑中闪动。面对着当时的生活,两人也都同样地愤世嫉俗。⑤ 但马

---

① Considerazioni sui discorsi del Machiavelli(对马基雅维里《论李维》的思考),Book I, Chapter ix,, p. 22.

② Ib. , Book I, Chapter xxvi, p. 40.

③ *Ricordi politici e civili*(政治与公民问题回忆录),CLXXIX。

④ *Discorsi politici*(政治论说集),VIII(in *Opere inedite*(未发表作品集),I, p. 264)。

⑤ 如圭恰迪尼的《政治与公民问题回忆录》(*Ricordi politici e civili*),XXVIII, LIX(对克莱门特七世的提醒;另参见 CXCIV),LXVIII, CXL, CLXXI, CLXXVII, CCV, CCXXXI, CCXXXIII, CCXXXVI, CCXLI, CCCXXIII;马基雅维里的《与亲友通信集》(*Lettere Familiari*),CXCIII, CCI(圭恰迪尼写给马基雅维里的信。"我还没有见到任何人,在面临危难岁月的时候不设法寻找躲避(转下页)

基雅维里的愤世催生了一种新的信念，仍不脱哀思遗恨的外壳；而圭恰迪尼却总想对乱其心者眼不见为净，在这种沉着谨慎的思想之中，他的愤世情怀虽有所显现，却渐趋平静。

因此，不论这位伟大的同胞对自己表现得多么尊重，[1]马基雅维里总是避免与他产生过于紧密的关系；他对圭恰迪尼的感情也没有热烈到如此程度，能让自己与这位朋友在思想上完全趋同。[2]他只是继续构建自己的梦想，用希望将它们点燃，直到看着这些梦想在眼前破灭。

（六）《君主论》的生命力

尽管马基雅维里在思想上的创造物毁灭了，但其中却有某些意义重大、富有活力的东西留存下来，不论他在细节上有多少谬误，也

（接上页）之处——只有我们例外，竟然想要当街等待它的降临！因而若发生任何不幸，我们不应说自己被夺走了主导权，事实上我们可耻地让它从手中流失了。"圭恰迪尼自己曾概括了两人秉性的不同："人类秉性各异其趣。有些人怀着如此热烈的希望，对并不拥有之物确信不疑；有些人的恐惧却是如此强烈，对未被掌握之物从不奢望。相比之下，我更接近于第二种类型，这类人较少自欺，却生活在更大的精神痛苦之中"。[《政治与公民问题回忆录》(*Ricordi politici e civili*)，LXI；亦参见 CCXCIX]只不过他的痛苦能够在自己的"风格"和思想上的好奇中得到抚慰；这种好奇心最初被视作对苦难生活的逃避，但作者对它如此执着，以至于令自己完全忘记了原本的"绝望"。

① 例如，《与亲友通信集》(*Lettere Familiari*)，CLXXXI。但在这封信开篇的颂扬之词里，似乎有着一丝讽刺的气味，与其后那些文字的风格颇为一致。正如在 CLXXX 这封信中，我们也能体会到彬彬有礼的戏谑口气："我昨天写信给吉斯蒙多先生(M. Gismondo)，说你是一个稀有的人物……当时机来临，就好好利用这个名声：non simper pauperos habebitis vobiscum。(拉丁文：你不会永远被穷困伴随着。——译者注)"

② 只有当马基雅维里到了生命的尽头，两人之间的关系才真正富有深情："我爱弗朗切斯科·圭恰迪尼先生……"[*Lettere Familiari*(与亲友通信集)，CCXXV]。但马基雅维里在感情上有如此反应，是因为就他看来，圭恰迪尼这个教皇的将校，在当时从某种程度上来说可谓是其故乡佛罗伦萨的保卫者，正是他的实际行动引发了马基雅维里的感情。因此他的爱既针对他的这个朋友，也针对他的祖国，他爱祖国"更甚于自己的灵魂"。

不论他的想象是多么空幻,这些东西都赋予了《君主论》繁盛的生命力。这部小小的著作,本应先遭遇毁灭的命运和世人的谴责,然后在历史事件中证明其价值(这也是作者最直接的目的),但它并未消失在那吞噬了往昔一切已逝之物的溟濛迷雾中,而是注定要吸引后来者的注意,并随着时间的流逝日益显现出自己的重要性。

实话实说,马基雅维里所提出的主旨,本身并不会必然地在人们心中引起共鸣;他的写作意图有特定的历史背景,即渴求意大利不再成为蛮族的竞技场,如果说这构成了他那孤独冥思中最为强烈且真正充满激情的动机,那么这一主题即便能反复再现,[1]也必定会在道德教训面前相形见绌,甚至黯然失色——这种道德教训具体表现为欧洲的价值观,它在《君主论》中即可见到。马基雅维里所以有身后之名,关键在于他作为思想家所提出的伟大论断——他

---

[1] 此后也有声音指出,意大利必须从外国手中独立[cf. Di Tocco, *Un Progetto di confederazione italiana nella seconda metà del Cinquecento*(16 世纪下半叶意大利联邦的一个计划), in *Arch. Storico Ital.*, 1924, Part II, pp. 17 and 25—26 of the excerpt]。在某个特定时期,查理·伊曼纽一世也曾认为是马基雅维里所呼唤的拯救者。"El duque de Saboya ha tomado por sì la eshortacion lisonjera que Nicolas Maquiavelo hace al fin del libro deld tiranno, que el llama Principe:para librar à Italia de los barbaros, hàse dado por entendido de las sutilezas del Bocalino, y de las malicias y suposiciones de la Pietra del Paragone; y determine edificarse libertador de Italia, titulo dificil cuanto magnifico."(西班牙语:在以《君主论》命名的那本关于专制统治者的书里,尼科洛·马基雅维里最后提出了热切的劝勉,萨伏依公爵对此亲身实践;若要将意大利从蛮族手中解放出来,就要懂得像博卡利诺那样机敏,像"试金石"那样充满恶意、善于揣测;他决心要让自己成为意大利的解放者,这个称号固然伟大,要获得它却并非易事。)[Francesco Quevedo, *Lince de Italia*, in Obras, Madrid, 1880(Biblioteca de Autores español), p. 237]。参见:G. Rua, *Per la libertà d'Italia*(为了意大利的自由), Turin, 1905, p. 236。[查理·伊曼纽一世(Charles Emmanuel I, 1562—1630),萨伏依公爵,在位时颇有雄心,多次征战,尤其在法国和西班牙之间反复无常;奎维多-比列加斯(Francisco Gómez de Quevedo y Santibàñez Villegas, 1580—1645),西班牙著名诗人、文学家、文学评论家,也写过政治论著,如此处所引用的 *Lince de Italia*。本书中其名字拼为 Francesco Quevedo。引文中"博卡利诺"(Bocalino)可能是指同时代的意大利讽刺作家博卡利尼(Trajano Boccalini, 1556—1613),他著有《政治的试金石》(*La Pietra del paragone politico*)一书。——译者注]

清楚地认识到："置于道德上的善恶判断之外"①的政治活动具有自主性和必然性——这是他对人类思想史所作出的真正和本质的贡献。他从而排斥了中世纪的"统一性"（unity）观念，成为现代思想的先驱。

然而，在马基雅维里逝世之后的相当一段时期内，这个具有丰富精神内涵的主题并未得到复兴、发展和完善。同所有变革时代一样，这一时期的思想与感情也充满了摇摆不定，在此期间，这个主题只是个空洞的标志，围绕着它的多是些酸涩无果的争论，从中无法产生任何新的、具体的东西。

但它依然存在；尽管几乎不为人知，也无法完全显示其理论力量，它毕竟支撑着这部著作的历史价值，并通过自身的彰显，让此书对于欧洲的意义展现在世人眼前。

马基雅维里全盘接受并肯定了政治斗争；在他眼中，一切行动准则都必须根源于"国家理由"，即根源于对历史时机和建构力量的准确衡量——君主应当利用这时机和力量来实现自己的目标；他还主张，统治者的行动只能受限于自己的能力和精力。因此，他为绝对主义政府铺就了道路，在理论上，这样的政府不论是在国内还是在对外政策中都完全不受任何约束。

如果说，对政治自主性的认知使得上述情况不再是空想，那么它的实现则反过来还有赖于马基雅维里的一种特殊观念：国家等同于政府，甚至等同于其个人首脑。② 这就是为什么，他在《君主

---

① Croce, *Elementi di Politica*（政治的要素），Bari 1925，p.60。

② Cf. Mayer, op. cit., pp.41，88，112；Meinecke, *Idee der Staatsräson*（国家理由学说），p.72；E. Grassi, *Il pensiero di Machiavelli e l'origine del concetto di Stato*（马基雅维里的思想以及国家观念的起源），in *Rassegna Nazionale*（国家评论），June 1924，p.201。说到抽象或普遍的国家——"它必定在马基雅维里思想深处大放光彩"——恐怕近来学者们对马基雅维里的思想太过臆断，好使它具有原本并不存在的逻辑上的严密性和主题上的延续性。这种"系统主义"在我看来和马基雅维里的秉性及特征并不太相符，因为他极端反对教条性、抽象性的研究方法；同时这与其思想本身也不相符合，因为他的思想并不系统，甚至常常并不连贯，《论李维》就是这样。埃尔科莱［*Lo Stato nel pensiero di Niccolò* （转下页）

论》中将目光完全锁定在了个人的形象上：这个人驾驭着政府，从而将整个公共生活集于自己一身。马基雅维里的思想原则要获得成功和辉煌，就在根本上离不开上述这种观念——它直接来自于作者掌握得炉火纯青的历史经验，关键之处是中央政府能够持续地进行努力。

　　这是基督教世界的历史中空前绝后的时刻。政治理论家们的思想不再受到天主教教条的束缚。个人意识的反抗尚未从其他角度威胁到国家的结构。整个道德世界即使没有没落，至少也退居暗处，但也没有新的东西能立即取而代之，重新激发对宗教信仰热情；因此，政治思想在自我表达的同时，不会被人们与其他种类的

（接上页）Machiavelli《马基雅维里思想中的国家》），p.93〕注意到，马基雅维里在论及共和制国家时，所使用的术语并不明确，一直在变化。此外，学者们还太想把马基雅维里的思想看作是沿着一个方向不断和谐发展的事物，实际上他的思想和他的人生密切相连，其主题是如此丰富，其形式是如此多样，又是如此强烈地受到当时各种事件的影响，我们可以从他的论著中看到：这位"头脑"并非始终如一的思想家在感情上不断发生着转折。《君主论》的作者马基雅维里还曾经吊诡地反对了《论李维》的作者马基雅维里。他的各种情感趋向使自己的思想并不一致，今天的评论家们则过于追求缩小其中的差异，这主要是受到法学研究的影响。在此问题上，我尤其想到了埃尔科莱的几篇文章：Ercole, *Lo Stato nel pensiero di Niccolò Machiavelli*, in *Studi Economici e Giuridici della R. Università di Cagliari*, VIII, 1916, pp.40-232, IX, 1917, pp.1-83; *Lo Stato in Machiavelli*（《马基雅维里论著中的国家》），in *Politica*, June, 1919, pp.334-355; *L'Etica di Machiavelli*（《马基雅维里的伦理》），ibid., September, 1919, pp.1-37; *La difesa dello Stato in Machiavelli*（《马基雅维里对国家的辩护》），ibid, March-April, 1921, pp.1-36; *Dante e Machiavelli*（《但丁与马基雅维里》），ibid., July-August, 1921, pp.127-174, reprinted in the *Quaderni* of *Politica*）。亦参见以下几人的观点：Gentile, *Studi sul Rinascimento*（《文艺复兴研究》），Florence, 1923, pp.107 sqq.; Solmi, in *Arch. Stor. Ital.*（《意大利历史档案》），1918, pp.234-236; Carli, in *Giornale Storico della Letteratura Italiana*（意大利文学史期刊），LXXII, 1918, pp.313 sqq.在意大利评论家对马基雅维里的研究中，这些文章属于为数不多的真正有价值的作品，正因为如此，我想我应该在此表达自己对总体研究倾向的异议。这并不意味着，他们的文章缺少分量或缺乏洞见，例如埃尔科莱就以其惯有的才智，相当出色地澄清了马基雅维里思想的许多方面。

思维形式相混淆。在这个时代,集权国家正从中世纪社会和政治秩序的废墟中成形,一切斗争武器都必须被交到那些仍在与封建主义和个体主义势力作战的人手里。简而言之,在这个时代中,政治行动的自由和伟大以及中央政府的力量和权威,都必须得到明确的肯定。设非如此,便无法将旧时代的痕迹一扫而空,便无法为未来的社会制定准则,让它以此为武器在面对着新旧分裂因素之时能保证统一国家的存活。

这是马基雅维里的伟大成就:这位在欧洲两百年的历史中被称赞又被憎恨、受追随又受反对的人,由此成为了政治与政府的正宗代表;人们的目光都注视着他,因为只有他,一个内争不断的城市中贫穷可怜、满脸倦容的公民,用那已成绝响的滔滔雄辩向世人宣告:主权政府若要赢得胜利,就必须掌握那些武器。

要达到这样的结果,马基雅维里就必须只关注控制国家神经中枢的人物,除此以外无视他者;就必须舍弃其他一切道德、一切政治体系;①就必须专注于一种体系,为它透彻清晰地进行思考,为它注入全部的意志力量。为了充分认识到政治活动的价值和自主性,②并在这一坚实的理论基础上考察欧洲历史,进而确定那塑造了历史的基本原则——假以时日,它也必将激发新的历史活动——作者首先要做的就是走极端、求片面。他需要将注意力完全集中在中央权力即政府的身上,而政府又必得精炼为某一相当具体的个人形象。如此一来,后者的活动过程就极为清晰可辨,只有这样,他在周遭的冲突中才能岿然屹立。《君主论》所创造的形象及其在实践中的无力都源自于马基雅维里在评判历史时的错误和缺

---

① 例如,我们可以注意一下,甚至宗教问题都是如何表达在《君主论》中的。在《论李维》中,宗教是国家的堡垒之一,对此埃尔科莱有着出色的分析,可能是关于这个主题最好的作品:Ercole, *Lo Stato nel pensiero di Niccolò Machiavelli*(马基雅维里思想中的国家)(especially pp. 161 sqq.)。在《君主论》里,宗教却仅仅是国家首脑的政治工具,后者利用宗教,就好像利用仁慈、信用和正直一样,甚至尤有过之(第十八章)。简单而言,宗教只是雇佣军将领的“能力”之一。

② Cf. Meinecke, op. cit., p. 127.

陷,然而所有这些错误和缺陷现在却滋养了这部著作无尽的生命力;①如果马基雅维里以真正的批判精神来评价他那个时代的历史事件,就不会动笔写下此书。相反,他的评论只有充满了混乱和误解、包含着一系列错误,这位创造者才能展示出自己的才能;他掌握了意大利两百年的历史,并以自己的方式加以锻造,将其组建合成为一件大师之作。彼时,他只愿作出观察和判断,心怀着平静的好奇;此刻,他希望创造新的事物,充满着热烈豪放的激情。马基雅维里若是一位敏锐而深刻的历史学家,就仅仅会写出一部杰作;而事实上他是个相当拙劣的历史学家,于是便成为了举世皆知的人物。②

---

① 在军事问题上也一样,尽管马基雅维里作出了错误的判断,他所提出的特殊方案不仅没有实际作用,甚至与当时政治生活的主导精神也不相一致,但这一方案却极为有力而有效地确立了现代国家的一个基本原则,即必须建立强大的军事组织。仅此一点便足可使国家得以生存并开创"强权"政治。马基雅维里所构想的图景很快就显示出了自身的模糊和错误之处;但他的根本原则却保留不失,甚至还决定了现代文明的一个重要特征。

② Cf. Max Kemmerich, *Machiavelli*, Vienna and Leipzig, 1925, p.171. 现在我们或许可以考虑一下,马基雅维里是否真的意识到了自己著作的重要意义;但这样的问题是徒劳的。他对自己的重大理论判断——政治的自主性——有着充分的认识,他也意识到,西欧正在发生集权化和统一化的过程。[*Ritratto di cose di Francia*(关于法兰西情况的描述); cf. Schmidt, *Niccolò Machiavelli und die allgemeine staatslehre der Gegenwart*(马基雅维里与对现代国家的普遍教益), Karlsruhe, 1907, pp.84 sqq.]但我们并不能由此推断,马基雅维里预见到了意大利的政治统一:这相当于将他的历史判断等同于一种充满意志和信念的行动,事实上这种行为也并不完全符合他的判断。但如果说马基雅维里得益于当时的历史经验,对统一的集权国家怀有渴望[cf. also K. Heyer, *Der Machiavellismus*(马基雅维里主义), Berlin ,1918, p.31],这种说法则并无不妥,而且还可以再加拓展。因此,他实际上既是一个极为伟大的政治学家,也是一个伟大的历史学家:他能够迅速地理解欧洲正在发生的变革,因而是如此伟大;但在对意大利情势的分析中,他又是如此束手无策。不过,撰写《君主论》是为了满足热切的渴望、实现直接的目的,马基雅维里不可能会想到,他正在以此为欧洲绘制她两百年历史的蓝图。显然,他给予后代的东西大大超出原本的愿望(Meinecke, op. cit., p.187)。谁要是由此而认为,马基雅维里远非先前所想的那样才华横溢,那么他应该好好想想,在历史上,人们思想和行为的效果是不是很少超出原本的预期之外。

　　显然，《君主论》对于欧洲的重大意义与当时特殊的历史环境有着紧密的联系。随着国家的内部统一最终得以完成和巩固，政治生活的结构产生了缓慢的变化，其重心也同样缓慢地发生转移，于是，《君主论》的**历史**价值开始削弱，最终在这一意义上不再对近代世界有所教益。相反，这部作品逐渐脱离了它的直接应用范围，开始充分展现出作为一种思想论断的恒久价值。于是，马基雅维里在一种新的、更为丰满的形象下具有了世界性的影响，直到现在仍是如此；然而在很长一段时间内，《君主论》之所以被人所重视，是因为它提纲挈领地概括了欧洲政治生活的变革——马基雅维里的思想在当时仍公开或隐秘地主导着这种政治生活，而将其思想付诸实践的正是那些意欲反对他的人。①

---

① 《君主论》的思想中只有一点是君主国不能遵照的，那就是军事问题。在这一问题上，马基雅维里迅即又变为了一个佛罗伦萨公社的公民，想要唤起人民的能力。由此，他与自己著作中的整体政治倾向产生了矛盾，但这个矛盾很容易在心理上进行解释。在军事方面，欧洲历史见证了马基雅维里的错误。但只要他所提出的问题涉及政治方面，那他就在为绝对主义铺就道路。他的思想旨在让中央政权建立毫无争议的统治，使之能镇压其他任何社会和政治力量。《君主论》第九章里提出了这样一个准则：君主为了压制贵族应当确保与人民的友谊；长期以来，欧洲的国王和大臣们正是遵照这一准则行事的（不论"友谊"一词在内涵和意义上上会存在着怎样的区别）。迈内克（op. cit.，p.55）注意到，后来出现的平等性绝对主义（egalitarian absolutism）并未涵盖在马基雅维里的思想之中。绝对主义当然发展到了马基雅维里所无法预见的程度，甚至 17 世纪的绝对王权也与他的君主国存在着很大区别。他仅仅将我们带到了起点。他的思想仍因转型时代的混乱不定而模糊不清（如他的军事观念就是此中典型）——在这个时代，国家尚未获得"与生俱来的崇高性"（Meinecke, op. cit.，p.114）。在追溯绝对王权的形成过程时，我们的头脑中应当会想到一整串马基雅维里著作中未曾提及的主题，同时也会想到其他人的作用，比如路德的思想和著作对这一过程所具有的重大影响（菲吉斯在此问题上有着敏锐的见解，参见：Figgis, *Studies of Political Thought from Gerson to Grotius*, Cambridge, 1907, pp. 62 sqq；涉及马基雅维里的部分为 82 页之后）。但马基雅维里的确阐述了绝对主义的根本之道，即中央政府应当实现绝对的最高统治权，这也就是《君主论》获得巨大成功的原因，而在阐释此道时，这本著作也极尽细微之能事。相比之下，马基雅维里的伟大理论著作《论李维》，即使没有如帕鲁塔所言"葬身于永久的遗忘之中"[Paruta, *Discorsi Politici*（政治论说集）, Book II, disc. 1, ed. （转下页）

意大利在不得不屈服于外来统治之前曾经有过伟大的历史，马基雅维里的著作在格言般的朴素话语中鲜活地保存了她的事迹。领主和君主们壮志未酬，他们被更为富有、更为强大、更为精通战争和政治技艺的势力所打败，不得不黯然退场，或是远遁他方，或是心灰意冷，将意大利生活的主导权拱手他让。然而在百年间所进行的两次努力中，他们却创造了某些注定不会消亡的东西——即使那要在另一个国家才得以完全而成功地实现。智慧与统治能力使他们逐步建立了自己的力量；清晰准确的政治眼光使他们至少在自己的统治范围内采取了积极的集权政策；他们还进行了不屈不挠的斗争，以保证最高政权具有绝对的领导地位，并将国家的各种要素聚合在一起——所有这一切都构成了一种民政智慧和政治能力的传统，它注定会延续传承，即便要借他人之手发扬光大。①

这便是西欧走过的道路。马基雅维里在寥寥数页中掌握和概

（接上页）Venice, 1629, p.244]，也显然被完全掩盖了光芒，主要服务于争论辩驳的目的了。

① 科尼亚索非常正确地注意到了这一过程。Cognasso, *Ricerche per la Storia dello Stato Visconteo*（对维斯孔蒂统治之国家的历史进行的调查），in *Boll. Soc. Pavese Storia Patria*, XXII, 1922, p.18 of the excerpt。然而，若是在认识到领主们主要成就的同时，却忘记所发生的真正灾难，那将是令人遗憾的；我所指的灾难是：完全出于君主们自身的努力，这样的政策确立了它的目标指向，但君主们却没能将它最终发展完成。《君主论》如此有力地概括了意大利的历史，但由马基雅维里的最终目标——意大利的解放——而观，这种概括无异于严厉的谴责。作者所阐释的基本准则，意大利君主们始终遵行不悖。他们都是在孤立的场合犯下的错误，但《君主论》当然无法预见到，在未来某个新的环境下会发生这样的错误。没有什么告诫能阻止他们犯错，因为没有人能够准确地预知各种各样需要采取决策的情境。这里所需要的是"慎思明辨"：《君主论》应当是一个阐述方法的通论之作。现在，马基雅维里所提出的药方中，真正新颖的只有一个，即自己的国民军。但即使在最有利的结果下，这也不足以改变导致意大利衰落的复杂原因。因此，如果在彼时彼刻，我们的宏大政策明确显示出无力应对所处的环境，那么这个热切寻求复兴之路的才智绝伦之人，除了再次提出那些无法改变最终崩溃命运的行为准则之外，也找不到更好的办法了。必须承认，时候已到，意大利的君主们不得不降旗收帆，将意大利半岛的事务拱手交予他人。

括了意大利的传统，这是后者的唯一幸事，它由此而成为欧洲的范本。马基雅维里在他的著作中，以极大的篇幅揭示了一个缓慢、渐进、甚少安宁的历史过程里一切事物的最终结局，这个历史过程总是在此起彼伏的各类事件中、在要求君主们不断采取政治行动的各种环境下，灵活而又聪明地向前发展着。矛盾已被消灭，延迟和犹豫的时刻也一去不复返，政治家们不再慢慢吞吞、谨慎小心，他们目光如炬、洞烛机先，对一切力量和一切目标都了如指掌。[①] 这一历史发展过程的各个方面有时甚至彼此显得毫无关联，马基雅维里却明白无误地将它在理论上精确地阐释出来。

　　显然，意大利历史缺少某些东西，尤其在与其他西方国家相比时更是如此。意大利的君主们为绝对权力所筑下的根基远远不够，它应该建立在政治、社会和思想方面更宽广和更深刻的基础之上，这不仅是有可能的，也是必须的。结果，那些实现自身伟大和统一（而非徒具其貌）所不可或缺的因素和力量，《君主论》中所浮现出来的国家都未曾具备。而那种深具基础的中央政权，却能够并且也的确在欧洲历史中有着不一样的发展轨迹，在世界上遍地开花。[②]

　　因此，随着上述特征——这些意大利历史和马基雅维里思想中

---

①　例如，马基雅维里不再考虑君主们对帝国的臣服——当然这种臣服完全可能是形式上的。他使他们真正成为了主权者。

②　以下两部著作的作者相继对马基雅维里提出了批评，认为他没有对权力的概念作出界定，这是一种源于抽象思维方式的批评。Treitschke, *La Politica*（论政治），translated by E. Ruta, Bari, 1918, p. 87；Heyer, *Der Machiavellismus*（马基雅维里主义），p. 30。在马基雅维里的时代，获取权力与维持权力是国家生活的第一要务、基本之需；而国家的统一和内部的凝聚又相应地成为了经济繁荣的必要前提，在法国等国家，它也是资产阶级聚集财富的必备条件。国家的缔造和安全的保障，以及由此所带来的文明的百花齐放，都离不开这种权力，正因为如此，马基雅维里将所有权力归于政府——他的理想政府可谓是身处绝对主义的宝座之上。从另一方面来看，马基雅维里的国家可以说是建立在过于狭隘的社会和思想基础之上。但要探究这个问题，我们就需要串联起意大利文艺复兴的历史，将它与其他大国——尤其是法国——内部不同的发展历程作比较。

所不具备的特征——的发展,绝对主义政府也在改变着自身的面貌。但这一问题的主线仍可以在《君主论》中找到;因而,这部著作自然会陷入了极为尖锐的争论之中,也成为了各民族统治者的"《古兰经》"。

随后,马基雅维里著作的第二春趋于终结;今天,从这一角度而言,他已是过去之人。19 世纪和 20 世纪的欧洲历史问题不再是 16 世纪欧洲的那些问题。[①] 然而,若撇开这些特定的束缚,也摆脱与人类事务具体进程的一切关联,马基雅维里作为思想家的光芒只增不减,我们应当深深地认识到他的伟大地位。

不过,另有一种或许仅与意大利的生活密切相关的因素,它使《君主论》与众不同,让我们不免带着某种模糊而私密的感情重读此书。

马基雅维里一再重申公开抵抗的重要性,那要求思想严正、良知无染;他谴责慵懒、安逸和"精致格调",与之相对应的则是勤奋、冒险和不断斗争;他还将负有明确而艰苦责任的生活转化为了信念与激情——所有这一切都体现出一种深刻性和苦行性,足以垂范意大利人的生活。[②]

提到文艺复兴,人们已太多地想起本博的对话讨论、卡斯蒂廖内的温雅丰神、[③]阿廖斯托的优美和谐,以及圭恰迪尼那带上几分

[①] 无疑,马基雅维里著作中的某些特定问题即使在 19 世纪也深具影响力。人们在探讨民族国家的问题以及国家与教会的关系时,常常会转向他的著作,从中寻求意见建议和行为模式(不过由于某种对事实的武断歪曲,在第二个问题上马基雅维里那时的地位与现在有很大不同)。这一现象有赖于特定时期某个国家或某个群体所面临的特定的历史条件。我们只要想一想德国在 18 世纪末所面对的各种历史环境,以及在此问题上马基雅维里对黑格尔具有的尤为重大的影响,这便足够了。但这并不能说明,自 17 世纪以来,《君主论》仍然是欧洲历史的蓝图。

[②] 对这一问题作出强调的是德·圣克提斯。

[③] 本博(Pietro Bembo, 1470—1547),意大利文学家,对意大利语言文学的发展有重大影响,他一些重要的文学和历史作品是以对话体写成的;卡斯蒂廖内(Baldassare Castiglione, 1478—1529),意大利文人、政治家、外交家,曾服务于曼图亚和乌尔比诺宫廷等,以知礼而闻名。本博、卡斯蒂廖内、阿廖斯托等均为同时代人,彼此有往来。——译者注

恃才傲物的智慧悟性。马基雅维里却严厉、尖刻、自闭、无视文学、不愿审慎，与他们的世界格格不入。眼中见到的是怯懦的君主——他将他们责打；周围所见尽是良知沦丧之人——他将自己的信念表白，而那已不再是宗教上的信念；在那些被自身的冷静所冻结的外交官之间踽踽独行——他展现自己的激情；与圭恰迪尼相遇——后者指出了他的错误，他则继续前进，仍旧陷入这错误之中，只为了伸张自己思维的力量。他所强调的内容具有惊人的戏剧性，他的语言和风格则热烈活泼，这样的特征与其强烈的戏剧张力自相匹配，与那跃然而出、掷地有声的告诫教训也相得益彰。

此刻，我们第一次看到了对个人进行的改革；对政治行动的呼唤压倒了其他所有人间和宗教的声音，正是在其中，有着一种痛苦而悲哀的伟大——国家完全可以要求那些意欲掌控它的人：牺牲一切激情，绝对放弃其他任何感情。必须要有人为了信念而献出灵魂，不论那是何种信念。

我们行动的重要意义在于其苦行性和戏剧性，正是认识到了这一点，作为意大利文艺复兴的代表，马基雅维里体现出他是多么伟大的人物。

第三部分　马基雅维里的方法和风格

在 1500 年夏秋之际，马基雅维里身处法国宫廷，这是他对欧洲政治的第一次伟大体验。佛罗伦萨政府派遣他与弗朗切斯科·德拉·卡萨（Francesco della Casa）一起执行外交任务，他们要觐见"店里的掌柜"① 路易十二，也就是当时意大利事务的裁决者，而马基雅维里此行的目的是解决比萨的灾难性问题。他在这次体验中的第一"课"，是不得不考虑自己不堪敷用的薪水——他的薪金"毫无理由、天理不容地"少于德拉·卡萨的所得。在一开始，他就必须从自己的存款中支取四十达克特，以至于已经"身无分文"。结果，他威胁要立刻回国，因为一样要"听天由命"，在意大利总比在法国好。

事实上，从此以后他都要在日常的困难和匮乏中思考和行动了。他本性上是一个手很松的人，无法"不花钱就办事"；他也是个乐于交际的人，但注定要过一种"迈向艰苦而非享乐"的生活。后来，在 1513 年那远为艰难的环境中，他被迫"转头面向命运"，为了从"我这如此悲惨的命运"中寻求解脱，他在佩尔库西纳的圣·安德烈亚自家住处② 附近的小酒馆赌博，为鸡毛蒜皮的小事与人争

---

① "店里的掌柜"（il maestro della bottega，英译为 the master of the shop）是当时的俗语，曾被用来指称洛伦佐·德·美第奇，意味着他是佛罗伦萨政治的"老板"。——译者注

② 佩尔库西纳的圣·安德烈亚（（Sant' Andrea in Percussina）是佛罗伦萨郊区佩萨谷的桑·卡希亚诺乡村中的一个小村落，即马基雅维里的隐居处。——译者注

执,和店主、屠夫或是磨坊主吵嘴斗殴;他在信件中向朋友们倾吐,自己不愿无所事事,甚至去"推转石头"都行,因为一直这样下去"我是在自暴自弃,如果长久如此,我就会因贫穷而被人轻贱"。

然而在 1513 年夏秋之夜,马基雅维里却会脱下"沾满尘污"的日常衣物,披上"堂堂朝服",进入"古人昔日的宫殿,在那里,他们深情地将我接纳;我用那只属于自己的食粮滋养自身——我便是为此而生……在四个小时中我不会有丝毫厌倦,一切烦恼都离我而去,不再惧怕贫穷,也不再忧心死亡:对这一切我均已释怀"。在这些日子里,他一心一意地创作《君主论》。

现在则是 1500 年的夏秋之时,他正在进行着第一次伟大的政治体验。他虽然为自己的窘迫困难大叹苦经,却也很快转入了另一个世界,一个更为崇高的世界,即参详政治的世界。如果说《君主论》的伟大沉思和千钧笔力还是未来之事,那他此刻的思想、笔记甚至文风,都已预示着这部著作的产生。

例如,他写自法兰西宫廷的信件就已包含了那些日后在其伟大著作中得以重现和充分展开的观点。比方说,他就路易十二的意大利政策向乔治·当布瓦斯红衣主教①提议道,应当仿效"那些试图获取外国土地的古人所采用的方法,即削减强者的数量、拉拢利诱臣民、不要失去朋友,对'同道中人'——那些想要在该地获得同等权威的势力——则要小心"。从中我们已可以见到《君主论》第三章的核心思想。

但不仅如此,更为重要的是,一个真正意义上的马基雅维里已在此刻现出雏形。他已表现出了自己看待政治问题的特有模式,尤其是那种偏激矛盾(dilemmatic)的方法:他总是提出两种极端的、对立的方案,无视中庸之道和妥协方案,偏好曲折突兀(disjunctive)的风格——例如他写道,佛罗伦萨人民认为他们已无法奢望任何东西,"或是因为命运不济,或是因为敌人太多",而法

---

① 乔治·当布瓦斯(Georges d'Amboise, 1460—1510),法国红衣主教,时任路易十二的首相,曾随路易十二侵略意大利。——译者注

国人只尊重两种人,"或是全副武装的人,或是准备付出的人"。这种风格在马基雅维里的文章中屡见不鲜,他运用得如此之程式化,以至于有时似乎太过明显——请允许我说"不加掩饰"——例如在《兵法》(第四卷)中,我们会看到这样的句子:"那么,要我说,这些鏖战或是输了,或是赢了。"但从另一方面看,这又是一种完美的表达形式,因为它所要表达的思想始终建立在这样的原则之上:政治家的"能力"全在于迅速而坚定的决断;在公共生活中,最有害的莫过于模棱两可和从长计议,它们的根源"或是思维和力量上的不济,或是需作计议之人的恶意"(《论李维》第二卷第十五章)。马基雅维里总是强调,任何国家都不应该自欺,以为自己总是能够选择"一条万全的途径。相反,它倒是应当预料自己只能采取完全可疑的途径,因为事情通常是:人们在避免一种不利的同时,难免遭到另一种不利。但是,谨慎在于能够认识各种不利的性质,进而选择害处最少的作为最佳的途径"(《君主论》第二十一章;《论李维》第一卷第六章)。他总是将"中庸之道"视为极其有害之物;的确,"他的"罗马总是避免采取此道,而是倾向于"极端"(《论李维》第二卷第二十三章)。马基雅维里认为,人们之所以采取极其有害的中庸之道,是因为他们懒惰无能,是因为他们"既不知如何成为至恶,又不知如何成就至善"(《论李维》第一卷第二十六章)。

马基雅维里的这种思维方式非常典型地体现在他的成熟期作品中,而在他早年进行政治思考的时候、在他参与外交使团的时期这已经有迹可寻。

最为重要的是,即使在这一阶段,马基雅维里也已不满足于仅仅对特定的政治环境作出分析,不论这样的分析是多么透彻。相反,他有着强烈的冲动——我想这是出于本能——要从事实一跃上升至对于普遍本质的思考,要将具体的阶段视作那恒定之物的某个变幻之相:恒久不变者,为了权力的斗争,换言之,即政治。在这个级别不高的公务员对于当前事物的思考中,在他向本国政府发送的公务报告里,马基雅维里那强大的"想象力"已脱颖而出——这是直觉的灵光一现,与伟大诗人的灵感并无不同:诗人们总能从单个的事件中,把握住那内蕴于人类生活的恒久普遍之物的脉搏。他向权倾一时的当布瓦斯首相所提出的路易十二在意大利应该如何作为的建议便是如此:"仿效那些试图获取外国土地的古人所采用的方法。"此刻,他已经在以"他的"罗马为例证,已经在呼吁要不断以古事为鉴。对法国在意大利事务上的政策所进行的评估,远非马基雅维里这个仅为解决比萨问题而出访的佛罗伦萨使节应谋之政,如此全盘性的问题本该由身居高位的人来考虑。

在许多年之后的 1522 年,马基雅维里向即将远赴西班牙担任驻查理五世宫廷大使的朋友吉罗拉米(Raffaello Girolami)提出了一些建议。这些建议颇为有用:他告诉吉罗拉米如何在对方的宫廷中结交朋友,这样就能很好地了解自己必须要知道的一些事情以及其他的相关事务。但在 1500 年写往佛罗伦萨的报告中那种表达意见的方式,让我们简直难以联想到 1522 年的那个马基雅维里——"让你的意见存在你的肚子里不讲出来实在太可恶了",早先的那个他曾这样写道。还是让吉罗拉米去听取后来这个马基雅维里的建议:"审慎的人若在这里,就会想到:这样做或许会产生如此这般的结果。"对于一个职业外交官而言,这的确是绝好的审慎建议;若要避免个人遭遇困境,这句箴言不论何时都堪称经典。然而当马基雅维里需要写下自己的"推测"和"意见"时,虽非完全不顾及这金玉良言,却也常常成为早先那个率性的自己,比如他公开告诫自己的政府:"我想要提醒你们,除非……你们可以说服自己:你们每次都能做好准备"(在瓦伦蒂诺公爵宫廷出使时发回的信件,日期 1502 年 10 月 9 日);有时他会为自己行文"缺少尊重、太过直白"——其观点又被证明是错误的——做出道歉,[①]这是由于他宁可因为"写而错"伤了自己,也不愿因为不写不错害了佛罗伦萨(第一次出使法国时发回的信件,日期 1500 年 9 月 3 日),或是由于他觉得,报告自己在路易十二宫廷中所听到的内容并不超越"我的职权"(第三次出使法国时发回的信件,日期 1510 年 7 月 26

---

① 　英译本此处缺漏一句:"其中有一次是向德拉・卡萨道歉。"——译者注

日）。虽说已经道歉，但接下来他又开始提出意见和建议，在信中写下"我认为……"。有时他甚至胆敢请求"权力十人委员会"①相信自己的观点，"就像他们相信福音书一样"（第三次出使法国时发回的信件，日期 1510 年 8 月 9 日）——他的观点是：一旦教皇和法王之间爆发战争，佛罗伦萨就必须在两者之间公开选择支持一方；他让十人委员会"不要等待那个时刻的来临"，而要迅速想一想与法国结盟所能获得的"好处"；"并且，因为时机稍纵即逝，你们最好快做决定"，不论"是"或"否"，总之要快。

这并非是后来他向吉罗拉米推荐的方式；他也不会向任何人推荐这种方式，因为这真的是"只属于自己的"食粮，其他人都不具备。对别人，他或许会就我们所谓的外交技巧提供不少建议；但他觉得全然个人化的、无法交流的东西，是不会告诉他们的。

于是我们发现，从此之后，在他向读者作出阐释或对某个阴谋进行描述时，都会夹杂着一些普遍的准则。这与他在最后的伟大之作《佛罗伦萨史》中所用到的方法如出一辙：在重新对科西莫·德·美第奇和内里·卡波尼②展开论述之前，他说到自己想要"按照我们惯常的讨论模式，谈一谈为什么那些希望一个共和国能获得统一的人，他们的愿望是相当大的自欺"（第七卷第一章）。在叙述帕齐家族③的阴谋时，他再次说到，自己想要"遵照我们的习俗"来讲一讲各种阴谋的特质及其重要性——既然他在其他地方还没讨论到这个问题，或是该主题能够很快地被讲完，那么读者就应当

---

① "权力十人委员会"（Dieci di Balìa）建立于 1384 年，历史上有数个别名，如"战争十人委员会"（Dieci della Guerra）等。1498 年改名为"自由与和平十人委员会"（Dieci di Libertà e Pace），马基雅维里所担任的最著名的公职即该委员会的秘书。此处英译本写作 Dieci di Balìa，或有误。——译者注

② 科西莫·德·美第奇（Cosimo de' Medici, 1389—1464），全名为科西莫·迪·乔瓦尼·德·美第奇（Cosimo di Giovanni de' Medici），美第奇家族在佛罗伦萨统治的开创者；内里·卡波尼（Neri Capponi, ？—1457），卡波尼家族成员，对平衡佛罗伦萨各种势力、制衡科西莫·德·美第奇起到了重要的作用。——译者注

③ 帕齐家族（de' Pazzi）是佛罗伦萨的望族，这里指的是 1478 年他们针对美第奇家族的谋杀阴谋。——译者注

会对此感兴趣(第八卷第一章)。最后,他还说,自己作为论述佛罗伦萨事务的历史学家,却用了过多的篇幅来描述伦巴第和那不勒斯的事情,这不是没有理由的,因为若非如此,"我们的历史将不会如此清晰易懂,读来也不会如此赏心悦目"(第七卷第一章)——正如在此之前,若他没有表达自己的意见和猜测,佛罗伦萨政府对法国、罗马或马克西米利安皇帝宫廷所发生的事情就不会知道得这么完整准确。

外交活动中所呈现的那个马基雅维里仍是个青年,显然还没有像1512年之后的他那样,视野如此广博、语句如此锐利、想象如此灵便;但这个年轻的马基雅维里给人的印象是独特、明确和自信。我们可以看到,他常常会在话中插入俗语,比如向切萨雷·博尔贾作介绍时说自己"长了一张马脸",还提到对某人"刨根究底",以及对别人"绕得远远的"、"站得远远的"或"避得远远的"以获取信息或者避免做出妥协。我们也可以看到,他善于运用生动的形象来表达意见。他还用到了某些特定的语法结构,它们完全由主语和动词构成,因而简洁有力——在此已隐约显现出《君主论》这部最完美的马基雅维里式散文①作品中的语法结构和形象。

此外,在这几年中,他甚至还在公文报告之外,构思写作了一些表达其真性情的作品,用他自己的话说,命运注定要让他去思考且仅仅去思考国事政务,而不会让他将思维耗费在丝绸或羊毛贸易上,耗费在利益得失的算计中。

在《关于比萨事务向十人委员会长官提交的讨论》(Discorso fatto al Magistrato dei Dieci sopra le cose di Pisa)和《论基亚纳谷地人民背叛的方式》(Del modo di trattare i popoli della Val di Chiana ribellati)这两篇文章中,以及在更著名的《关于瓦伦蒂诺公爵在谋杀维泰洛佐·维泰利、费尔莫的奥利韦罗托以及保罗爵爷、格拉维

---

① 此处的"散文"(prose)是相对韵文而言,并非指文学作品中的"散文"。——译者注

纳公爵奥尔西尼等人时所用方法的描述》[1]（Descrizione del modo tenuto dal duca Valentino nello ammazzare Vitellozzo Vitelli, Oliverotto da Fermo，il signor Pagolo e il duca di Gravina Orsini）里——换言之，在马基雅维里写于 1499 至 1503 年的作品中，[2]他早先参与外交活动时就已显露出来的思维特征和风格特质自然表现得更为明显。因而，在简练清晰的行文风格之间，最为打动我们的是那舍此无他的决心：要从特定的事件中抽象出政治技艺的原理，或者按他自己的话说，找到颠扑不破的"普遍规则"。关于基亚纳谷地人民的那篇文章就明确地体现出了这种决心，这部早期的小作品包含着马基雅维里的全部本质，也已经表现出《论李维》章节中的方式和风格；[3]现在，他的这种决心第一次得到了证明：他诉诸人类激情的恒久不变来分析事件，而恒久不变的激情这一主题后来又催生出了《论李维》的某些著名篇章（第一卷序言、第十一、三十九章；第三卷第四十三章）："我曾听人说，历史是一位导师，他指点我们的行动，尤其将原则传授，而世界总按照同一个模式运行，由那些总怀着同样激情的人们组成；总有人为仆，有人为主；有人被迫为仆，有人自愿为仆；有人起而反抗又被重新征服……因此，若历史真是一位指点我们行动的导师，那么那些要对基亚纳谷地人民做出惩罚和判决的人们，如果愿意以过去世界的统治者为榜样，效仿他们的行为，这或可为美事。"但佛罗伦萨人并没有这么做："如果罗马人的判决值得称赞，你们的判决则同等地值得谴责。"一种针对同时代人的伟大论争也从此起步，并在马基雅维里的著作里贯穿始终，他以古罗马的经验对他们进行衡量和评判，这并无不妥，因为过去人们所成就之事，现在的每一个人也可以做

---

[1] 维泰洛佐·维泰利、费尔莫的奥利韦罗托、格拉维纳公爵保罗·奥尔西尼均为当时的雇佣军将领，为瓦伦蒂诺公爵服务，他们曾在 1502 年反对公爵，败露后被诱捕、杀害。马基雅维里在《君主论》第八章中曾提到前两人。——译者注

[2] 这三部作品分别写于 1499、1502 和 1503 年。——译者注

[3] 此外，我们还可以找到与《论李维》第二卷第二十三章相同的主题和相同的发展模式。

到："因为人们……出生、生活、死亡，总是依照同一种法则。"(《论李维》第一卷第十一章)我们再次看到，这种根本性的论争直截了当、卓有成效地反映在他的行文风格里——马基雅维里与想象中的对手唇枪舌战，彼此一问一答、你来我往："若你说……我便说"，这使得他在写自法国宫廷的信件中已展现出来的那种偏激矛盾的方法更显锋芒。它现在已经成为了马基雅维里典型的论说方式，《君主论》第十二章里对雇佣军进行的论战式的谴责便是一例："我想进一步论证这种军队的不可靠，雇佣军的首领们或者是能干的人，或者是不能干的人，二者必居其一。如果他们是能干的，你可不能够信赖他们，因为他们总是渴求自我扩张；因此不是压迫自己的主人——你，就是违反你的意思压迫他人。反之，如果首领是无能的人，他往往使你毁灭。如果有人回答说，不论是否雇佣军，只要手中掌握了武器，都是一样行动的。对此，我回答说，当君主或共和国必须用兵时……"

　　于是，在1500至1503年左右，马基雅维里的个性已经浮现出来，其特征越来越显明，从中反映出他对政治的特有视角。不论是在佛罗伦萨从政，或是前往外国宫廷活动——他曾重回法国，也曾奉命拜访罗马库里亚①和教皇尤利乌斯二世，也曾觐见过马克西米利安皇帝——在这些早期的经历当中(此后的经验也一样)，某些独特的思想变得日益明确，它们后来构成了他那些伟大著作的持久主题。从此他开始尤为强调机遇，机遇稍纵即逝，因此人们必须成为这方面的"专家"并懂得如何好好利用它；他也特别指出，当今的人们对"信念"、承诺甚至庄严的誓词都不甚看重；他还相当注重在人们身上甚至君主也不能避免的一种倾向：只考虑当前的利益，却不在意可能会导致什么结果。在他的讨论中，对"理性"以及"合理"之物的诉求，再一次让位于对"本性"——肉身本性——的呼唤。在涉及对法国人或德意志人的评判时，马基雅维里毫不犹豫地用

---

① 库里亚本是指罗马早期的公民大会组织，在中世纪和文艺复兴时期则是指罗马教会的行政机构。——译者注

到了"本性":他们在本性上如此这般;他甚至将人生的事件与自然相比较,①在对政治事件和群体生活的分析中借用了自然科学与医学的术语和形象;从而政治家就应当是一个以自己的技术智慧将坏的"气质"排除出去的"医生"。他对这个比喻相当偏爱,那个众所周知的迅速勃兴之国的比喻便源自于此,这样的国家"如同自然界迅速滋生长大的其他一切东西一样,不能够根深蒂固、枝桠交错",也就是说根基不深(《君主论》第七章)。

不断地积累经验,逐步增强和拓展自己的判断力:这就是马基雅维里担任公职十五年(1498—1512)的成果。这段经历使他对当时的意大利诸邦及其统治者们的政治能力愈发作出负面的评价。他越来越相信,意大利重大的政治危机、米兰和那不勒斯等国的崩溃以及那些成为了"店里的掌柜"的"蛮族人"对祖国的侵略,这些都有着相当明确的原因,并非不可认识。正如他在《十年记·其二》中所说,此般不幸都应归咎于那些身居高位的人:"你们手拿权杖又头戴皇冠/对于未来真相却不知其然!"那些难辞其咎的君主既无卓识又无能力,最重要的还在于没有自己的军队。"若尔重开战神庙/前路必将易且短",他在写于 1504 年的《十年记·其一》中这样告诉佛罗伦萨人。但最好地表达了马基雅维里此后对于近期意大利历史之诠释准则以及他所朝思暮想的新政治体制之根本原则的,是他 1503 年的作品《关于财政拨款方案所要说的话》(Parole da dirle sopra la provisione del danaio)②:"……王国的变迁、地方和城市的毁灭,在那些关注它们的人眼中,原因都舍此无他:缺少武备或缺少智谋。"没有军队,任何国家都无法生存;如果说对于平民而言,"法律、文书、契约使他们维持信心",对于君主而言,却"只有军力让他们将信心维持",那么没有军队就更不行了。因此,要么

---

① 这里自然与本性都是同一个词"natura"(英译本则是 nature),因汉语习惯不同,故只能分别翻译。——译者注

② 马基雅维里的这篇文章标题中的 provisione 在有的版本中作 provvisione,也有写作 previsione(前景)的。——译者注

武装,要么灭亡;灾难降临那是自作孽,因为上天不愿也不能"给无论如何都要毁灭之物续命"。

在 1512 年之后,当"灾难"彻底来临时,上述这些观点以及其他类似的观点就成为了马基雅维里思考的起点。他曾积极活跃于其中的那场政治实验,因为索代里尼治下的佛罗伦萨共和国的崩溃以及美第奇家族的回归而遭到"灾难"。马基雅维里曾构想并创建了普拉托的军事"架构",这代表了他以城市"自己的军队"来取代"怯懦的"雇佣军的重大努力,然而 1512 年 8 月 29 日,他的这一心血遇到了"灾难"。[①] 而他,马基雅维里先生,现在则被剥夺所有公职,一年内不准离开国境,1513 年 2 月更是因博斯科利的阴谋[②]而被监禁,受到酷刑。最后,他归隐到了桑·卡希亚诺附近的自家村舍,如他在写给韦托里的信中所言:避免"谈话",甚至避免与朋友相伴。

而韦托里的一封回信对他来说便足够了,这位朋友告诉马基雅维里,他决心与他在一起——在一起看看"我们是否能够重整这个世界",他还要他为法国国王、西班牙国王、教皇、神圣罗马帝国皇帝和瑞士人之间的一份和平协议修改条款。有人向自己提到"国事"(cose di stato)这便足矣,马基雅维里于是忘记了"我这悲哀的处境",似乎看到自己重新投入了"那些让我曾如此耗时费力空自忙碌的事务之中",再次一头扎进了政治讨论里。

在与韦托里的通信往来中,他谈论着直接而紧迫的问题:在欧洲和意大利将要发生什么事情? 正是**今日**,迫人行动。但**今日**从未向马基雅维里那强大的政治想象力提供过足够的舞台。当他还仅仅是个小吏的时候,即使是在写给政府的公务报告中,他也想要通过附言和评注,超越现时,从对于某些特定事件的评论上升到对

---

① 1512 年,教皇和阿拉贡国王为恢复美第奇家族在托斯卡纳的统治,共同召集西班牙军队攻占了普拉托,并在该城投降后进行了大屠杀。——译者注

② 博斯科利(Pier Paolo Boscoli)据说在索代里尼亲戚家里遗落一张名单,上面有包括马基雅维里在内的一些名字,此事被人指控为反美第奇家族的阴谋,株连多人。——译者注

政治活动整体特征的评价。当他被判决赋闲在家、保持沉默之后，要倾诉宣泄，便只能"利用"与"古人"的对话，诉诸"我曾在此间学习了治国之道"的十五年经验；他或者得保持沉默，或者就得讨论那全然属于他自己的东西，即政治和国事——在此情况下，他便越发超越现时之外了。在"浑身爬满了虫豸"的情况下，他的确挖出了头脑里的"霉菌"。① 但现在，这个头脑在对事物的理解和观察中，充满了伟大的创造时刻才具有的明晰和力量，而这个时刻最终来临了。

在**今日**与**永恒**之间，即在包含着特定问题的过眼现时与政治伟大而普遍的法则之间，当然存在着持续的联系，我们甚至可以说，两者交融互动。既然马基雅维里决心为佛罗伦萨和意大利的当下之患找寻药方，同时也对这一药方的存在深信不疑，那么他就总会转向这些普遍的法则。马基雅维里的这种信念促使他写下了《君主论》的最后一章，并奉劝"ad capessendam Italiam in libertatemque a barbaris vindicandam"②。它源自于作者对意大利当前苦难所作出的诊断。如我们所见，他断定君主们的政治"罪过"是意大利"被奴役和被辱骂"的根源，并且指出，意大利"遭受查理（八世）的蹂躏、路易（十二世）的掠夺、斐迪南的摧残和瑞士人的凌辱"，③其原因在于没有自己的军队，而雇佣军将领又胆小怯懦。

因此，他的这种信念——意大利必有可能复兴的信念——寄托于一个伟大君主的"能力"之上，并诱使他中断在《论李维》这部更沉静却更充实的著作上的最初工作，转而在 1513 年 7 至 12 月间一气呵成，挥笔写就《君主论》。

他的诊断是错误的。马基雅维里生活在意大利危机高涨之时，

① 这句话来自于马基雅维里写给韦托里的著名信件。在信中，他用"爬满了虫豸"比喻卑微的处境，用"挖出头脑的霉菌"比喻自己不再反抗，逆来顺受，但随后他就写道，在夜晚来临的时候，他开始了与古人的谈话。——译者注
② 拉丁文：将意大利从蛮族手中解放出来。即《君主论》最后一章的标题。——译者注
③ 出自于《君主论》第十二章。——译者注

在对意大利两百年历史所进行的回顾和理论总结中，他将个人的"能力"、君主的"能力"抬升为生活的最高控制因素。结果，他把意大利的毁灭完全归咎于君主的"罪过"。显然，他并没有也不可能准确地描述意大利危机的原因和过程；他的目光主要集中在雇佣军队的"怯懦"上，却遗漏了真实的对象。因而他错了；他呼唤一位君主成为拯救者，却注定是在对牛弹琴；那催生了《君主论》最后一章的深深信念，也自然会转变为《兵法》起始和终结处的忧郁消沉。

但此错有幸，因为它促使马基雅维里再次对统治者和被统治者一同加以责备，也因此让他不再仅限于同韦托里讨论日常事件，而是抽身出来，转而追寻"普遍原则"，最终他得以为瞽者启目，让所有人都知道政治的实质。他从针对意大利君主的论战转向了一种更具普遍性的论战，其中的两极分别是"我的"罗马人和所有或几乎所有的当代人——在后者身上"古人的德能丝毫不存"①（《论李维》第一卷前言、第四十章）。他从意大利特殊事务的领域上升到了普遍历史的层面；从提出建议以防止瑞士人成为"意大利的主宰者"，转向了列举阐释那些颠扑不破的规律。换言之，他从对于当时欧洲和意大利事件的单纯评论，转向了一种伟大的论说——他向世人揭示和宣告：必须将政治看作自在自为的领域，②也就是说，政治超越道德上的善恶评判之外，任何假设和目标，若非直接并单纯地具有政治性，就不对政治构成约束。一言以蔽之，其所重者，"行动"与"权力"。

现在他可以充分地驾驭自己伟大的政治"想象"了。这意味着，他能够直截了当地从具体的细节转移到关于普遍法则的问题上，可以立即抓住两个政治事件之间永恒而非偶然的联系，因为不同的事件无非是政治这种人类永恒活动的片断，而政治活动的动

---

① 这里马基雅维里用到了其著作中的关键概念 virtù，该词通常译为"能力"，此处则根据上下文译为"德能"。——译者注

② 此句原文是"政治作为政治"（politica come politica），英译本作了阐释："将政治视为以自身为目的的活动"（regarding politics as an end in itself），中译本根据汉语习惯和理解作了一定的修正。——译者注

机和目的总是相同的，尤为重要的是，它的根本前提也是不变的：政治即政治，其构想和运作都必须建立在纯粹的政治准则之上，对其他任何领域——不论是道德或宗教——的关注都与之无涉。

让我们再次阅读《君主论》第十五章里那些彪炳后世的段落，从中可以真切地看出，马基雅维里自己完全意识到，他正在为人们打开新世界的大门："因为我的目的是写一些东西，即对于那些通晓它的人是有用的东西，我觉得最好论述一下事物在实际上的真实情况，而不是论述事物的想象方面。许多人曾经幻想那些从来没有人见过或者知道在实际上存在过的共和国和君主国。可是人们实际上怎样生活同人们应当怎样生活，其距离是如此之大，以至一个人要是为了应该怎样办而把实际上是怎么回事置诸脑后，那么他不但不能保存自己，反而会导致自我毁灭。因为一个人如果在一切事情上都想发誓以善良自持，那么，他厕身于许多不善良的人当中定会遭到毁灭。所以，一个君主如要保持自己的地位，就必须知道怎样做不良好的事情，并且必须知道视情况的需要与否使用这一手或者不使用这一手。"

马基雅维里完全意识到，自己的思想有多么新颖，他在《论李维》第一卷的前言中就强调了这一点："我已决心走入一条从未有人踏上的道路，它也许会给我带来麻烦与困难，但也有可能带来荣耀。"

人们是"恶劣的"，一般而言是"忘恩负义、容易变心的，是伪装者、冒牌货，是逃避危难，追逐利益的"（《君主论》第十七章）；而世间之事"由人所践行，他们不论过去现在都具有相同的激情"（《论李维》第三卷第四十三章）。在这些激情之中，最强大的两种动机分别是对于权力的热爱——野心，和对于"物"（roba）的热爱——贪欲；因为野心"对人心有如此强大的作用，以至于人们不论攀爬至何等高位，都不会放弃野心"（《君主论》第一卷第三十七章），"因为人们忘记父亲之死比忘记遗产的丧失还来得快些"（《君主论》第十七章）。君主的首要任务既然是维持国家的生存并在可能的情况下扩展国家，那么他就既不能拥有那些普通个人所遵循的"优良品质"，也不能完全保持它们，因为"人类的条件不允许这样"。因此

"他也不必要因为对这些恶行的责备而感到不安,因为如果好好地考虑一下每一件事情,就会察觉某些事情看来好像是好事,可是如果君主照着办就会自取灭亡,而另一些事情看来是恶行,可是如果照办了却会给他带来安全与福祉"(《君主论》第十五章)。马基雅维里后来在《佛罗伦萨史》中借老科西莫①之口说道,人们并不是"手拿着祈祷书"统治国家的(第七卷第六章)。

由此,他便确立了"政治即政治"这一原则;或者如前所述,他认识到了政治的"自主性",将它视作一种自有自为的人类活动形式,不受任何宗教性或道德性的假设和目标的约束。

然而,这一点却是最有必要澄清的,尤其是因为我们注意到,在最近一些关于马基雅维里的研究中越来越明显地表现出了某些倾向:这些研究者努力——尽管是徒劳的——想要给他套上现代教条主义的思维和问题,在哲学和法学方面尤甚。他们试图发现一个头脑僵硬、逻辑僵化、一成不变的马基雅维里:他宣扬着那些彼此环环相扣的规范法则,要事无巨细地变幻出一个"系统化"的国家;他们甚至会犯下更为严重的错误,认为他预言了黑格尔模式下的伦理国家;还有人直接将他看作是一种新的道德观念的缔造者。

上述这些观点归根结底也是出于这样一种假设:马基雅维里是一个纯粹的逻辑家、一个极富现代色彩的逻辑家,他充分意识到了各种不同形式的思维活动,并致力于将它们——例如经济与伦理——彼此协调,融合为一个井井有条的"系统"。

所有这一切都大错特错。马基雅维里很清楚地知道:自己越出了道德的边界之外——这里指的是传统道德,他并不质疑这种道德本身,甚至还接受了它;有时,人们从他的思想中可以感觉到,他在弃置道德时似乎相当痛苦:"假如人们全都是善良的话,这条箴言

---

① 老科西莫·德·美第奇,即科西莫·迪·乔瓦尼·德·美第奇,美第奇家族政治统治的开创者,区别于后来同名的科西莫一世(Cosimo I de' Medici, 1519—1574),后者由佛罗伦萨公爵进而成为了第一任托斯卡纳大公,故称一世。
　　——译者注

就不合适了。但是因为人们是恶劣的……当遵守信义反而对自己不利的时候"，君主就无需守信了(《君主论》第十八章)。我们需要注意到，获得光荣和获得统治权是有所区别的："但是，屠杀市民，出卖朋友，缺乏信用，毫无恻隐之心，没有宗教信仰，是不能够称作有能力的。以这样的方法只是可以赢得统治权，但是不能赢得光荣。"(《君主论》第八章)我们还可以注意到，对于凯撒以及独裁政权的创立者们，马基雅维里作出了怎样的"谴责"，对于"良善的"时代，他又怀有怎样的"强烈愿望"(《论李维》第一卷第十章)；此外，他还强调说，人们"若非必需，便决不行善"，因此共和国的缔造者就应该假定，所有人都是恶劣的(《君主论》第一卷第三章)。

但他已经解释了自己的意图。他正在进入一条新的道路，前人从未踏足，他将会揭开事物的真相，即政治活动的本质，为此即使将道德戒律置于脑后也在所不惜。他所讨论的是君主的行为，而非普通个人的举动。私人生活与公共生活有所不同；他承认两者之间存在着差别，并且，既然只能讨论国家的事务，他将会只限于谈论公共生活。"涉及公共事务的诺言若在外力强制下做出，那么一旦失去外力，诺言就总会被打破，而食言之人并不可耻。"——需要注意的是，这句话并非来自于《君主论》著名的第十八章，即所谓的"独裁者守则"，而是摘自于《论李维》第三卷第四十二章。

我们也不能说，马基雅维里的伦理蕴含在他对"祖国"的热爱之中；因为对此他有过非常明确的区分：不论是关于他自己——"我爱我的祖国(patria)更甚于自己的灵魂"[致韦托里的信，1527年4月16日，《与亲友通信集》(Lettere Familiari)，CCXXV]；或是关于14世纪的佛罗伦萨人——他们"珍视祖国(patria)更甚于自己的灵魂"(《佛罗伦萨史》第三卷第七章)；最为重要的是，他宣称：如果"人们全然只考虑祖国的安康，他们应放下任何顾虑：无论正义或不义、怜悯或残酷、荣誉或耻辱；相反，他们会抛下一切牵挂，全身心地去追随那个能保卫国家安全、维护国家自由的党派"(《论李维》第三卷第四十一章)。祖国值得个人为之献出自己的灵魂，但祖国并非灵魂，这就是说，它不能取代构成"灵魂"的宗教和道德的价值。祖国能够而且也应该激发人们的牺牲精神，即使是牺牲正义和荣誉；但即便为了国家的安全而牺牲正义，"正义"仍然是"正义"。马基雅维里并没有想要颠覆公共道德，以一种新的伦理取而代之，遑论更为激进的想法；他是说，在公共事务中，唯一的衡量标准只能是政治的准则，对此他所坚持的观点是：让那些想要忠于道德戒律的人去从事其他领域的活动，而非参与政治生活。同样，他甚至也没有想过要以对"祖国"的热爱来取代基督教的道德理念，创造一种新的公民伦理。

真实的情况是，马基雅维里将道德理念放在一旁不闻不问，他这么做是因为这不需要他来操心。他全神贯注、心无旁骛地沉浸在内心的"守护神"(demon)、沉浸在"政治狂热"(furor politicus)之中，只知谈论国家事务，对其他问题却只好保持沉默；对于政治的执著占据了他的整个灵魂，这是他内心生活的起点与归宿；其他一切都不入他眼。最为重要的是，他具有自己的"想象力"，这是一种如伟大诗人和伟大艺术家一般的直觉——世界以某种形象展示在他们眼前，而舍此之外，他们不见他物；别的人则仅仅看到了各种形状或色彩，也有人会说，必须将所感知的一切都表达出来，结果却只能用音符来表达。马基雅维里思考和感知到了什么呢？他坦言，一旦脱下沾满尘污的衣物，自己所见所想的世界就纯粹以政治活动的形象展现出来。

他并非首先是一个逻辑家：从诸项原则起步，经由一系列严格机械的理性推论，演绎出一个完整的"系统"。就其本质而言，他首先是一个富于想象力的人，在眩目的灵光一现中瞬间抓住他的真理，然后才求诸理性，好对这真理加以论说。他的"真理"便是政治，以充满野性的赤裸形象展现出来。马基雅维里留给后人这样一个问题：如何协调政治这个新的真理与其他早已被认识的真理——尤其是道德真理——之间的关系？因此，在此后四百年的欧洲思想史中，他始终处于 kratos 和 ethos① 之间痛苦不堪的严酷斗

---

① 古希腊语："力量、权力"和"伦理、习俗"。——译者注

争的风口浪尖。

作为一切时代里第一流的政治思想家,马基雅维里与最伟大的政治家们存在着共同之处。后者与艺术家颇为相似,他们的逻辑和教条都完全处于直觉的引领之下;马基雅维里也是一样,准确地说,他具有某种内在的原初性的"灵光",能够瞬间通过直觉洞察事件及其意义。只有在此之后,他才转向了我们所说的"求诸理性推论"的阶段。当然,在马基雅维里的文章里,诸如"这合乎理性"或"这并不合理,它本不该如此"的话经常反复出现;但合理与否只是一种应用(或可说是策略),只是追随在伟大的直觉性和创造性时刻之后出现的具体论说,相对而言是第二位的。

马基雅维里阐述自己理论的方式,鲜明地体现了直觉所具有的绝对支配地位:他全神贯注于所要研究的问题,先是领会体悟,继而分析拓展,然后再借助理性将问题的各个方面详细表达出来。即使在《君主论》和《论李维》开头的献辞中,他也只是提到了自己"对现代大事的长期经验和对古代大事的不断钻研",从中我们看不到所谓极为严密之逻辑性的丝毫痕迹;两百年之后的另一位伟人孟德斯鸠倒是被这种逻辑性所激发,在《论法的精神》序言中写下了一段同样高贵却极为不同的话:"我设立了基本原则,并且看到:特定的事例自然地与这些原则相符合,一切民族的历史也只不过是其结果,每一个特定的法则都与另一法则相连,或是依赖于一个更具普遍性的法则。"①但马基雅维里却会说,在很多事例中,我们不能够制作出"一定之规",因为行动的方法"根据各种情况而互不相同";并且我们也不可能对事情"做出确定性的判断,除非掌握了某些采取过某种类似决定的国家的具体情况",所以他只能"在这个问题本身所允许的范围内一般地谈一谈"(《君主论》第九、二十章;另参见《论李维》第一卷第十八章)。因此,我们一方面看到了颠扑不破的普遍法则,另一方面却是具体的事例,无法为之制作

---

① 此处原作者用的是意大利译文,英译者译为英文,所据译本不详。中文由译者译自法文。——译者注

一定之规。

　　当马基雅维里真正去面对自己的研究主题时，他所用到的方法是独特的，是只属于他自己的。不论为了自己或为了读者，他都没有去探询：国家本质为何？起源于何？目标为何？此前与此后的人们所讨论的传统性问题，即人类社会的起源、国家"因何为何"等等，在马基雅维里这里都不见踪影，他认为所有这些都是无聊的离题之言。人类的政治活动是永恒的现实，作为其具体表现形式的国家也是一种现实。讨论上述那些问题则好像讨论为什么人要呼吸或者心脏要跳动一样。因此，他精准明确地直指问题之要害："从古至今，统治人类的一切国家，一切政权，不是共和国就是君主国。君主国不是世袭的就是新的。"《君主论》便是这样开宗明义的。在《论李维》第一卷第一章里我们也可以看到如下的语句："我要说，一切城市，或是由本地土著所建，或是由异邦人所建。"

　　这种切入主题的方式与偏激矛盾的句法结构一样的明晰直接。让我们想想亚里士多德的《政治学》或是阿奎那的《论君主制》(De Regimine Principum)，这两部著作都始于对社会的本质及其动因的分析；我们还可以想想洛克对自然状态和政治社会起源的长篇大论，或是孟德斯鸠《论法的精神》的第一卷，或是卢梭《社会契约论》的前几章，这样的例子不胜枚举。我们不难发现，马基雅维里展开问题的方式与其他主要的政治思想家之间存在着本质的区别，他的方法是独一无二的。

　　我们已经认识到，马基雅维里的直觉远重于纯粹的逻辑过程，但需要注意的是，此间的关键并不在于：他的论述结构有所失衡——这甚至在《论李维》中也随处可见；而在于：他在面对着某些极为重要的问题时有所犹豫和动摇，其中最为首要的问题是能力与命运之间的关系。在这一问题上，若我们要从自《君主论》到《佛罗伦萨史》的所有著作中找寻某种始终如一、绝对不变的看法，那将是徒劳的，原因很简单，这并不存在。相反，马基雅维里时而表示完全相信人类的"能力"，即人力甚至可以超越命运；时而又表现出对"掌控人类事务的上天之力"的强调（《论李维》第二卷第二十九章），后者在《卡斯特鲁乔传》的忧郁笔触中淋漓尽致地展现出来："命运想要向全世界显示，是她使人们获得丰功伟业，这并非是深思熟虑的功劳。"

马基雅维里在判断问题时的这种摇摆矛盾，对比最为强烈的莫过于此：一方面他对当时"腐败到根子里"的意大利看法悲观，另一方面他又对出现一位拯救意大利的君主信心十足。我们还可以再想想，他是如何看待人类的：总体而言，人是恶劣的，只注重自己的利益，当需要还很遥远时，他们愿意奉献自己的生命和财产，然而一旦面临着危险、需要去战斗，他们就完全忘记了自己的诺言和奉献（《君主论》第九、第十七章）。然而在《君主论》最后一章里，马基雅维里却看到这些人正等待着一位君主成为意大利的拯救者，他们"怀着怎样的热爱、对复仇雪耻的渴望、多么顽强的信仰，抱着赤诚，含着热泪来欢迎他！什么门会对他关闭？有什么人会拒绝服从他？怎样的嫉妒会反对他，有哪个意大利人会拒绝对他表示臣服？"他对于人类的悲观判断在这里消失得无影无踪。

马基雅维里的热血沸腾了；他想象着——甚至几乎已经见到——一个拯救者出现在意大利这块"比希伯来人受奴役更甚，比波斯人更受压迫，比雅典人更加流离分散，既没有首领，也没有秩序，受到打击，遭到劫掠，被分裂，被蹂躏，并且忍受了种种破坏"的土地上。一切新旧判断都被置之脑后，因为一幅新的光景使他目眩神迷：意大利从蛮族手中得到解放。《君主论》末篇的劝诫，并非像有些人所言，是后来的增补之物；也并非是如此的一段滔滔雄辩，好像加上它是为了以高贵的呼求来化解此前各章中的忧伤景象。实际上，即使就其风格而言，这一章也与《君主论》的根本观念不可分割。

因为马基雅维里的文章，一言以蔽之，完全体现了想象力对于纯粹逻辑的超越。

恰是在最难找到解决方案之处，我们看到的不是精心权衡后的准确判断，而是被塑造出来的形象，扫清疑虑靠的不是逻辑，而是想象。例如，《君主论》第二十五章对于命运的论述，便为最后的劝

诚打下了必要的基础,为拯救意大利之君主的出现铺就了道路:
"我确实认为是这样:迅猛胜于小心谨慎,因为命运之神是一个女
子,你想要压倒她,就必须打她,冲击她……因此,正如女子一样,
命运常常是青年人的朋友,因为他们在小心谨慎方面较差,但是比
较凶猛,而且能够更加大胆地制服她。"

于是我们看到了被击打、被制服的女子的喻象,看到了扫除一
切疑虑的强大气场,但并非是通过逻辑判断,而是依靠有力的形
象。在激情最盛之时,那些偏激矛盾的方式、理性的推演、论战之
法都已退散,甚至在文体风格上都无从表现,此刻唯有情感的强烈
爆发,此间形象代替了逻辑判断。在《君主论》末章的劝诫中,作者
突然兴奋地采用了圣经的语调,要人们忆及上天所设下的奇迹:
"大海分开了,云彩为你指出道路,巉岩涌出泉水,灵粮自天而降。"
这是一个仍满怀信念的激情之人所想象的图景。然而在《兵法》末
篇,作者的感情却已是沮丧失落的了:"这些人在没有羞耻的环境
中出生和成长,我应怎样做才能使他们有羞耻之心? 他们并不认
识我,为何要对我瞩目? 我要让他们向哪个神灵,或者哪些圣人发
誓? 他们对何方神圣顶礼膜拜,对何方神圣自敢亵渎?"

这便是马基雅维里的天才。这种极盛之才气,在政治思想界无
与伦比,那完全是不经意间倏忽的灵光一现,是近乎奇迹的自然之
力使然,有着伟大诗人般的风范和想象力。马基雅维里的奇迹在
整个近代史上都后无来者。

在早年的公务活动中,他的天才虽然仍有限制,却已经清晰体
现。而在诞生了《君主论》和《论李维》的那段最伟大的创造时期,
马基雅维里充分意识到了自己的天才及其新颖性和伟大性,并对
此确信不疑;他的政治想象力或者说政治创造力——这既是他的光
荣也是他的痛苦——保留到了最后一刻。他对自己和别人都感到
疲倦、憎恶和失望;在《卡斯特鲁乔传》和《佛罗伦萨史》里,我们能
瞥见一种深入内心的幻灭感,沉浸在如此感觉中的马基雅维里,在
他逝世前两个月又重新找回了斗志:当他年轻时,这种斗志甚至促
使他在公务信件中都毫不掩饰地表达出自己对于佛罗伦萨政策的

异议。在 1527 年 2 至 4 月间,他被派遣与时任教皇克莱门特麾下将校的圭恰迪尼会面,此时的他又恢复了从前的习惯,不吝提供信息甚至提出建议。在 1527 年 4 月 11 日写于弗利①的信中,他再一次拾起了偏激矛盾的方法,这已是他最后的信件之一:"事情已到了关键之处,我们必须作出决定:或是重启战争,或是签订和约。"他早就预知佛罗伦萨必会"彻底毁灭",却对自己的死亡并无感知,而在佛罗伦萨和自己的毁灭都将来临之时,尼科洛·马基雅维里再一次体现了他的独特风格——一种不容置疑、综合广博的风格,这曾贯穿于他的思想始终。

---

① 弗利(Forli),意大利北部罗马尼阿的城市,当时处于教皇统治之下。英译本此处写作 Forli,稍有出入。——译者注

第四部分 文艺复兴的观念

文艺复兴的传统观念

最近几十年的欧洲历史学研究中,多普施[①]所谓的"延续性问题"是最值得注意的特征之一。这意味着,要将那些伟大的政治和思想运动追溯至相当早的时期,远早于我们惯常所认为的年代;要打破传统的历史体系——在此体系下,人类历史被极为明确地细分为界限清晰、自我封闭、坚如磐石的诸多阶段。这种取代传统的新理论认为,历史处于不间断的延续性之中,各个文明阶段彼此水乳交融,其间并没有强烈的动荡或明确的断裂。

关于古代世界的终结和中世纪的开始,启蒙时代的史学家们设想出(毋宁说最终完成了)"大灾难"之说,认为在古代和中世纪这两个文明之间存在着不可跨越的鸿沟。今天的人们却尤为强调库朗热[②]在大约七十年前便已显现出的思维倾向,他们想要证明:蛮族入侵者们远未将古代文明的一切成就化作乌有、转为蒙昧,[③]相反,却温和地将罗马的遗产全盘接受;因此,中世纪的文明至少在法律、经济和社会等方面深深地扎根在罗马文明的丰厚土壤之中。

---

① 多普施(Alfons Dopsch,1868—1953),奥地利历史学家,曾在维也纳大学长期担任教授职务,主要研究欧洲中世纪史。——译者注
② 库朗热(Fustel de Coulanges,1830—1889),法国著名历史学家,精于古代史研究。——译者注
③ 原文为拉丁文:tabula rasa,即"白板";关于人类思维,哲学上有著名的"白板"或"蒙昧"说,所用即是该词。——译者注

对此,我们只需回想一下多普施和皮雷纳①最出名的那些著作便足够了。

在一个更狭窄的领域内,就意大利史学家对意大利的研究而言,如今我们也已见到了一种相同的意图。某些学者想要证明:意大利复兴运动早在 18 世纪就已开始,后来的繁荣昌盛,其最初的萌芽就孕育在那时致力于改革的君主的宫廷中,孕育在思想家、作家和诗人们五彩纷呈的群体内——从韦里、帕里尼、杰诺韦西到纳皮奥内,②这些文人墨客们精心耕耘着那些本质上土生土长的思想观念,它们注定要在马志尼、巴尔博、卡塔内奥③的时代发展到极致。这些学者们还认为,资产阶级这个后来完成了复兴运动的社会阶级,也是在 18 世纪的这段时期内诞生的。④

与此相同,人们还强调在路德与中世纪神秘主义者之间以及在宗教改革与中世纪的神学世界之间所存在的联系,尤其注重路德教义的"旧"传统而非"新"内容。另一方面,近些年我们也看到,天主教史学家们正在致力于确立这样一种观点:"天主教改革"早在"新教革命"爆发之时就已付诸实践;他们的目的是要证明 16 世纪

---

① 皮雷纳(Henry Pirenne,1862—1935),比利时历史学家,对欧洲中世纪史颇有研究。——译者注

② 韦里(Alessandro Verri,1741—1816),意大利文学家,有戏剧、小说等传世,是最早翻译莎士比亚的意大利人之一;帕里尼(Giuseppe Parini,1729—1799),意大利诗人,以讽刺诗最为著名;杰诺韦西(Antonio Genovesi,1712—1769),意大利学者,在多个领域均有涉猎,其中哲学和政治经济学方面成就最为显著;纳皮奥内(Francesco Galeani Napione,1748—1830),意大利贵族、文学家、历史学家,在语言学方面也有所贡献。——译者注

③ 巴尔博(Cesare Balbo,1789—1853),意大利贵族、文学家、政治家;卡塔内奥(Carlo Cattaneo,1801—1869),意大利民族解放运动先驱、哲学家、作家;巴尔博和卡塔内奥与马志尼一样,都为意大利独立作出了不懈的努力。——译者注

④ 英译本此处删去一句:"同时,主要是因为阿马德乌斯二世的功绩,萨伏依王室也为日后成为民族独立运动的先驱者做好了准备。这些都是众所周知的观点,尤其在最近十至十五年内,它们广为流传,很有影响。"[阿马德乌斯二世(Victor Amadeus II,意大利语 Vittorio Amedeo II,1666—1732),萨伏依公爵,撒丁王国萨伏依王朝的开创者,而撒丁王国则是意大利独立运动中的最主要力量。]——译者注

下半叶颇为成功的"反宗教改革"①在更早的年代就扎下了根基。这些学者中的某些人甚至激进到如此程度，竟宣称如果没有"新教革命"，天主教改革的发展会更为迅速、更加正常！②此外，他们还排斥"反宗教改革"这一名称本身，该名称无非明确地表示新教改革发生之后的一个事件，但这些人却想只说"天主教改革"。③另有学者试图从传统上被界定为另一个历史"时期"的阶段内发现一种极为相似的革命——这个"时期"就是我们所谓的文艺复兴。既然当代的整个历史学研究都在很大程度上集中于历史延续性问题，那么在此问题上的总体趋势也就决定和影响着近年来对文艺复兴的具体研究。

于是，历史学的思想建立在了两种截然不同，却又同样根本性、同样不容置疑的前提之上。一种观念是：任何运动和事件都具有明确而有限的个性，应当从其自身出发来审视它们（就像兰克所言，看待事物"要严格按照它们本身的样子"）。另一种观念则在于：要认识到一种运动或事件与在此前后发生的运动或事件之间的联系，换言之，要在人类历史的整体背景之下探究事物个性的存在和运作。今天的历史学家们往往倾向于只考虑第二种假设。如果我们单纯地坚持要按照事物"本身的样子"来看待它们，将其视作自为自在之物，我们就可能会割裂事物，将人类历史看成是一系列彼此分离的碎片，没有联系也没有意义；同样，如果我们不顾一切地追求"延续性"，而没有想到要去非常清楚地辨识某一时期自

---

① "反宗教改革"（Counter-Reformation），又称"天主教复兴运动"或"天主教改革"，是天主教应对新教改革而进行的自我改革，其标志是 16 世纪中期召开的特伦托公会，在 17 世纪上半叶结束。——译者注

② 参见 P. Brezzi, *Le riforme cattoliche dei secoli XV e XVI*（15 和 16 世纪的天主教改革），Rome, 1945, pp. 96 - 97, and cf. p. 88。

③ 围绕着"反宗教改革"概念所引发争论以及此概念本身的涵义，以下这部作品所持之见不偏不倚：H. Jedin, *Katholische Reformation oder Gegenreformation?*（天主教改革还是反宗教改革？），Lucerne, 1946。（据《沙博文集》所注，从"另一方面……"至"……却想只说'天主教改革'"，均为作者为英译本所增补的文字。——译者注）

身的个性特征,只是单纯地去探寻不同阶段思想和行为之间的联系——它们之间即使的确有所关联甚至在形式上极为相似,对它们的感知和体验却有着程度和强度的差异,因而这些思想和行为也并非完全相等——我们就会发现,自己终究将为人类的经历镀上一层苍白的、一成不变的颜色,让历史本身变得毫无意义。历史固然是不同事件间的联系组合,却也意味着持续的变化,日新月异。

偏好"延续性"观念的研究者,其反应如此咄咄逼人,当然不是没有理由的,这是因为关于文艺复兴的传统观念已经太过精准明确了;后者强调清晰的断层,而非渐进的变化,于是文艺复兴就像与之相连的所谓"中世纪"一样,成为了一个紧密坚固、自我封闭的时期。

"中世纪"与"文艺复兴"这两个概念事实上是同时出现的;提到文艺复兴,人们都会将它看作是各种精神活动瞬间的百花齐放,烂漫无比;相应地,提到中世纪,人们总会将它想象和描绘成野蛮与黑暗的时代,几乎一切思想文化成果都销蚀殆尽。

这种鲜明的对比在 14、15 世纪意大利人的头脑中就已经明确地反映出来。他们强烈地意识到了"当代"(praesens tempus)与"中世纪"(media aetas)之间存在的差异;至少在提到文学和艺术时,他们总认为此前不久的那个时代是粗野幼稚、未经开化的。①

----

① 参见弗格森最近的著作:*La Renaissance dans la pensée historique*(思想史中的文艺复兴),French translation,Paris,1950,pp.26 sqq. ,63 sqq.但弗格森有时会低估遍布于 14、15 世纪的"解放"观念(pp.35 - 36),对此倾向我不敢苟同。

　　14、15 世纪的人们认为自己生活在"新时代",正是由于这种意识的存在,他们与所谓加洛林文艺复兴、奥托文艺复兴以及 12 世纪"文艺复兴"时期的人们有了明显的不同。以下这篇文章的见解相当中肯:T. E. Mommsen, *Petrarch's Conception of the 'Dark Ages'*, in 'Speculum', XVII(1942), pp.241 - 242;亦参见:A. Renaudet, *Le problèm historique de la renaissance italienne*(意大利文艺复兴的历史问题),'Bibliothèque d'Humanisme et Renaissance', IX(1947), pp.23 and 26。

　　[弗格森(W. K. Ferguson, 1902—1983),加拿大历史学家。文中所引著作原为英文,题为 The Renaissance in Historical Thought,出版于 1948 年。加洛林(Carolingian)文艺复兴指 8 世纪末至 9 世纪欧洲加洛林王朝统治时期(转下页)

我们发现，薄伽丘提到了诗歌的复兴："Aevo nostro ampliores a coelo venere viri... quibus cum sint ingentes animi, totis viribus pressam relevare et abexilio in pristinas revocare sedes mens est"；①他欢乐地唱诵起维吉尔的诗歌："Iam redit et virgo, redeunt Saturnia regna."②我们也看见，萨卢塔蒂如此写道："Emerserunt parumper nostro saeculo studia litterarum."③我们还发现，瓦拉特意强调说，不仅绘画和雕塑，而且连文学也"hoc tempore excitentur ac reviviscant"④[F. Simone, *La coscienza della rinascita neli umanisti*（人文主义者的复兴意识），in *La Rinascita*，II，1939，pp. 847－51]；比翁多则十分注重下列现象："Postquam propitiore nobis deo nostro, meliora habet aetas nostra, et cum caeterarum atrium, tum maxime eloquentiae studia revixerunt."⑤在罗马衰落所致的野蛮时代与长久的蒙昧状态之后，复兴来临了，布鲁尼⑥对此写道："当罗马城在怪异暴虐的皇帝手中毁灭，拉丁学术和文学也经历了相似

（接上页）的文艺复兴，其中"加洛林"也译为"卡洛林"；奥托（Ottonian）文艺复兴指 10 世纪萨克森家族奥托王朝奥托一世至奥托三世统治时期的文艺复兴；12 世纪的文艺复兴则主要发生在西欧。这三次文艺复兴从 19 世纪开始被统称为中世纪文艺复兴。——译者注]

① 拉丁语：在我们的时代，那些最卓越的人物是上天所赐，他们意欲以自己伟大的思想，尽全力解救被压迫之物（即诗歌），将其从流放之地接回原初居所，这并非徒劳之功。——译者注

② 拉丁语：少女不日即重回，萨图恩之治将归。此句摘自于维吉尔《牧歌集》，意为美好的时代就要重新来到，有美化奥古斯都统治的意思。——译者注

③ 拉丁语：很快便出现了对我们时代文学作品的研究。——译者注

④ 拉丁语：在此时获得了振兴和复苏。——译者注

⑤ 拉丁语：既然上天对我们更为宠爱，我们的时代就面临着更好的环境，因为对一切艺术——尤其是修辞学——的研究都已得到复兴。比翁多（Flavio Biondo，拉丁名 Flavius Biondus，1392—1463），意大利人文主义学者、历史学家，是较早提出古代、中世纪、现代三阶段论的学者之一，对古罗马文献整理也有所贡献。——译者注

⑥ 布鲁尼（Leonardo Bruni，约 1370—1444），意大利人文主义学者、历史学家，萨卢塔蒂的学生，他最为著名的《佛罗伦萨人民的历史》一书被称为第一部近代意义上的史学著作。——译者注

的破坏和衰败……而意大利受到了哥特人和伦巴第人这些野蛮粗鄙之族的入侵,他们几乎将一切文学知识消灭殆尽。"[E. Garin, *Il Rinascimento Italiano*(意大利文艺复兴), Milan, 1941, pp. 64 and 77][1]

但这种"新"时代的意识、这种对于刚刚过去的代表着黑暗和邪恶的旧时代的憎恶,或许在艺术评论家那里体现得更为强烈和明确。

我们看到,维拉尼在《佛罗伦萨城著名公民列传》(*Liber de civitatis Florentiae famosis civibus*)一书中,对佛罗伦萨的画家多有赞誉,称他们"artem exanguem et pene extinctam suscitaverunt",[2]作者尤其对乔托评价极高,认为他"in pristinam dignitatem nomenque maximum picturam restituit"。[3] 在 15 世纪中叶,我们又看到,吉贝尔蒂[4]在《评论集》(*Commentarii*)中详尽地勾画出了一个历史分期的体系,它注定要被人沿用许久。吉贝尔蒂认为,基督教信仰的胜利和偶像崇拜的被禁,导致"一切雕塑和绘画作品都被破坏或烧毁……而与雕塑和绘画一起被毁坏的,还有书卷、评论、指南、规范——人们依此来学习掌握这种伟大、卓越、优美的艺术……于是,雕塑艺术、绘画作品以及一切与之相关的教学都被毁了……"在很长一段时期之后,真正的艺术和绘画才得以回归,这主要是乔

---

① 巴龙最近的一部著作非常出色地说明了布鲁尼之论的重要意义,参见:H. Baron, *The Crisis of the Early Italian Renaissance*, Princeton, 1955, I, pp. 360 - 364, and II, pp. 620 - 622。[巴龙(H. Baron, 1900—1988),德裔美籍学者,专长于政治思想史和文艺复兴史研究,《早期意大利文艺复兴的危机》一书是其代表作。英译本此处出版地写作"Prince-town",是"Princeton"的异体。——译者注]

② 拉丁语:为垂危甚至几乎灭绝的艺术注入了活力。维拉尼(Filippo Villani),14 世纪末 15 世纪初意大利史学家、佛罗伦萨史官。——译者注

③ 拉丁语:他将绘画带回到了与前人的高度、古人的声名相匹配的程度。乔托(Giotto di Bondone, 1266—1337),佛罗伦萨画家,意大利文艺复兴时期最著名的艺术家之一,在西方艺术史上具有很高地位。——译者注

④ 吉贝尔蒂(Lorenzo Ghiberti, 原名 Lorenzo di Bartolo, 1378—1455),意大利文艺复兴时期的艺术家,尤以雕塑见长。——译者注

托之功,他"引入了新的艺术",抛弃了"希腊人的粗糙"——这里指的是拜占庭风格(ed. Schlosser, Berlin, 1912, I, p.35)。

上述观点在一个世纪之后得到了瓦萨里的响应。[①] 随着古罗马在政治上的毁灭,"最优秀的匠人、雕塑家、画家和建筑家也一同毁灭,他们的艺术和他们的身体,都在这最为著名的城市所遭逢的悲惨屠戮和灾难中被埋葬、被湮没";而尤甚于蛮族破坏的,"是前述的各种艺术行业……因新兴的基督教信奉者们的狂热……而遭到的无尽损失和毁坏;那些人……极为热心、极尽勤勉地要将所有可能滋生错误的因素彻底夷平铲除,他们所毁灭和拆除的不仅是一切绝美的雕像和各种雕塑、绘画、马赛克作品以及异教伪神的装饰,还有无数卓越人物的荣誉和对他们的回忆"。因此,正是基督徒们心中燃烧的狂热导致"这些卓越的艺术行业遭逢如此的灾难,使它们变得面目全非";而中世纪的人们也因此"发现自己粗鄙不文,尤其在绘画和雕塑方面更是如此……他们并不掌握前述之古代艺术的法则,因而并未依此去投入创作,而是依照自身的才能资质。所以他们手里做出来的东西不是蠢笨就是丑怪,今天我们还能从过去的作品上看到这一点……"[Proemio delle Vite(《生平传记》序言)]这种情况一直持续到乔托的出现,他"尽管出生于拙劣的匠人之中,却凭天赐之才,以一己之力唤醒了(resuscitò)那遭逢厄运之物,并将它恢复到了足可称善的样子……"他彻底清除了"丑陋的希腊风格,使现代的优秀绘画艺术得以觉醒;他为活人创

---

① 亦参见焦维奥对"文学作品"的经典论断:"a multo aevo misere sepultas"(长期被悲惨地埋葬着),而彼特拉克则将它"从哥特人的坟墓中"重新挖掘出来,随后还有薄伽丘、布鲁尼、瓦拉和其他一些人。[*Elogia virorum literis illustrium*(著名文人评传), ed. Basle, 1577, pp.12, 13, 19, 25, 41, 46]

　　[瓦萨里(Giorgio Vasari, 1511—1574),意大利画家、建筑家、历史学家、文学家,曾撰写意大利艺术家的《生平传记》(*Le Vite*),该书全称为《最卓越的画家、雕塑家和建筑家生平传记》(*Le Vite de' più eccellenti pittori, scultori, ed architettori*);焦维奥(Paolo Giovio, 亦拼作 Paulo Jovio, 拉丁名 Paulus Jovius, 1483—1552),意大利物理学家、历史学家、传记作家,其传记作品尤为出名,此处所引《著名文人评传》又名《学者传》(*Elogia doctorum virorum*)。——译者注]

作了栩栩如生的肖像，这种方式已有数百年未曾见到了"〔Vita di Giotto（乔托生平传记）〕。他一人便扫清了"那些希腊人（mostruosità）的怪异风尚"（Proemio della II Parte delle Vite（《生平传记》第二部分序言）〕。

接着，我们还看到了哥特建筑时代的终结，这种"该死的建筑……污染了世界……希望上天能让所有的地方都免于这样的制造观念和风格的玷污……"建筑上的进步则要归功于布鲁内莱斯基，①"上天将他赐予我们，让他为建筑赋形，这样的形式已消失了数百年……"〔Vita del Brunelleschi（布鲁内莱斯基生平传记）〕。

于是，中世纪与文艺复兴之对立这样一幅传统的景象，在 15、16 世纪的人们那儿就已经深深地镌刻下来。由于瓦萨里之功，直至最近，这幅景象都对一切艺术批评发挥着决定性的影响。

罗马帝国的崩溃、基督教对古代异教文明的胜利、异教文明的终结、中世纪的黑暗——这是一幅经典的画卷，18 世纪的伏尔泰将会以此而成就自己在欧洲的声誉。吉贝尔蒂和瓦萨里的确提到，基督徒的宗教狂热对艺术造成了破坏性的结果，不过他们并没有冒险对宗教进行指责，而是认为，导致基督徒做出这般宗教举动的不是对艺术的憎恶，而"仅仅是一种抵触的情绪，一种抛弃异教神灵的愿望"〔瓦萨里，《生平传记》序言（Proemio）〕。相反，伏尔泰却从中发现了合适的理由，好再次表达他对于天主教的反感。因此，他所提及的是宗教的"罪恶"，认为基督教直接并且故意地导致了中世纪的蒙昧主义。此外，伏尔泰的著作实际上既反映了文艺复兴时期艺术家、艺术评论家和文人们的言辞，又反映了其他颇为不同的声音，但他将两者混杂在了一起；那后一种声音他得自于宗教改革时期的人们，这些人之所以反对中世纪（media aetas），主要是憎恶教皇统治的时代，至于对所谓中世纪文化之粗鄙的反感，即使

---

① 布鲁内莱斯基（Filippo Brunelleschi, 1377—1446），意大利文艺复兴时期最著名的建筑家和工程师之一，在艺术创作技法上也有贡献，其作品至今仍有部分保留在佛罗伦萨。——译者注

有,那也不多。在伏尔泰及其同时代人对"哥特式"(gothique)的描述中,我们可以同时看到文艺复兴的遗产和宗教改革的遗产;也就是说,既有反教皇的狂热(后来扩大为针对一切教派——甚至经过改革的教派——普遍性的反教会、反神学的狂热),又有瓦萨里对艺术之丑陋的蔑视。

　　然而,尽管伏尔泰的主题更为丰富,声调更为尖锐,论战的目的也远为宏大和普遍,但他所重绘的图景仍然以吉贝尔蒂和瓦萨里的蓝本为底。也就是说,伏尔泰展现了罗马世界的全面崩溃,在他看来,导致这宏伟巨像(grand colosse)毁灭的,是"deux fléaux...les barbares et les disputes de religion",一方面是"déluges de barbares",另一方面则是基督教——它"ouvrait le ciel, mais perdait l'empire"(《风俗论》第十一章)。[①] 他还描绘了沉寂时代的开始:"Lorsque on passé de l'histoire de l'empire romain à celle des peoples qui l'ont déchiré dans l'Occident, on ressemble à un voyageur qui, au sortir d'une ville superbe, se trouve dans des déserts couverts de ronces... L'entendement humain s'abrutit das les superstitions les plus lâches et les plus insensées. Ces superstitions sont portées au point que des moines deviennent seigneurs et princes; ils ont des esclaves, et ces esclaves n'osent meme pas se plaindre. L'Europe entière croupit dans cet avilissement jusqu'au XVI siècle."(同上书,第十二章)[②]最终,曙光重现在14、15世纪的意大利:"Les beaux arts, qui se tiennent comme par la main, et qui d'ordinare périssent et

---

① 法语:"两种灾祸……蛮族和宗教纷争……";"蛮族的洪流之灾";"开启了天国,却丢掉了帝国"。本书中伏尔泰《风俗论》的引文,由译者译自法语,翻译中参考了商务版该书的译文。——译者注

② 法语:当我们从罗马帝国的历史,转向那些肢解了帝国西部的民族的历史,我们就好像一个旅人,从宏伟的城池出发,却置身在了遍布荆棘的沙漠之中……在最低劣、最疯狂的迷信里,人类的理智陷入了痴愚。这些迷信盛极一时,以至于僧侣成为了贵族和君主;他们蓄有奴隶,而这些奴隶甚至都不敢抱怨。直至16世纪,整个欧洲都沉沦在这种堕落之中。——译者注

renaissent ensemble, sortaient en Italie des ruines de la barbarie. . . . On fut redevable de toutes ces belles nouveautés aux Toscans. Ils firent tout renaître par leur seul génie. . . "(同上书,第八十二章)①这是意大利的光荣一刻,因为此时的它成为了人类历史上四个伟大的幸福时代之一(《路易十四时代》第一章)。

米什莱和布克哈特,斯帕文塔、狄尔泰以及秦梯利②后来都对这幅图景做了进一步的补充放大。在他们那里,14 和 15 世纪的意大利所具有的独创性和功绩已不仅仅局限于文学艺术的单一领域,而是扩展到了更广大的范围。他们最为强调的是哲学方面,即整体性的"世界观",他们认为当时的人们仅仅通过哲学便成就了所谓"对人和自然的发现"。然而就这幅图景而言,这些学者们坚持不变的地方并非仅仅是其大致的时间线索,而且更在于文艺复兴相对于中世纪的绝对独立,在两个时代之间他们根本没有看到任何连接纽带。我们只需要想想布克哈特的名著《意大利文艺复兴时期的文化》(Die Cultur der Renaissance in Italien)便足矣。在这部杰作中,文艺复兴的破土而出,就好像绚烂的花朵突然间盛开在沙漠中央,似乎在此之前,那里空无一物或几无一物。没有人注意到在新时代和此前几百年的文明之间存在着的联系和接触,文艺复兴仍是一场光荣孤立。③

和文艺复兴与中世纪之间的对立一样,就古代文化与文艺复兴

---

① 法语:诸种美好的艺术如同携手相伴,总是共同衰亡、共同复兴。在意大利,它们从野蛮的废墟中破土而出……这所有美好的新事物的出现都应归功于托斯卡纳人。他们只凭自身才智,便将这一切全都复兴……——译者注

② 米什莱(Jules Michelet, 1798—1874),法国历史学家,曾写过从中世纪到 19 世纪的欧洲历史巨著;斯帕文塔(Bertrando Spaventa, 1817—1883),意大利哲学家,专长于德国古典哲学研究;狄尔泰(Wilhelm Dilthey, 1833—1911),德国哲学家、历史学家,对当代哲学有相当重要的影响;秦梯利(Giovanni Gentile, 1875—1944),意大利哲学家、政治家,是最具代表性的法西斯主义哲学家。后三者与黑格尔哲学都有密切的关系。——译者注

③ 但现在可参考:W. Kaegi, Jacob Burckhardt, III, Basle, 1956, pp. 445-447, and n. 68, 690 sqq.

之间的联系而言,传统图景中的一些核心要素也是由 15 和 16 世纪的人们所绘制的。

对古代文化范本的"模仿"难道不是文学和艺术复兴的原因吗? 人文主义——它正是这种模仿的体现——难道不是在时间上和①逻辑上都先于文艺复兴这个黄金时代的全面繁荣吗? 人们甚至将 14 世纪下半叶至 15 世纪下半叶的人文主义时期同文艺复兴本身相区别,②可以说是汇聚了达·芬奇、拉斐尔、米开朗琪罗、马基雅维里和阿廖斯托等伟大人物的时期。

这就是 19 世纪下半叶所流行的观点,就是当时的普遍之论(la communis opinio)。福格特③的《古典时代的复兴》(*Die Wiederbele-bung des classischen Altertums*)与布克哈特的《意大利文艺复兴时期的文化》相继于 1859 和 1860 年出版,两者间隔仅一年,这一事实或可看作是上述观点的象征性表现。

就此而言,文艺复兴时期的人们同样为现在所得出的结论提供了素材。而且在这个主题上,最明确的观点也再一次出自于艺术家和艺术研究者之口。在瓦萨里看来,文艺复兴起源于如此的时刻:"托斯卡纳的土壤中培育出的才智卓绝之士"由于天赐良机而成就了前人所无法完成之事——也就是说,他们从古罗马的遗迹中,从"拱门、巨像、雕塑、立柱、饰有叙事作品的廊柱等古代遗存"那里,获取了自己的养料,从而"能非常清楚地区分好坏,并舍弃了过去的风格,由此开始全心全力地重新模仿古代的风格……"[Proemio delle Vite(《生平传记》序言)]。

布鲁内莱斯基"有两个最伟大的想法,其中之一是要让出色的建筑技艺重现人间……"[Vita del Brunelleschi(布鲁内莱斯基生平

---

① 此处英译本略去一句插入语:(于是同时便有了如此推测!)即根据时间上的"先"推断逻辑上的"先"。——译者注
② 此处英译本略去一句:(后者)只关注洛伦佐·德·美第奇和莱奥十世之间的那些年。——译者注
③ 福格特(Georg Voigt, 1827—1891),德国历史学家,是文艺复兴研究的现代奠基者之一。——译者注

传记)〕。为了达到这一目标,他"整日钻在古建筑中,写下笔记、绘出草图,除此之外便不停地研究",从而"他的头脑变得如此发达,以至于在自己的想象中能够看出罗马被毁灭之前的样子"。因此建筑技艺"又重新掌握了古代所具有的均衡和匀称"〔Proemio della II Parte delle Vite(《生平传记》第二部分序言)〕。在雕塑领域也一样,多那太罗①"对体现了希腊和罗马卓越艺术家古代风格的遗存进行研究,他如此惟妙惟肖地将其重现,因而毫无疑问地被赞誉为最伟大的天才之一……"〔Vita di Donatello(多那太罗生平传记)〕。

人们开始普遍相信,艺术和文学的复兴受到了古代的直接影响。热那亚画家帕吉②在1590年便如此写道:"埋在地下的古代雕塑开始挖掘之后不久,相似的艺术作品便重新诞生了,这是因为对于这些文物人们进行了勤奋的观察和研究。"

一些近期评论所持的态度

在近期关于文艺复兴的评论中,有相当一部分在调查结果和研究论断上与传统图景完全不同。

毋需多言,这些评论必定是史学"思想潮流"(forma mentis)的影响日益重大的结果,这种"思想潮流"早已被人关注,其特征是对"延续性"观念的强烈偏爱,而随着我们对中世纪生活的了解愈发深入,这种"思想潮流"又因那些新的研究成果更加坚定不移。最近几十年来,欧洲学术界实际上越来越明确地要为中世纪生活翻案,甚至在艺术和文学方面也是这样(而对于中世纪的浪漫主义情

---

① 多那太罗(Donatello,全名Donato di Niccolò di Betto Bardi,1386—1466),意大利文艺复兴时期最著名的雕塑家之一,曾从布鲁内莱斯基学艺,其作品至今仍有留存。——译者注

② 帕吉(Giovanni Battista Paggi,1554—1627),意大利文艺复兴晚期画家,在热那亚、佛罗伦萨等地都绘制过作品。——译者注

感则主要集中在宗教和政治领域）。正如德沃夏克①所言，近几十年的艺术评论中最伟大的成就之一，正是对中世纪的艺术形式、中世纪的"风格"有了充分的了解；过去，后者始终被认为是粗糙野蛮的，而对它的评论也总是建立在瓦萨里的经典框架之上，即15世纪末、16世纪初艺术才真正得以繁荣昌盛。

　　人们已经有了这样的研究视角：古代文明并未完全湮没在蛮族入侵的洪流中，相反，它在法律规范、经济体制甚至文化传统方面都给中世纪留下了遗产。他们尤为注重的是，在6至14世纪"宗教"明显一统天下的时期，在这种统一性之下何以还存在着一个交织着各种情感和观念的世界；这个世界不论被多么削减，都无法与对天国的热望相通约。甚至在过去被认为是"黑铁时代"的几百年中，这些学者也发现了思想和艺术的再兴，他们提到了加洛林文艺复兴和奥托文艺复兴，也就是比12世纪法国文艺复兴尚且更早发生的复兴运动。此外，对于瓦萨里斥之为"一堆该死的小祠堂，叠放在一起，有着数不清的锥顶、塔尖和叶饰"的建筑，或者是"宽眼跐脚、长手尖指、毫无光影，再加上那些希腊人的其他丑恶构思"的绘画，②这些学者们也学会了理解、热爱和欣赏，认为它是艺术的有力表现。

　　有了这些新的发现，文艺复兴之前的那个时期便不再显得有如荒漠了。相反，在人们眼中，这个时代交织着各种各样的主题，不断地被各类问题、兴趣和志愿所推动，它永不停歇，充满了多姿多彩的生活。格巴尔③在1885年的一篇文章［该文发表于《两个世界评论》（*Revue des Deux Mondes*），是对布克哈特著作法译本的评论］中以更为积极的语气提出了这样的问题：文艺复兴和中世纪之间

① 德沃夏克（Max Dvořàk，1874—1921），捷克裔奥地利艺术史学家。英译本此处"ř"写作"r"，应为笔误。——译者注
② 瓦萨里的两段话分别引自《论建筑学》（*Della Architettura*）第三章和《生平传记》第二部分序言（Proemio della II Parte delle Vite）。
③ 格巴尔（Émile Gebhart，1839—1908），法国作家、学者，对古希腊时代和文艺复兴有研究。——译者注

157

的"联结点"(points d'attache)——也就是在《意大利文艺复兴时期的文化》一书中"极少得到反映的联结点"(points d'attache à peine visibles)——究竟是什么？

这个问题很有逻辑性，也相当合理。显然，文艺复兴必然从之前的那个时代继承了——至少从它植根于上的这块丰沃土壤中部分地继承了——某些趋势和思想态度。因此，对于这两个曾被认为是风马牛不相及的历史时期，我们必须寻找和界定它们彼此之间存在着的联结纽带。

但在不止一个外国学者的作品中，我们都看到了如下现象：他们先是发现了中世纪和文艺复兴在生活方式和思想方式上的某些（一般而言较为肤浅的）相似之处，继而从我们前面所提到的那个合理推论一跃而上，提出了远为激进的论断，认为文艺复兴没有任何实质上的创新，这个时期关于人、自然和历史等等的看法早已存在，至少在12、13世纪的思想中就有了雏形；简而言之，与几个世纪以来人们的普遍信念相反，文艺复兴并不代表着一个在人类历史上具有决定性意义的时代。

我们已经提到过，将文艺复兴视为一种"孤立"的现象，将它赞颂为野蛮的黑暗时代之后人类能力的第一次再兴，这种观念最早主要是出于艺术家和艺术研究者的艺术论著；同样，最早否认文艺复兴的原创性和重要性的观念也是来自于艺术领域，早在上世纪末，库拉若①就在其论文中提出，"新艺术"是14世纪的弗拉芒艺术家所创，它并非源自于意大利，而是源自于尼德兰。② 从此之后，

---

① 库拉若(Louis Charles Jean Courajod，1841—1896)，法国历史学家、文物鉴赏家、收藏家。——译者注

② "新艺术"通常用拉丁文"ars nova"表示，指14—16世纪盛行于今天的法国、比利时、荷兰等地区的音乐和美术形式，其中弗拉芒(Flemish)艺术家做出了较大的贡献，他们的名称来自于法兰德斯(Flanders)地区，以今天的比利时为主，还包括荷兰、法国的一部分等。在美术方面，"新艺术"中尤以尼德兰艺术家最为著名，因此有时也以"早期尼德兰画派"为名。当时尚未有现代荷兰国家，故而此处中文译作尼德兰(意大利语 Paesi Bassi，英语 Netherlands)，该名称在西方语言中原意为"低地"，其范围远大于今天的荷兰。——译者注

人们越是注重对中世纪艺术、思想和文化的重估，否认文艺复兴之重要性的趋势也就变得越是明显。在 19 个世纪就曾流行着一种观点，认为应该在 12 世纪的法国寻找文艺复兴的真正萌芽（cf. W. Pater，*The Renaissance*），今天的历史学家将这种观点发展到极致，[1]他们宣称 14、15 世纪意大利文艺复兴的一切精神成就都源自于 12 世纪法国的文艺复兴。他们还说，到了 13 世纪，欧洲文化已经具备了一切本质，剩下的工作便只是去发展利用已有的成就［J. Boulenger，*Le vrai siècle de la Renaissance*（文艺复兴的真正世纪），in *Humanisme et Renaissance*，I，1934，p.30］。包括努德斯伦特[2]在内的一些学者明确提出，"文艺复兴"这一名称最多就意大利而言才有部分的合理性，但用在欧洲就是不合适的，因为在阿尔卑斯山以北，欧洲文明已在一个世纪的进步发展下日臻完善［*Moyen Âge et Renaissance*（中世纪与文艺复兴），Paris，1933，p.47］。

　　于是，问题已经相当清楚了：我们应当如何去理解"文艺复兴"这个术语？就其经典形式而言——文艺复兴主要是意大利的事物[3]——它的基本主题有多少原创性，它在多大程度上揭示了自身的特征？与中世纪文明相比，我们是否能找到本质上具有新意的东西？抑或我们所能看到的，只是中世纪欧洲文明大熔炉中已有迹可寻的那些主题进一步的发展和丰富——也许重要，却并无十足的原创性？

首要问题：事实与观念。中世纪与文艺复兴时期关于古典时代的观念
　　我们要解答上面所提出的问题，就必须首先从头脑中清除一个

---

① "在 19 世纪……发展到极致"一句在意大利文本中不存在，可能是作者为英译本增补的内容。——译者注
② 努德斯特伦（Johan Nordström），20 世纪初瑞典历史学家，主要以法语写作。——译者注
③ 英译本略去一句："它源自于意大利，先是处于意大利的影响之下，然后才扩展到欧洲。"——译者注

极容易犯下的巨大而严重的错误。这个错误就是：将实际的生活与思想的生活相混淆，将人们的日常活动与他们可以或无法从中所获得的理性意识相混淆；把我所谓的个人的"物质"生活与个人的思维观念视为同一。

例如，我们看到，夏马尔①声称，热爱感官生活及其更物质化的形式——美女、醇酒和各种娱乐，这根本不是文艺复兴的首创。中世纪的人们远没有因忏悔罪过而直不起腰、在唱诵圣歌中耗费时光，他们深深沉溺于世俗生活，有着许多并不总是纯洁的乐趣。因此，无需等到 15 世纪的意大利，人们便已学会了爱情的欢愉，懂得惬意地去享受生活。L'amour intense de la vie, l'esprit gaulois et l'esprit courtois,②这些是中世纪留给文艺复兴的遗产[*Les origins de la poésie française de la Renaissance*（文艺复兴时期法国诗歌的起源），Paris，1920，pp.47，181]。我们又看到，努德斯特伦强调说，"神圣的伊尔德贝"——12 世纪勒芒的伊尔德贝——与他的许多"兄弟"③一样，对爱情和妇女仰慕非常，这足以证明他是一个新时代的孩子(op. cit. , p.65)。④

① 夏马尔（Henri Chamard，1867—1952），法国语言和文学学者。——译者注
② 法语：对于生活的强烈热爱、高卢精神和宫廷精神。——译者注
③ 伊尔德贝（Hildebert，又作 Hydalbert，Gildebert，Aldebert，约 1055—1133），曾担任勒芒主教，故称"勒芒的伊尔德贝"，又因出生地和另一个教职被称为"拉瓦尔丹的伊尔德贝"（Hildebert of Lavardin）或"图尔的伊尔德贝"（Hildebert of Tours），有诗歌等作品存世。后文中的"兄弟"一词原文为"confratelli"，指宗教信徒，英文译为"brethren"。——译者注
④ 有时我们发现，甚至如吉尔松这样优秀的学者也会陷入同样的错误：在提到埃洛伊兹和阿贝拉尔时，他自问道："有人说文艺复兴只可能在个性张扬的时代存在，对此我们难道不能反驳说，这个诞生了我们的男女英雄的时期正该作为复兴的时代而大书特书？"他还说道"充满了教士、修士和修女的激情剧……却是一个关于 12 世纪的故事"（*Héloïse et Abélard*，pp.160 and 178）。
　　在此之前，多普施已经提出，人强烈的个性在中世纪就已经存在，甚至进一步认为，个人主义是这一时代的主要特征之一[*Wirtschaftsgeist und Individualismus im Früh-Mittelalter*（中世纪早期的商业精神和个人主义），'Archiv für Kulturgeschichte'，XIX，1928]。
　　[吉尔松（Étienne Gilson，1884—1978），法国著名哲学家、哲学史 （转下页）

在此，我们必须绝对清楚地意识到：若我们使用"文艺复兴"这一术语来描述欧洲历史上一个非常明确的阶段，那么我们所指的应当是观念的运动，就其原初和首要特征而言，这个艺术、文学和文化上的"时期"是一个"思想"实体。

如此而言，文艺复兴就不是一种依附于个人生活的实践活动，它并非是佛罗伦萨公民的欢愉生活，并非是曼图亚贵妇的奢靡纵欲，并非是雇佣军将领的无度野心，也并非是那不勒斯宫廷里某人的爱情阴谋；相反，它是这样一种方式：人们的设想和行动都形成了理念体系，它们并未停留在实践的、本能的生活中，而是上升到了精神信条、生活规划的层次。有史以来，人类在日常生活中总会服从某些天生的、基本的激情：爱情与野心，感官享受与娱乐需求，对财富的欲望与对政治权力的追求：一切时代、一切国家的人们身上都具有这些特征。如果我们要在如此考虑下去重构人类的历史，那么从埃及、巴比伦直到今天所发生的一切事情，在我们眼中都必得是同等重要、彼此相似的，而历史也就成为了灰蒙蒙的一片，不再能区分出一个个的时代。但事实并非如此；因为当我们讲到历史"时期"的时候，当我们提及古典世界和中世纪世界、文艺复兴、启蒙时代和浪漫主义时期，我们所指的，不正是各种政治、道德和文化观念以及表达了这些观念的制度吗？各种观念和制度赋予了每一个时代各自的特征。生活在 18 世纪的人投入爱情、追求舒适、喜好奢华、歌唱美女与醇酒，其程度与那些 14 世纪的人相比，不增一毫也不减一分；但人们歌唱爱情、赞颂财富、追逐权力的"方式"已发生了变化，令我们感兴趣的正是这种"方式"。

这种"方式"取决于当时的思想，我们应当将注意力完全集中

（接上页）家、新托马斯主义的代表人物，专长为中世纪哲学；埃洛伊兹（Héloïse d'Argenteuil，约 1101—1164），中世纪法国修女，亦常译作爱洛伊斯；阿贝拉尔（Pierre Abélard，英文名 Peter Abelard，1079—1142），中世纪法国哲学家、神学家、逻辑学家，埃洛伊兹与阿贝拉尔之间的爱情故事相当有名；激情剧（dramma di passione，英译本为 drama of passion），此处可能是双关语，它也可以指宗教性的"耶稣受难剧"（passion play）。——译者注］

在此。

　　例如，国家首脑和政治家的行为，显然总是由政治利益所决定的。一个名叫伯努瓦（Benoist）的法国学者相信，应该到马基雅维里之前的年代中去研究"马基雅维里主义"，这样就可以证明，在此之前，国家首脑便早已践行着他后来在《君主论》和《论李维》中所阐述的原则了。甚至在中世纪，查理曼大帝、奥托一世和腓特烈一世①等人都在各自独立的情况下奉行马基雅维里死后将会被称为"国家理由"的那种律令，也就是说，他们奉行如此的原则：在涉及国家事务时，任何决定都必须首先建立在政治准则之上。但这丝毫无损于如下的事实：只有在马基雅维里出现之后，我们才看到，"政治就是政治"这一原则在理论上得到了彻底、清楚、无情的确认，任何无关政治的考虑都与之无涉；换言之，**惟当是时**，实践中的惯行才成为了理论上的指针，成为了放之四海而皆准的公开法则。形形色色的统治者们日复一日地实行着事实上的"马基雅维里主义"，人们对此并不惊恐非常，然而一旦"政治就是政治"的原则在理论上得以确认，他们却会因此惊怖万分；这就清楚地说明，同一种行为，作为单纯的事实、实践中的惯行，或是作为原理公设，其间存在着多么深刻而本质的区别。

　　与此相同，中世纪显然也并不缺少第一流的人物，我们无需为此等待文艺复兴期间"有能力"的意大利君主的出现。查理曼大帝、奥托一世、菲利普二世等人都有着鲜明的"个性"，②与吉安·加莱亚佐·维斯孔蒂、弗朗切斯科·斯福尔扎和切萨雷·博尔贾相比，自然毫不逊色。然而，我们很快就能看到，这些强大的人物有着完全不同的方式去影响同时代人的思想、塑造他们的观念。史学界对这两组历史人物的重要性也有着完全不同的评价。因此，

————————————

①　奥托一世（Otto I, 912—973），德意志国王、奥托王朝的开创者，通常被视为第一位神圣罗马帝国皇帝。——译者注

②　菲利普二世（英译本写作 Philippe Auguste，一般写作 Philippe II Augustus，1165—1223），中世纪法国国王，最早使用"法国国王"的称号，征战颇多。——译者注

问题实际上并不在于：中世纪是否存在着强大的"个体"——今天不会再有人妄想否认这一点；而是在于：若整体性地看待世界，中世纪与文艺复兴时期那些伟大人物的"个性"是否具有同等的重要性，发挥了同样的功能？

简而言之，中世纪的人也会爱上女子，也会喜好丰盛的晚餐、昂贵的织物或自家屋内的精致装饰，他也会因凝望着春日纯净的蓝天而心旷神怡——这一切在今天都毫无异议，毋庸讨论。但我们想要知道的是，他是否敢于将这些表达为生活的理想、理论的标准，正如15世纪中叶的阿尔贝蒂①将"生活之恬美"设为理想的准则一样。这种生活的恬美，只要它属于直接的、本能的感官享乐，就是每个时代的人们都不陌生的。问题的关键在于，当人们有意识地将它精心确认为一种原则之后，它是否以及在多大程度上赋予了文艺复兴独特的个性，使之与中世纪相区分？

我们既已将这第一个巨大而危险的错误清除，现在就需要进一步考察：至今为止一直被认为是独属于文艺复兴时期文明的那些典型特征，究竟是不是仅仅延续了中世纪文明已然具有的特征，除此以外别无他物？

那些意欲否认或者尽可能弱化文艺复兴重要性的学者所持的观点如下。他们宣称：虽然布克哈特的信徒们都认为，"对人和自然的发现"（即艺术、文学、科学等领域的个人主义和现实主义）只有在文艺复兴时才得以产生，但我们却应当认识到，现实主义和个人主义的观念早在中世纪的文学和思想中就已清晰可辨；虽然数百年来人们都认为，古典时代的重现（即人文主义）是14、15世纪意大利文明的标志性成就，但我们却应当意识到，古典时代从未消逝，甚至在中世纪早期它也有着强大的影响，实际上在意大利人文主义之前，"拉丁文化"（Latinity）已经在12世纪的法国得到了真正的复兴，我们可以从那时就发现一种"人文主义"，而14、15世纪那

---

① 阿尔贝蒂（Leon Battista Alberti，1404—1472），意大利文艺复兴时期的建筑家、艺术家、诗人等，常被视为典型的文艺复兴式的博学者，精通多艺。——译者注

高自标榜的意大利人文主义只不过是其承继而已。在这个更早的"人文主义"中，我们看到了勒芒的伊尔德贝、皮埃尔·德·布卢瓦，更有索尔兹伯里的约翰；我们也看到了沙特尔学派，还有稍后装点兰斯大教堂的新古典主义雕塑。[①]

然而，只要对此进行更为深入的探究，我们就会发现，这两个时代的相似之处多流于表面，在本质上却有着深刻差别。

自然，古典文化对整个中世纪都有极大的影响。这一点在数十年的研究中得到了证明，其真实性已毋庸置疑。中世纪的人们从古典文化中得益，这样的例子在文学、哲学以及艺术领域（至少是12世纪以后的艺术领域）都并不鲜见。

在9世纪10或20年代，艾因哈德[②]为我们勾勒了一幅查理曼大帝的肖像；我们发现，他从苏埃托尼乌斯[③]撰写的奥古斯都、提比略、克劳迪乌斯[④]等帝王的列传中，借鉴了一系列鲜明的形象特征，为自己所描绘的人物注入了雄奇壮丽之美——他将这些帝王的形象加以融合，并转化到了800年圣诞日被教皇加冕的那个虔诚的皇帝[⑤]身上［cf. L. Halphen, *Études critiques sur l'histoire de Charlemagne*（对查理曼历史的评述研究），Paris，1921］。此虽一

---

① 皮埃尔·德·布卢瓦（Pierre de Blois，1135—1203），法国外交家、拉丁语诗人；索尔兹伯里的约翰（John of Salisbury，约1120—1180），英国作家、教育家、外交家，曾在巴黎研究古典著作和文法，担任过沙特尔主教；沙特尔学派（Chartres School），中世纪法国北部沙特尔修道院所创立的学派，在11—12世纪最为兴旺，产生了一批精通古典拉丁著作的学者，对中世纪欧洲思想有重要影响；兰斯大教堂（Reims Cathedral，英译本此处写作Rheims），位于法国古城兰斯，主体建于13世纪，在中世纪是法国国王的加冕之处。——译者注

② 艾因哈德（Alginard，一般写作Einhard、Eginhard或Einhart，约775—840），法兰克王国学者，曾为查理曼大帝作传记。——译者注

③ 苏埃托尼乌斯（Gaius Suetonius Tranquillus），1世纪末2世纪初罗马作家，具体生卒年月不详，最著名的作品是从凯撒到图密善的《十二帝王传》。——译者注

④ 提比略（（Tiberius，公元前42—公元37），罗马皇帝；克劳迪乌斯（Claudius，公元前10—公元54），罗马皇帝，也译作"克劳狄"；两人均有治国之才。——译者注

⑤ 即查理曼，他被教皇加冕为"罗马人的皇帝"，为后来的神圣罗马帝国开了先河，同时也为中世纪教权和世俗权力之间的关系奠下了基础。——译者注

例,却已足够:若对中世纪的史书详加研究,我们就会发现,虽说关于杰出人物的传记有很多都依循奥古斯丁和格列高利①作品中的"贤王"(rex iustus)和"昏君"(rex iniquus)或"暴君"(tyrannus)的模式,也就是由于伪西普里安的《世间十二歪风》②而流行一时的那种模式;但其他传记作品所模仿的却是古典史学尤其是苏埃托尼乌斯的方法。

现在我们都用不着刻意指出,维吉尔在中世纪得到了多么大的崇敬。我们也用不着刻意强调,《事迹列表》这本充满了事例和比喻的有趣小书③(它在当时广为流传,对传道者和写作者来说都不可或缺),其中的大量例子,不仅来源于圣经故事,而且来自于古代"异教"传奇。[cf. T. Welter, *L'exemplum dans la littérature religieuse et didactique du moyen âge*(中世纪宗教和说教文学中的劝谕作品), Paris, 1927, pp.94 sqq.]同样,我们也用不着刻意去回忆,在诗歌中保留了多少古代的神话。

对于古典时代的这种崇敬的的确确在12世纪受到了人们更为热烈的追随。作为如今所认定的前期"人文主义者"之一,皮埃尔·德·布卢瓦宣称自己崇拜古代罗马,尽管罗马不够纯洁;④而索尔兹伯里的约翰则公开声称自己是古代的追随者。在兰斯大教堂的中门上,13世纪的艺术家们所雕刻的"探访"群像⑤明显地体

---

① 此处可能是指奥古斯丁的《上帝之城》和6世纪基督教史学家图尔的格列高利(Gregory of Tours,约538—594)的《法兰克史》(*Historia Francorum*)。——译者注

② 伪西普里安(Pseudo-Cyprian)的《世间十二歪风》是中世纪非常有影响的社会道德和政治道德作品,曾长期被认为是3世纪迦太基主教西普里安所作,根据现在研究可能是7世纪人所作。——译者注

③ 《事迹列表》(Tabulae exemplorum),全称为《关于比喻和事例的书》(*Liber de similitudinibus et exemplis*),是流传于13世纪的一本拉丁文书籍,记载了道德故事和格言、比喻等。——译者注

④ 原文是"尽管有狗和猪"(in spite of dogs and pigs,英译本根据意大利文直译),可能是指这两者在基督教看来是不洁的,如参见马太福音。——译者注

⑤ 即路加福音中所记载的玛丽亚因怀孕探访亲戚以利沙伯的故事。——译者注

现了古代风格，他们有意识地按照古代的范本来进行自己的创作。

然而，只要更为深入地去探讨所谓中世纪的"拉丁文化"，我们很快就会发现，它与 15 世纪人文主义者的"拉丁文化"之间存在着多么重大的区别。

不妨看看或许是最受鼓吹的 12 世纪"人文主义者"拉瓦尔丹（或勒芒）的伊尔德贝。他曾于 1106 年访问罗马，且让我们读一读他那著名的罗马哀歌。无疑，当他凝视着那永恒之城的宏伟废墟和壮丽遗迹时，这景象也会使他心潮澎湃；对于那些能够创造出如此众多超卓之作的人们，他也会满怀着极度的赞佩之情。然而，对于古代的赞佩却伴随着对于现代的遗憾。在高唱颂歌之余，他却感觉到，往者已往，永不复返，只能凄然一叹：

Vix scio quae fuerim, vix Romae Roma recordor;
Vix sinit occasus vel meminisse mei. ①

这是一个美丽的世界，但昨日之日，永不可留。Par tibi, Roma, nihil cum sis prope tota ruina。②

现在让我们展开科拉·迪·里恩佐③的书信集，我们看到，作者在 1350 年 7 月的一封信中自豪地宣称，若未模仿古时范例以期重现古人遗风，他科拉便自信会一无所成："Nichil actum fore putavi, si que legendo didiceram, non aggrederer exercendo. "④［Cola di Rienzo，*Briefwechsel*（通信集），ed. Burdach, Berlin, 1912,

---

① 拉丁语：身在罗马，既忘此身，又忘罗马；日薄西山，怅然若失。——译者注
② 拉丁语：虽已尽是断壁残垣，罗马依旧无与伦比。［此句和上句分别引自伊尔德贝《小歌集》（*Carmina minora*）第 38 和 36 首］——译者注
③ 科拉·迪·里恩佐（Cola di Rienzo，约 1313—1354），意大利政治家，曾在罗马为官。——译者注
④ 拉丁语：若没有将阅读中所学到的东西用于实践，我相信自己将一无所成。——译者注

p.204]在同一个月的另一封信件中，作者又向查理四世①皇帝傲然宣称，他科拉自年轻时便从研究古代文史中获取思想养料，他决心——了不起的目标！——重建并复兴罗马帝国："Vos etiam allegastis, quod non absque divino miraculo Romanorum imperium reformaretur. Certe totum hoc ad divinum spectat miraculum, si per virum pauperem ac novum ruenti imperio Romano succurritur, sicut alias ruenti Romane Ecclesie per Franciscum."②(ib., p.209)这些观念在1347年8月1日颁布的有关罗马人民主权的著名法令中已经明确地得到了阐述："Nos... volentes et desiderantes... voluntates, benignitates, et liberalitates antiquorum Romanorum principum... imitari..."③(ib., p.101)。"效仿"(Imitatio)：我们发现这里提到了一个相当重要的词语，科拉的世界和勒芒的伊尔德贝的世界便由此区分了开来。对于那永不复返的古代，在赞佩之余、遗憾之外，我们看到了一种严格按照古人的教诲而行动的决心；"阅读"(legere)变为了"践行"(exercere)。哀歌不再，代之以劝诫：复兴古代的辉煌、罗马的荣光。

继科拉而来的是萨卢塔蒂："Latent in literis documenta virutum, latent mores, latent omnia quae scire non est satis, nisi et operibus impleantur"④；还有布鲁尼，他提到"studia quae pertinent ad vitam et mores, quae propterea humanitatis studia nuncupantur, quod

---

① 查理四世(Charles IV, 1316—1378)，神圣罗马帝国皇帝。——译者注

② 拉丁语：你们也认为，若非天降奇迹，罗马帝国便无法得以重建。自然，以下这一切看似天降奇迹：一个贫穷的新人如果得到帮助，就可以重整罗马帝国，正如方济各曾经重整罗马教会一样。（据说方济各曾看到耶稣对他说，要他修整教会）——译者注

③ 拉丁语：我们……怀着愿望、善念和诚心……自愿决定……效仿古罗马首领……。——译者注

④ 拉丁语：在文字中隐藏着道德教训、隐藏着习俗规范，如果只是知晓一切隐藏之物，却不在自己的所做所为中完全奉行，那是不够的。——译者注

hominem perficiunt et exornant"①；接下来，还有最伟大的马基雅维里，他不厌其烦地从罗马人那里引用例子，借古讽今；对于古代智慧的"仿效"也成为了他政治和军事诸要则的基石所在。人们应当"在强健有力而非纤巧柔弱的事物上"仿效古人，应当"掌握真实完美而非虚假腐化的古代之道"（《兵法》第一卷）。换言之，人们不应当局限在对形式、风格和文法的单纯模仿上，而应当复兴古代"人"的（即男子气概的）德能；要以一个新的世界来取代中世纪的宗教世界——这个新世界滋生于政治意识、爱国主义和人类情感之中，那个旧世界却带来了"当前的虚弱"。这与勒芒的伊尔德贝的怀古幽思相距何其之远！

　　事实上，尽管从包括诗人、史学家和哲学家在内的古典作者那里得益良多，但中世纪的思想自始至终都在本质上受制于另一种要务、另一个主导动机，那便是上帝与人之间的关系如何、基督和奥古斯丁关于罪与恩典的观念为何。因此，古典时代仅仅是一种工具、是一种文化上的手段，运用此工具和手段的那种精神生活，却是从另外一个完全不同的源泉中获得自身存在理由的。我们固然可以让维吉尔、奥维德、琉善、斯塔提乌斯、西塞罗和昆体良②为我所用；我们甚至可以尝试从外在形式上对他们进行模仿。但归根结底，这些都只是为道德和精神生活增光添彩的装饰之物，而这样的生活植根在宗教的世界观之中，运行在以教会为核心的等级化的社会体制之下。

　　因此，对于经典的模仿只可能是完全流于表面的——这种模仿是如此肤浅，以至于甚至在那些与经典最为形似的作品之中，我们也能感受到一种与古代精神全然不同的气韵。被夸耀为深得古典

---

① 拉丁语：同生活和习惯相关的学习——那因此被称为人文之学；这种学习使人充实和完善。——译者注

② 斯塔提乌斯（Publius Papinius Statius，约45—96），罗马白银时代诗人，有诸多作品传世；昆体良（Marcus Fabius Quintilianus，约35—96），罗马修辞学家、教育家，对中世纪修辞学有重要的影响。——译者注

精髓的兰斯大教堂"探访"群像便是如此。尽管姿态貌似古典，但它①所蕴含的精神和所表达的情感根本都是"哥特式"的。②

提到对"永恒之罗马"（Roma aeterna）的崇敬，我们还必须将古典的、异教的罗马、西庇阿们与凯撒们的罗马③明确地区别于基督教的罗马。事实上，罗马这一概念的复杂性和丰富性有时是出乎人们意料的。我们不妨回忆一下普鲁登修斯④在《殉难的圆满》（Peristephanon）中是如何赞美罗马的土地的——他声称基督教殉教者的尸骨使之神圣〔'Quam dives urbanum solum-sacris sepulcris

---

①　下面这篇文章对此雕像的评论一针见血：E. Panofsky and F. Saxl, *Classical Mythology in Mediaeval Art*, in 'Metroplitan Museum Studies', New York, IV, 1933, pp.266 sqq.

②　这种形式上的古典特征，其目的却是为了表达一种并非古典的观念，为基督教的主题作象征："Les idées païennes se dépouillant graduellement de leur expression plastique, les idées chrétiennes sont venues habiter ces formes désaffectées, tout comme le culte chrétien s'installait dans les temples vides."（法语：异教的观念逐渐从富有弹性的表达方式中被移去，基督教的观念开始进驻这旧有的形式，这就和在空庙中放入基督教祭礼一模一样。——译者注）而文艺复兴则体现为 "reintegration d'un sujet antique dans une forme antique"（法语：古典主题与古典形式的重新融合。——译者注）J. Seznec, *La survivance des dieux antiques*（《古代神灵的留存》），London, 1940, pp.181—181；另外 "il est remarquable... que pendant la période la plus radieuse de la Renaissance les types iconographiques 'transmis' et donc altérés, —soient presque partout abandonnés au profit des types 'retrouvés' dans leur pureté première"（法语：值得注意的是……在文艺复兴最为鼎盛的时期，那些经过了"传播"和改变的肖像类型几乎在任何地方都被抛弃了，取而代之的是那些在最初的纯洁样式中'重新找到'的类型。——译者注）（ib., p.289）。

③　此处西庇阿与凯撒都是复数。罗马历史上有两个著名的西庇阿，即大西庇阿（Scipio Africanus，前236－前183）和小西庇阿（Scipio Aemilianus Africanus，前185－前129），两人均为罗马名将，也都担任过执政官，前者在第二次布匿战争中击败了迦太基名将汉尼拔，保卫了罗马，后者则彻底将迦太基毁灭，因此两人都获得了"阿非利加"的称号。凯撒则不仅指凯撒本人，也包括后来以"凯撒"作为名字或头衔的古罗马帝王。——译者注

④　普鲁登修斯（Aurelius Prudentius Clemens），四世纪末五世纪初罗马基督教诗人。——译者注

floreat': ① *Hymnus in honorem passionis Laurentii*（劳伦斯受难之赞美诗），vv. 543—544]；奥古斯丁在《上帝之城》中，则将罗马的基督教堂描述得颇为壮丽，他说即使是 410 年夏季洗劫罗马的野蛮的西哥特人，在这些教堂面前也敬畏地驻足不前（第一卷第一、七章）。自此以后，确切地说是自 5 世纪以后，因军事胜利和人间荣光而伟大的异教罗马，就与另一个罗马即基督教罗马联结在了一起，并且往往在后者面前黯然失色。后一个罗马之所以伟大，因为它是天主教世界的中心、彼得继承者的所在。② 如教皇莱奥一世③在 5 世纪中叶所言，由于彼得和保罗之功，这个罗马已经成为了"civitas sacerdotalis et regia, *per sanctam beati Petri sedem caput orbis* effecta"④。这两种观念有时是不难协调的，在普鲁登修斯的想象中它们便结合在了一起；但有时则是相互不容的：例如在大约写于 1053 年的《论神圣的罗马》（*De Sancta Romana Ecclesia*）一书的残篇中，我们可以看到，11 世纪的红衣主教席尔瓦·坎迪达的安贝尔⑤将两个罗马针锋相对地进行了明确的对比，一个罗马"fundata super arenam per Romulum et Remum profana sacerdote et quo nescitur sacrilege editos"，另一个罗马则"hedificata super Christum petram per Petrum et Paulum"（in P. E. Schramm, Kaiser, Rom und Renovatio, II, Leipzig, 1929, pp. 129 sqq.）。⑥

　　若是将这一切都谨记在心，我们便可以觉察到问题的关键之

---

① 拉丁语：盛开着神圣的遗骨，这城市的土地才肥沃。——译者注
② 彼得被视为罗马教会的创始人，彼得的继承者即罗马教皇。——译者注
③ 莱奥一世（Leo I，约 391 或 400—461），罗马教皇，曾劝说阿提拉撤出意大利。——译者注
④ 拉丁语：一个教士们的城市、庄严的城市，**由于神圣的彼得**而变成天下的中心。——译者注
⑤ 席尔瓦·坎迪达的安贝尔（Humbert a Silva Candida，？—1061），中世纪法国本笃教会修士，因其主教驻地而得名席尔瓦·坎迪达。——译者注
⑥ 拉丁语：被罗慕路斯和雷穆斯通过世俗的献祭建立起来，如立沙土之上；它不知道自己源自于渎神……被彼得和保罗树立在对基督的坚定信仰之上。——译者注

处：在中世纪人们的眼里，古代罗马的确值得欣赏，但只有在它相容于，甚至"服务于"基督教罗马的时候才是如此。古典文化仅仅是作为一种附属因素而存在，其功能在于提供一种审美情趣和看待事物的方式，帮助人们思考自己的生活——这种生活自成一体、别具一格，全然与古典无涉。维吉尔的名字在中世纪举世皆知，但这个维吉尔不仅是一个诗人，更是一个预示了基督教出现的半仙，[①]但丁这个在思想本质上属于中世纪的人物便选择了他作为自己在阴间旅途的向导。他是一个披着基督教外衣的异教灵魂；这足以说明中世纪"古典主义"的真实本质。

在意大利文艺复兴中，人们对古典时代的追求却有着全然不同的价值和意义——尽管他们并没有完全弃绝基督教罗马，例如比翁多在一段颇具个人风格的文字中便再现了普鲁登修斯的观点：罗马之伟大是因为"殉教者鲜血的神圣"（sacro martyrum cruore）（Garin, op. cit., p.93）。有时，这种追求也不免肤浅，体现的只是文学气和学究气，在这些时候，学者们的拜占庭主义[②]就使古典时代成为了一种摆设。对此我们不必感到奇怪。

但整体来看，尤其是就其最重要的成员（如科拉·迪·里恩佐、彼特拉克、萨卢塔蒂、瓦拉以及吉贝尔蒂、阿尔贝蒂和马基雅维里）而观，对于古典时代的追求却代表着文艺复兴运动必不可少的"神话"——一切伟大的历史运动都需要这种"神话"，文艺复兴也不例外：这一运动初起于政治与经济，继之以文化和意识形态，自公社时期开始便震撼和推动着意大利。它是一种口号、一项规划，它所设立的共同行动纲领更贴近于当时的需要，但新的生活形式

---

① 英译本此处为"但这个维吉尔不仅是一个预示了基督教出现的诗人，也是一个半仙……"（but it was not merely Virgil the poet who had prophesied the coming of Christianity：it was Virgil the semi-magician...）与意大利原文稍有出入。——译者注

② "拜占庭主义"（Byzantinism）有多种的涵义，与英语不同，在意大利语中，bizantinismo 主要意味着艺术和文学中对于形式上的华丽优美过于注重的风格。——译者注

仍没有明确的目标。用马基雅维里的话来说,人们就像那些聪明的射手一样注视着古代希腊和罗马,"当他们察觉想要射击的目标看来距离太远,同时知道自己的弓力所能及的限度,他们瞄准时就比目标抬高一些,这并不是想把自己的箭头射到那样高的地方去,而是希望由于瞄准得那样高,就能够射中他想要射的目标"(《君主论》第六章)。

这就是说,古典时代成为了人类历史的理想时刻,人世的极至宏愿便在此实现;这一时刻足以垂范后世,人们应当从中寻求清晰确定的指引,从而在文学、艺术、政治、军事等领域都能实现更为崇高的伟业。

中世纪基督教世界认为天启(Revelation)之时是唯一的至高时刻,而在文艺复兴时期的人们眼中,古典时代即使尚未彻底取而代之(包括马基雅维里在内的一些人则认为这已然实现),至少也与之不相上下;无论如何,即便承认天启之时在天国之事上更胜一筹,古典时代也仍是"唯一"的"人世"范本。如此想法与 12 世纪的所谓"人文主义者"①差异甚大。②

在中世纪,古典时代纯粹是一种装饰、一种点缀、一种风格样式。而现在,它成为了一种生活**样式**。因此,古典时代也最终获得了这样的地位:人们愿意去探究它,愿意为了它本身而了解其本质,愿意知道它的各种形式和主题;它已不再发挥着一本有用的菜谱或药典般的作用,好让写作者或传道者从中寻找例证和佳句,使自己的作品或布道更为堂皇。现代意义上的考古学和古典

---

① 在原文中直接用了"伪人文主义者"(pseudo-umanisti)一词,英译本则用了加引号的"humanists",较为缓和。——译者注

② 12 世纪的人们追寻古代文明,是要从中找出能服务于现世目的的孤立的主题和形式,关于这一点可参见利布舒茨的观点,他认为那个时候的人们与文艺复兴时期的人文主义者不同,从未将"整个古代"(das Ganze der Antike)视为脱离现世的模式,即激励自己发明创造新的生活形式的完美范本。[H. Liebeschütz, *Das Zwölfte Jahrhundert und die Antike*(12 世纪与古代), 'Archiv für Kulturgeschichte', XXXV, 1953, p.271]

语义学(philology)只有到了文艺复兴时期才产生,这本身便足以说明,就各自对古典时代的感知而言,中世纪与文艺复兴是多么的不同。

已有学者注意到,这里的问题不是材料的差异,而是视角的分歧〔Faral, *Recherches sur les sources latines des contes et romans courtois du moyen âge*(关于中世纪宫廷故事和小说之拉丁来源的研究),Paris, 1913, p. viii〕;但在人类思想史上,值得关注的恰恰是"如何",而非"几多"。

中世纪与文艺复兴时期的"现实主义"与"个人主义"

同样,我们还需要对所谓的"现实主义"以及"个人主义"的问题进行思考。

必须注意到:即使在中世纪,写作者和艺术家们也已经相当仔细地观察活生生的物质现实了;他们甚至并没有始终潜心于沉思上帝与圣徒、圣母与天使,相反,却知道如何准确地描绘有时相当粗鄙的日常生活之事,他们会仔细地审视人体,对其解剖结构作出未必十分精确但已非常详细的描述,也会观察人性的各种表现——有时令人如沐春风,有时令人恐惧不已。必须注意到:即使他们愿意耗时去描绘历史上的英雄形象,有时也会执著于某些现世的人物,比如说查理曼大帝和亨利四世。

显然,我们还很容易发觉:中世纪的人们知道如何睁大眼睛去观察周遭的现实,也乐于在自己的著作中将其描绘,这样的例子不胜枚举。不妨想想那些"艳歌"(Fabliaux);想想那些"神迹剧"(miracle plays):[①]作者们经常主动在其中加入具体而微的真实描绘——说是"逼真描绘"也不为过;再想想那些包含无数真实细节的编年史。例如我们可以看到,作为一个活跃而热情的史家,克雷

---

① Fabliau(复数 Fabliaux)是中世纪法国北部的一种叙事诗,通常为喜剧,一般含有色情淫秽的内容,被有些学者称为欧洲最早的现实主义文学、法国戏剧的前身;神迹剧则是中世纪欧洲普遍流行的大众表演形式,以宗教故事为主。——译者注

莫纳的柳特普兰德是如何描写阿尔努夫国王①之死的：他的身体被无数微小的虫豸所啃噬，它们到处大量涌现、蜂拥而出，医生在一旁却束手无策[*Antapodosis*（复仇录），Book I, Chapter 36]。这里或许有圣经故事的影子（玛加伯下），但也无关紧要，因为作者即使在模仿，也体现出了一种真实地描绘残酷细节的倾向。还有，阿切尔博·莫雷纳特意描写道，腓特烈一世及其皇后贝亚特丽斯都双手优美，皓齿如贝②[*Historia Friderici I*（腓特烈一世史），ed. Güterbock, p.170]；此外，帕尔马的萨林贝内修士③还用美文妙景来装点自己的史书：比萨有一个美丽的花园，优雅的少男少女们在此间歌唱舞蹈，又可见来自东方的罕有动物，僧侣们津津有味地品尝着鲜美的阉鸡，本笃会的修士身着奇装异服。在意大利以外我们也能找到不少类似的例子，比如说维尔阿杜安活灵活现地描述了十字军对君士坦丁堡的攻击；茹安维尔则生动地描绘了法王路易九世是如何在一棵大橡树下主持公道的，④又如此记述了自己的

---

① 克雷莫纳的柳特普兰德(Liutprand of Cremona，约922—972)，意大利伦巴第历史学家，曾任克雷莫纳主教，他最著名的史书《复仇录：或欧洲所成就之事》(*Antapodosis, seu rerum per Europam gestarum*)是为报复当时的当政者而写，主要包括9世纪末10世纪初的德意志、意大利和拜占庭历史；此处的阿尔努夫国王(King Arnulf)指的是9世纪末的东法兰克国王阿尔努夫(Arnulf of Carinthia, 850—899)，曾入侵意大利，获得意大利国王和罗马皇帝的称号，但不久即退出意大利，后死于巴伐利亚。——译者注

② 阿切尔博·莫雷纳(Acerbo Morena，？—1167)，意大利历史学家；贝亚特丽斯(通常写作Beatrice，英译本此处作Beatrix, 1143—1184)，勃艮第女伯爵，腓特烈一世的第二任妻子，神圣罗马帝国皇后。——译者注

③ 帕尔马的萨林贝内(Salimbene da Parma，又称Salimbene di Adam, 1221—约1290)，意大利方济各会修士，出生于帕尔马，写有关于13世纪意大利的历史作品。——译者注

④ 维尔阿杜安(Geoffroi de Villehardouin, 1160—约1212)，中世纪法国骑士，参加了第四次十字军东征，记载了亲身攻占君士坦丁堡的经历；茹安维尔(Jean de Joinville，约1224—1317)，法国贵族，路易九世的陪臣；路易九世(Louis IX, 1214—1270)，法国历史上最著名的国王之一，曾参加两次十字军东征；曼苏拉(Mansourah)，埃及地名，今称Al Mansurah，路易九世参加十字军东征时在此被俘。——译者注

神父在曼苏拉之死："Quant je vi que il vouloit cheoir，je，qui avoie ma cote vestue，sailli de mon lit tout deschaus. . ."①

　　面对着这种由世俗的"好奇"而引发的细致准确、丰富多彩的人物描述，我们很难想象还能在细节的逼真程度上更胜一筹。的确，中世纪的作者和艺术家们常常体现出一种偏好恐怖骇人的细节的倾向。②

　　但这种对于现实感官的执著，仍始终是情感性的而非理智性的；依旧只是直觉本能而非深思熟虑。因而它局限于细节和片断。若人间生活和人类历史的第一推动力位于尘世之外，若人类的命运总是由上帝的意志所决定，那么细节虽可"现实"，整体观念却无法如此。人类的感触是"人间的"、"尘世的"，但滋养着人类精神的内在生活，其中心却在地上之城、俗世之人以外。

　　兹举几例，以证此说。最能直接简明地显示出两种"现实主义"之深刻区别的，无过于历史学的领域。中世纪的史家确实堆砌了大量逼真的细节，甚至乐于用鲜明的色彩、生动的笔触，用"摄影般真实的"自然主义来描绘每一个场景。但此后，俯瞰着人类命运的奔流，他们却看到，上帝之手是普遍的最高裁决者。文艺复兴时期的佛罗伦萨史学家们则远没有如此热衷于用逼真的细节来装点自己的作品，他们更愿意创造一幅整体的画卷，而他们的持久动力来自于对人类现实和个人意志的感知——这样的个人怀着各自的利益和激情，独立织就了天下历史的图景。中世纪的现实主义是自然主义的、纯粹描述性的，它由片断组成，但我们可以说它缺少的是全景透视；这些史家或者任何中世纪作者的特征，恰恰是微小细节的堆砌和铺陈。例如，阿切尔博·莫雷纳在描绘腓特烈一世

---

①　古法语：当我见到他摇摇晃晃，我便套上衣服，从床上跳起，光着脚……——译者注

②　英译本在此略去一句："最为典型的表现便是闻名遐迩的'死亡之舞'（Danza macabra），这种描绘方式在整个欧洲都众所皆知。"所谓"死亡之舞"是中世纪的一种绘画题材，描述生前属于不同阶级的人死后在去往坟墓的路上共同跳舞，意谓生命脆弱、无需过度留恋名利。——译者注

时,依次机械地排列出这位皇帝在体貌和道德上的各种特质:他身材匀称、须发微红、齿如含贝、双手优美、斗志昂扬、大胆无畏、行动敏捷、雄辩滔滔、热衷正义、钟爱法律。这种种特征被一一开列,而我们也无法明确可靠地对他作出整体性的判断。还需要注意的是,所有这些史家几乎为每个国王都设定了同样的一些特质,至少是同样的道德品质。没有什么事比参观中世纪史家的"肖像画"画廊更为单调无聊的了。具体而言,那还可细分为两种类型。一面是奥古斯丁与后奥古斯丁模式和传统下的好国王,他们敬畏上帝、尊崇教会、保护妇孺等等。另一面是坏国王,他们暴戾残酷、蔑视上帝,是反基督者在世上的真实形象。这便是前述的伪西普里安在《世间十二歪风》中所描绘的两种样式:"贤王"(rex iustus)和"暴君"(tyrannus)。例如,若留意关于中世纪神职授予权斗争①的历史记载,我们就会发现,相关的记录完全建立在了这种好坏两分的推理框架之上[cf. G. Werdermann, *Heinrich IV, sein Anhänger und sein Gegner im Lichte der augustinischen und eschatologischen Geschichtsauffassung des Mittelalters*(亨利四世、在奥古斯丁视角下他的支持者和反对者以及中世纪历史中的来世观), Greifswald, 1918, pp. 9 sqq.]。

但马基雅维里和圭恰迪尼这样的历史学家,他们的现实主义则是一种"观念上的现实主义":它甚至可以忽视具体细节上的逼真,在"摄影般的真实"方面远逊,这恰恰是因为,若对于历史图景的描绘完全由对于人类现实的感知所主导,那么孤立细节上的鲜活印象便无需强调也无关紧要。例如,我们只要比较一下艾因哈德对查理曼大帝的描述和圭恰迪尼在《意大利史》中对克莱门特七世的描述就足够了。前者在刻画其主人公时,一个接一个地排布出各方面的特征,尤其是体貌上的特质(艾因哈德对于查理曼大帝的体态和服饰细节的描述非同凡响!),但同时,他却无力将零散的观察

---

① 指中世纪历史上时而发生的皇帝或国王和教皇之间关于主教任命权的斗争。——译者注

组合成有机的整体。圭恰迪尼则用坚定的笔触,明确有力地勾勒出教皇的特征,如我们所见,他完全专注于后者的品性及其精神和道德品质,对体貌细节则毫不在意。一言以蔽之,圭恰迪尼是这样一个历史学家:在对人物及其行为动机的分析中,他完美地表达和概括了自己对于世事的观念,而这世事则皆由人力所致。相反,中世纪史家对于某个君主体貌特征的描述却完全是肤浅的,那只不过是一些装点和修饰,被安在了另一位远为出色的工匠所营造的建筑之上。

若马基雅维里或圭恰迪尼也曾照实描绘外在的体貌细节,那只可能是因为这有助于完善对角色的道德刻画,或者说能够为作者提供材料,以完成对角色个性的整体评价。艾因哈德、克雷莫纳的柳特普兰德以及其他一些史家,他们虽则描绘了人物的体貌特征和道德特性,却未能将两者妥善地联系起来。马基雅维里对雅典公爵①的描述则完全不同:"这个公爵,如其统治所示,贪婪而残暴。他听闻不恭,应答不逊;只要人服侍自己,而非对己友善;故乐于被人恐惧,更甚于受人爱戴。此人形象之可憎,亦不差于行为之可恶;因其身材五短,肤色黑暗,长须凌乱;浑身上下,无一处不令人生厌。"(《佛罗伦萨史》第二卷第 37 章)此处虽有外貌描写,却也一闪而过,之所以加入"身材五短,肤色黑暗,长须凌乱"云云,只是因为在作者看来,对于这个惟有用可恶来形容的角色,外貌上的描绘有助于完成道德上的刻画。阿切尔博·莫雷纳对腓特烈一世外貌的细致描写则与之相距甚远。

在 14 世纪和 16 世纪初之间有多远的距离,换言之,在文艺复兴鼎盛期的"现实主义"与其更原初阶段的"现实主义"之间有怎样的不同,只要比较一下维拉尼②和马基雅维里对于佛罗伦萨内争的

---

① 雅典公爵,即瓦尔特六世(Walter VI of Brienne,约 1304—1356),法国贵族,名义上的雅典公爵,曾短暂地统治过佛罗伦萨。——译者注

② 维拉尼(Giovanni Villani,约 1276—1348),佛罗伦萨银行家、外交家、历史学家,曾撰写关于佛罗伦萨的《新编年史》(*Nuova Cronica*)一书。后文中所引用的文字即来自于该书。——译者注

阐释便可以清楚明了。需要注意的是,马基雅维里(在《佛罗伦萨史》第二卷中)将维拉尼的记载作为自己的资料和事实来源,但这一点却让两位作者在评论中的巨大差别愈显重要。

我们也需要意识到,维拉尼现在被我们选作了一个突出的参照物:这就是说,他是佛罗伦萨资产阶级的典型代表——脚踏实地;他是精明务实的资产阶级的代表——善于处理自己的事业,惯于面对棘手的现实,对梦幻空想敬而远之,自然也不会耗费时间去唱诵圣歌,或是因恐惧自己的罪过而不得安宁、捶胸顿足。人们称赞他体现了"现代性"的雏形,因为在自己的编年史中,他思考的不仅是政治和军事事件,还有经济因素,因为他知道如何正确地评价金弗罗林①的产生——"那种由 24K 纯金打造而成的优秀货币"。作为一个历史学家,他不厌其精地描述了昔日盛时佛罗伦萨人的装束,细节之处极为逼真:"他们和他们的妻子都穿着粗厚的衣物,许多人单著皮装不穿衬衣,头戴帽子,脚蹬长靴,妇女的鞋上没有装饰,他们之中最伟大的人物不过是穿着相当紧身的长衣,猩红色的粗厚布料来自于伊普罗或加莫,②用一根样式老旧的腰带兀自系上,再加上件衬着白鼬皮的披风,披风上的帽兜套在头上……"(第六卷第 69 章)

然而,这个历史学家仍然受制于典型的中世纪观念甚至是中世纪的迷信,因此,在他思考事物的整体发展过程时,我们看到,细节把握上的现实主义消失了,相反,上帝和魔鬼又出现在了人类历史中,只有他们才能操纵世间之事。布翁代尔蒙特·德·布翁代尔

---

① 金弗罗林(英译本此处作 golden florin,但通常用 gold florin)是 13 世纪中期到 16 世纪中期佛罗伦萨铸造的货币,通行于西欧,每枚由约 3.5 克的纯金打造而成。——译者注

② 伊普罗(Ipro)和加莫(Camo)究竟是衣服样式还是地名,如果是地名的话又是哪里,历史学中并无定论。这段话(及其前后文)主要强调的是当时佛罗伦萨人衣着、饮食等方面都很朴素。——译者注

蒙蒂对阿米代伊家族的少女背信弃义，[①]这便是"魔鬼使然"（subsidio diaboli）；而他是在战神雕像脚下被杀死的，那里是"人类的敌人"掌管之地。此后，发生在皮斯托亚的党争就如佛罗伦萨黑白两党的大分裂一样，[②]源自于人类的罪恶和魔鬼的教唆："由于过度的繁荣和魔鬼的诡计，愤怒和敌对的情绪在他们之中点燃。"（第八卷第 38 章）"当是时，我们的佛罗伦萨城正处于空前的伟大和幸运之中……忘恩负义的罪过和人类敌人的诡计，将上述的繁荣转变成了傲慢与腐败。"（第八卷第三十九章）作者对于事物发展过程的思考最终自然而然地化作了激情洋溢的道德呼吁，历史学家变为了传道者："读到此事，就请注意：上天为惩罚我们的罪过，在不长的时间内便让我们的城市发生如此多的灾难，如洪水、灾荒、饥馑、死亡、战败、失利之耻、财物之失、商人的破产、金融信用的崩溃，最终使我们从自由转为束缚，屈服于专制君主之下。因此，以神之名，亲爱的公民们，不论你身处现在还是未来，让我们痛改前非，彼此间仁爱为本，以取悦我们至高的上天，免得因其一怒而招致终极之惩——他已向我们发出明确的威胁，其中的愤怒已清晰可辨。"（第十二卷第三章）[③]

中世纪史家那种描述性的现实主义，发展至极便是如此。因而，在最关键的时刻，在他的历史"诠释"应当出现的时候，我们却发现，那种人类"个体性"的意识——当他描绘个人的外貌特征或人群的闲言碎语、忙忙碌碌时似乎体现出了这种意识——消失于无形。

然而，在马基雅维里这里，上帝或魔鬼、圣人或"人类的敌人"

① 布翁代尔蒙特·德·布翁代尔蒙蒂（Buondelmonte de' Buondelmonti）是佛罗伦萨的一个贵族青年，因在一次宴会上挑起争斗而被判决迎娶一个阿米代伊家族的少女以作补偿。但到了订婚日，他却迎娶了另一个家族的少女，后为此被阿米代伊家族谋杀。由于其中的复杂政治背景，此事也成为了吉伯林派和圭尔夫派的在佛罗伦萨进行争斗的导火索。——译者注
② 圭尔夫派获得胜利后，又分化为了支持教皇的黑党（Neri）和反对教皇的白党（Bianchi）。——译者注
③ 此处意大利文本和英译本均写第十二卷，但查阅维拉尼原书则为第十三卷，可能是作者笔误。——译者注

都已不再介入。起决定作用的,完全是人的因素,是显贵(grandi)之所欲与民众之所欲的冲突,也是多纳蒂先生①那"不知疲倦的精神"。一切事物都被降低到了尘世的层次,无关乎另一个世界——除非是一种自然的、几乎机械性的天命,它带有自然主义决定论的特征,与奥古斯丁或弗赖辛的奥托②等人所表达的基督教历史观毫不相干。请注意这段评论:"由于他的行为,或者因为佛罗伦萨人**自然地**③就不安于任何状态,任何事情都能使他们分裂。"(《佛罗伦萨史》第二卷第二十五章)再将它与维拉尼的悲呼相比较:"上天**为惩罚我们的罪过**,在不长的时间内便让我们的城市发生如此多的灾难。"不妨更想一想,在马基雅维里这里,导致意大利遭逢灾难的"罪过",如何从萨伏那洛拉修士高呼的道德之罪,变为了纯粹的政治之罪、变为了君主的"罪过"(《君主论》第十二章):由此我们就会准确地认识到,在文艺复兴盛期的思想中,所谓的"现实主义"究竟是何物。④

若是对照马基雅维里或圭恰迪尼的现实主义来分析中世纪政治思想中的"现实主义",我们也会得到相似的结果。中世纪的政治思想家们无疑也致力于寻找和指出那些适用于日常生活的法

---

① 多纳蒂(Corso Donati,? —1308),13世纪末14世纪初佛罗伦萨政治家,曾是黑党重要成员,后又反对黑党,最后在政治斗争中死于民众之手。在马基雅维里的《佛罗伦萨史》和维拉尼的《新编年史》中他都是重要角色。——译者注
② 弗赖辛的奥托(Otto of Freisingen,约1114—1158),中世纪历史学家,曾担任过德国弗赖辛主教。弗赖辛通常写作 Freising。——译者注
③ 即"天性上"(naturale),此处因与前文"自然"一词对应,故译为"自然地"。——译者注
④ 最近有一位学者对《乌德勒支编年史(1481—1483)》与马基雅维里的《佛罗伦萨史》作了比较:H. Schulte Nordholt, *Het Beeld der Renaissance*(文艺复兴的形象), Amsterdam, 1948, pp.157 sqq. 我们或许可以进行类似的比较,比方说,一面是弗鲁瓦萨尔或夏特兰的"现实主义",一面是马基雅维里或圭恰迪尼的"现实主义"。

　　[《乌德勒支编年史(1481—1483)》,作者不详,内容是关于1481—1483年荷兰地区和乌德勒支主教区的历史;弗鲁瓦萨尔(Jean Froissart 或 John Froissart,约1337—约1405),中世纪法国最重要的编年史学者,其历史著作是研究英法百年战争重要的资料;夏特兰(Georges Chastellain,? —1475),中世纪勃艮第历史学家、诗人,著有勃艮第的编年史。——译者注]

则,它们可以在具体实践中得到应用,并能被证明是"实用的"。例如,阿奎那就关注过城市的选址、空气的健康等问题[《论君主制》第二卷第二章]。

但类似的明智务实的思考,与马基雅维里的现实主义却完全是两回事,在后者眼中,政治无关好坏、善恶,国家应当无涉于任何伦理性或宗教性的预设和目标! 文艺复兴时代的其他文人和艺术家已然清楚地意识到,自己的世界与之前的世界相隔鸿沟,与此相同,马基雅维里也充分地认识到,这个世界在本质上具有惊人的"新意"。在《君主论》第十五章里,他极为明白地表达了这一观点;而人们也的确可以感觉到,这段文字使我们身临其境地进入了一个新世界。"可是,因为我的目的是写一些东西,即对于那些通晓它的人是有用的东西,我觉得最好论述一下事物在实际上的真实情况,而不是论述事物的想象方面。许多人曾经幻想那些从来没有人见过或者知道在实际上存在过的共和国和君主国。"这种"实际上的真实情况"使他必得关注**存在**(living)与**实然**(being),而忽略"人应当怎样生活",或者说**应然**(how things should be)的问题;这种态度与作为历史学家的马基雅维里是完全一致的:他驻足于人和人的激情之中,在此间寻找历史事件的直接"原因",他不会诉诸一个超自然的意志,去追寻事物的终极理由。

最后,若对艺术及其各种表现形式进行探究,我们也会得到相同的结论。在这一领域,同样存在着自然主义的细节与融会整体的灵感之间的差异,存在着对于天性和世俗生活的"敏锐感知"与艺术家所"笃信"的神秘天启之间的区别。中世纪的匠人们进行创造是为了上帝的荣光,也期望自己的作品充满道德意味,这与当时的史家和诗人一模一样——史家写史,是为了劝告人们轻鄙世间的短暂无常之物、避免傲慢自大;诗人作诗,则认为自己的心血结晶真正有用之处在于那讽喻之意。如罗马圣科斯马与达米安诺教堂[①]一

---

① 圣科斯马与达米安诺教堂(SS. Cosma and Damiano)是罗马一处古迹,兴建于中世纪初期。——译者注

处镶嵌画作品的"题记"所示,中世纪工匠的创作,归根结底是为了让"上帝的华屋金光四射,使信仰的珍贵光芒更加明亮"。12世纪的西奥菲勒斯①在其著作《诸艺纵览》(Schedula diversarum artium)中提出了如此法则:"我亲爱的孩子们,不要犹豫,要完全相信:当你用如此丰富繁多的装饰点缀了上帝的房屋,上帝之灵会充满你心;你或已无惧,我便会向你明证:在艺术中你所学习、理解或思考的一切,都是上帝的七灵仁慈地赋予你的。通过智慧的心灵,你会知道,所有创造物都来自上帝,没有他就了无一物……在这些美德的激励下,亲爱的孩子,你已放心地进入上帝的房屋,美丽地将它装点……你已向虔诚的眼睛展示了一种上帝的天国,其中繁花似锦,草叶青翠,你已依据圣人的功绩将他们赞扬;你已成功地向创造物展示造物主的荣光,让上帝在他的作品中备受赞颂。"[in L. Venturi, *Il gusto dei primitivi*(原初时期人们的品味),Bologna,1926,pp.50 and 52—53]

展示造物主的荣光——这是中世纪艺术家的目标;至于似锦繁花和青翠草叶,或者说所谓的现实细节,若非是为了展示一种**上帝的天国**,好让信众们心旌摇荡,还会有什么目的? 这便是回荡在方济各②著作中的主题,他赞美歌颂世间万物、创造物和自然,只因这一切都见证了上帝本身及其无边的法力。

然而15世纪的艺术家们却正相反,我们可以说他们过于关注作品自身的价值,也确信仅凭人力便能创造所有的奇迹;按照阿尔贝蒂的说法,他们完全致力于了解真实的事物,并依靠确切的知识,去创造不朽的"美丽"之作,使自己的名字为人颂扬。让我们尤其对阿尔贝蒂和西奥菲勒斯作一比较。阿尔贝蒂可不要让上帝在他的创造物中备受赞颂!"绘画的目的",他如此写道,"是让作者

---

① 西奥菲勒斯(Theophilus),11世纪末12世纪处作者,此为托名,真名不详,著有艺术论著《诸艺纵览》(*Schedula diversarum artium*),又称《论诸艺》(*De diversis artibus*)。——译者注

② 方济各(St. Francis,1181/1182—1226),意大利天主教修士,方济各修会的创始人,死后被罗马教会封圣。——译者注

获得人们的热爱、善意和赞扬",也就是说使他赢得荣光;画家的作用则是"在给定的画布或墙壁上,以线条和色彩,如其所见地描绘某个对象的外观,从而在一定的距离和角度上观看时,画作能显出正确的透视,与原型惟妙惟肖"[*Della Pittura*(论绘画),Book II, in *Opere Volgari*, ed. Bonucci, IV, p.73]。因此,艺术家应当对自然本身进行模仿,这并非是因为它反映了上帝之力,而是因为作者仅仅从自然中就能快乐地获得灵感。为了作出科学、准确的模仿,艺术家就必须深具学养。他应当掌握完备的制图技术、良好的解剖知识、高超的透视方法。沿此方向,我们最终将看到达·芬奇的出现;而在此刻,我们已看到,艺术家正在摆脱一切不受艺术理性支配的束缚,获得完全的解放。从此以后,他和他的梦想将自由自在;在他眼中,世界化为了线条、空间和色彩的综合体。有人说得好:远在马基雅维里创造政治的英雄之前,艺术的英雄便已经出现:对他而言,除却自己的艺术想象,诸般生活皆是空(Venturi, op. cit. , p.101)。

文艺复兴的根本新意正在于此。不论在文学和艺术领域,还是在政治理论和历史学中,[①]都有一种所谓的"现实主义和个人主义",它发之于阿尔贝蒂,继之以马基雅维里与阿廖斯托,终结于伽利略,它让艺术、政治、科学和历史得以完全确立自己的独立价值。[②]也就是说,它让典型的中世纪世界观——任何一种人类活动形式都无法脱离与整体的关系被单独加以考虑——不复存在。至于作品的寓意,人们则以一句耳熟能详的原则来应答:艺术为了艺术;这是根本上不同的两个世界。

艺术为了艺术,政治为了政治,甚至,科学为了科学:三百年中意大利思想的发展成果便可以此作为总结。萨索费拉托的巴尔托

---

① 此处,英译本在"在政治理论"前略去"在科学中"一词。——译者注
② 此处,英译本略去一句:"独立于形而上学的预设和目的。"——译者注

洛①为国家设下了"不承认更高之物"（superiorem non recognoscentes）的准则，以此来显示国家彻底的自主性。这一准则对于文艺复兴时期的一切文化活动也都完全适用。随之而来的就是现实主义、个人主义、对荣誉的热爱、对古代文化的模仿——这些在中世纪的生活里固然也可以被接受，却只是服务于一个更高目的的末节而已；但现在，它们得以自由地成为了自己的目的。

文艺复兴时代整体世界观中的脱节与失衡

然而，我们并非是要证明，文艺复兴时期的所有思想领域都产生了具有同等原创性的成就；此时的人们也并未形成一个整体性的、有机的世界观，足以绝对而明确地取代之前的意识形态。

在人类活动的某些方面，旧时的传统和观念所留下的痕迹仍然清晰可辨，例如经济活动就是这样。人们总认为，文艺复兴时代是资本主义精神的开端；或许此时的商业运作模式早已体现出资本主义特征，或许至少在意大利经济中，金融和商业结构已打上了资本主义烙印，但实际上，在这些豪商巨贾的思想里却仍然有着沉重的牵挂，一种现代资本家毫不在意的牵挂。一个典型的现象是：在生命中的某个时刻，尤其是在濒临死亡的时候（可想而知！），许多商人和金融家会油然产生良心上的焦虑，这使他们备受折磨，不得不公开地忏悔自己的罪过，并以各种形式退还部分不义之财。但更具有典型意义的，是重压在亚历山德拉·玛琴姬·斯特罗奇和马尔科·帕伦蒂②两人心头的巨大忧虑。亚历山德拉·玛琴姬·斯特罗奇生活在15世纪后半叶，她的儿子和女婿中有不少是商人

---

① 萨索费拉托的巴尔托洛（Bartolo of Sassoferrato，1313—1357），意大利法学家，被认为是文艺复兴时期最重要的法学学者之一。——译者注

② 亚历山德拉·玛琴姬·斯特罗奇（Alessandra Machinghi Strozzi，1406—1471），佛罗伦萨妇女，嫁入当时的颇具实力的斯特罗奇家族，她与三个儿子的部分通信被保留，后于19世纪末出版，文中的故事即记载于她的信件中；马尔科·帕伦蒂（Marco Parenti），15世纪佛罗伦萨丝绸商人，与斯特罗奇家族往来较多，有一些记录、通信和回忆录后来被整理出版。——译者注

和金融家,因而她本人也精通商业。马尔科·帕伦蒂则是一个丝绸商,同时也是兰迪诺、菲奇诺等人文主义者的朋友。[①] 在 1466 年,[②]两人感觉到,他们在"佛罗伦萨之山"(Monte di Firenze)债券价格走高时将其出售以便在价格降低时重新买进,这样的行为是不合适的,甚至是**罪恶的**。这种在现代世界已变得再正常不过、没有人会妄想加以指责的行为,他们却认为是**罪恶的**(注意一下用词,这已不再是经济上的批评,根本就是直接、纯粹的道德评价!)![*Lettere di Alessandra Machinghi Strozzi*(亚历山德拉·玛琴姬·斯特罗奇通信集),ed. Guasti, Florence, 1877, pp.573 - 574.]

　　维拉尼已经将经济生活描述了为当时社会的典型特征,但我们可以看到,15 世纪的经济活动仍然受到道德立场的制约。维拉尼本人是一个商业家,实践经验丰富,他可以毫不犹豫地为某个经济事件而欢呼——比如说金弗罗林的产生;但他一旦驻足于思考和评价整体性的经济活动,却又陷入了自相矛盾,纠缠在对商业和金融活动的忧虑之中,而这种忧虑本质上正是中世纪思想的产物! 他曾经将佛罗伦萨赞为"罗马的可敬女儿和创造物",他曾为金弗罗林的诞生和本城的富裕而欢呼,但现在,他却对富人们过于安逸的生活加以指责,认为那滋生了"软弱",而"朴素的生活和贫穷"则能"为他们和他们的公社"带来"虔信和善德"(第六卷第六十九章)。他曾满怀喜悦地赞美佛罗伦萨的伟大,为构成"壮丽景致"的广厦华宅而由衷高兴,但正当此时,他再次不经意地陷入了悔恨,遭受着良心上的责备——尽管那只是瞬间之事——于是在他头脑中又倏忽现出了基督教的谦卑意识:"……自上而下,每个公民都已经或正在建筑自己的豪华乡宅,居处极尽富丽,华屋遍地,远非城中住所可比:这其中每个人都有罪,在无度挥霍下都已成疯狂。"(第

---

① 兰迪诺(Cristoforo Landino,1424—1498),文艺复兴时期著名的人文主义学者,有哲学、诗歌等作品留存,在人文主义教育方面也有贡献;菲奇诺(Marsilio Ficino,1433—1499),文艺复兴时期著名的哲学家,新柏拉图主义的代表人物,他根据柏拉图学园创立的佛罗伦萨学园在当时影响非常大。——译者注
② 意大利文本此处是 1465 年,英译本是 1466 年。——译者注

十一卷第九十四章）

　　有罪——道德指摘又一次出现在了对实践活动的观察中。亚历山德拉·玛琴姬·斯特罗奇也会用到同样的词语，这让我们忆起了传统的罪过：奥古斯丁和但丁等人提到的感官享乐、傲慢贪婪；这也让我们想到，维拉尼是如何以中世纪式的语调来叙说佩鲁齐家族①的罪过的（虽然他本人也在他们的银行活动中发挥了积极的作用）："疯狂的攫取中尽显贪欲"（第十一卷第八十八章）。若非土地上生长的果实或耕耘所得，一切财富在理论上都应得到憎恶：这种思想在维拉尼和亚历山德拉的头脑里依然根深蒂固，这种憎恶则深蕴于中世纪的土壤之中。在理念上，这来自于亚里士多德的论点：金钱自身并非财富；②在道德上，这来自于"路加福音"的语句：Mutuum date nihil inde sperantes。③

　　在历史学和政治学领域，马基雅维里将维拉尼的上帝和魔鬼替换为了人——只有人本身；但在经济思想领域，在加尔文主义盛行之前，并未出现替代旧思想的新观念，可以将人们在财富问题上的不安和困境一扫而空。这种情况发展到极致，我们便毫不奇怪地看到，1532 年安特卫普的西班牙商人竟向索邦神学院④咨询：他们所从事的活动在道德上是否合理！

　　撇开其他方面不谈，这个例子再一次意义深刻地反映了前面所述的一种巨大裂痕，即存在于具体现实和思想生活之间的差异，存在于人的行为和如何看待这种行为的观念体系之间的区别。文艺复兴时期的人们如其中世纪的先人一样，热爱财富，处理商务（这

---

① 佩鲁齐家族（Peruzzi）是 14 世纪佛罗伦萨的银行家族，其银行规模在当时的欧洲名列前茅。——译者注

② 参见《政治学》第一卷。——译者注

③ 拉丁语：要借给人不指望偿还。（原文来自于拉丁文圣经，中文借用了和合本译文）——译者注

④ 索邦神学院（Collège de Sorbonne，简称 Sorbonne）位于巴黎，在中世纪有很高的地位，欧洲各地经常向其咨询政治和神学上的问题。现在索邦则是巴黎大学的简称。——译者注

是何等之规模!),奋力拼搏出了巨大的产业。但在内心深处,当他们开始思考生于死、尘世生活与神秘天国的宏大问题时,他们却总是感觉到,自己的行为至少是值得怀疑的。于是他们又投向告解神父的身前,希望为这许多年来构成他们生活的一切寻得宽恕。

阿尔贝蒂提出"艺术为了艺术",马基雅维里坚持"政治就是政治",但显然,文艺复兴时期无法相应地确立"经济活动便是经济活动"的原则,也无法体现"生产便是生产"、"制造便是制造"的原则,哪怕是其雏形——这样的原则正是现代资本主义的典型特征,它在福特①的书中得到了明确的阐述。

但这并非全部。当各种不同的生活形式需要被熔铸成一个有机的整体时,原先的格调便大为模糊,发展线索也随之中断。

在整个 15 世纪,人类的卓越得到了不断的赞美。从马内蒂到米兰多拉的比科②,每个人都会说上一点儿"人的尊严"(dignitas hominis);对于大自然的各个方面及自然法则的研究也在日益深化,尤其艺术家和艺术评论家们更是热衷于"模仿自然"的原则(他们以古人为师,正因为古人知道如何领悟和再现自然)。但一个完整的自然更能体现其本质——那是一种有机的力量,有着自己的法则(而不仅仅是青葱绿茵或教堂中的美丽物事这些怡人的景象);于是一个重要的问题便径自显现:如何让这样的自然之力与人的自由和卓越相协调? 接下来的问题还有:如何让人和自然,与神圣的意志、与天意的威力相协调(无人妄想违背天意)? 后一个问题尤其令人困扰,因为道德的世界总是与宗教的世界密切相连。艺术和政治最终完全解脱,不再服务于一个超自然的目的;但道德领域却未曾如此。一种普适于天下、独立于宗教的纯粹理性之道德;

---

① 福特(Henry Ford,1863—1947),即福特汽车公司的创始人,现代流水线生产方式的奠基者之一。——译者注

② 马内蒂(Giannozzo Manetti,1396—1459),佛罗伦萨政治家、外交官、人文主义学者,著有《论人的尊严和优越性》(*De dignitate et excellentia hominis*)四卷书;米兰多拉的比科(Pico della Mirandola,1463—1494),意大利哲学家,出生于米兰多拉,著有《论人的尊严》(*De hominis dignitate*)演说辞。——译者注

一种(如后来格劳秀斯在论述自然法时所提出的那样)即使荒谬地假设上帝不存在,也能屹立在坚实的理性基础之上的道德——这样的道德理念在当时还毫未显现。"应当如何"的想法总是与天国的理念和神圣的规条密切相关;它的假设和推论必然离不开原罪、永恒的天谴、永久的极乐这样一些观念。

阿尔贝蒂与马基雅维里在他们各自的领域中,都从极为尘世的角度来看待"实然";但"应然"的问题却正相反,即使他们有所涉及,也总是将它与宗教原则相联系。道德世界与宗教世界同一;伦理最终归入神学。

宗教的牛虻远未被消灭,它仍将人心叮蜇。面对着意大利半岛的悲剧境遇,15世纪末的人们思想低沉,在此情况下,宗教问题不仅再现,而且尤为强烈。要解释世界与存在、大自然与创造物、意志与命运;要掌握道德法则,而这法则似乎除宗教之外别无他源——这些需求又将上帝的观念带回到人们跟前:一个超然的上帝、人类之主宰。

那么,何以协调人、自然与上帝这些各不相同的力量?从未有人对此作出明确的回答。相反,我们却看到:人们往往在上述几者之间摇摆不定,而如"命运"这样的模糊概念也会介入其中——15、16世纪的论著中经常出现"命运"一词,但"命运"却很难界定。有时,它依照基督教化了的古代观念,以"上帝的使女"(ancilla Dei)形象出现;有时则化身为盲目而不可控的命数,重新以古代的形象示人;有时,它表现为星象的神奇影响;有时则体现为事变的自然结果,虽则准确的分析总不可得。在政治和历史著作里,还会有自然科学甚至医学的语句或喻象渗入其中,马基雅维里在这方面尤其典型。国家被他视为人类意志的创造物,为了更好地加以描述,他绞尽脑汁,将国家比作一株带有根须的植物,或是将国家的发展喻为人体的生长,①以至于他对国家本身都持有了一种自然主义的观点,给予它一套出生、成长、死亡的发展模式,好像它就是自然界的

----

① 例如,参见《君主论》第七、二十六章。——译者注

万物之一。国家浑身上下无一处不是"属人的",因为它是人类意志不断辛勤劳作的成果,马基雅维里正是为了指明这种意志而写下了自己的著作。但若在悠长岁月中对世事远观宏览,甚至连这人力之作似乎也无法偏离天命指定的轨道,人的意志虽有推延阻滞之效,却无全然转变之能。这便有了《论李维》第三卷的前言,有了其中对一切国家恒久遵循之过程的简要概括。①

　　理性的人类与自然主义决定论就这样全方位地交汇在了一起。居于其上的则是神圣的天意。当然,天意被一些思想家多少赋予了些新的内容,与但丁和彼特拉克笔下的天意已有了不同;两个世纪之后英国自然神论者在天意中所寻找的那些纯粹理性的特征,在此时的天意观中也已部分地初见端倪——尽管两者的发展路径大不相同;但无论如何,天意终究超然人类之上。15世纪末的佛罗伦萨新柏拉图主义者试图将宗教与哲学相结合,也提出了神秘的、宗教性的"融合主义"(syncretism),②正是在他们的这般努力中、在他们最为关注的问题上,我们再一次——并且也更加清楚地——看到了一种追求脱离纯粹尘世的渴望。由此而观,萨伏那洛拉所掀起的运动并非仅是一场不合时宜之举;米兰多拉的比科这个佛罗伦萨的哲学王子、人的"尊严"的赞美者对于萨伏那洛拉这个改革者所表现出的友谊③并非偶然,波提切利那独特的晚期艺术风格也并非不可理解。④

　　从对于生活各个方面的孤立评价,转向对于生活的整体认知,

---

①　此处,意文本和英译本均写"第三卷前言"(proem to Book III),但《论李维》第三卷不像第一、第二卷那样有一个独立的前言,此处可能是指第二卷前言,在其中作者提出,世事总依循同样的模式,并以历史上的一些国家为例作出说明。——译者注

②　前文所提到的菲奇诺和比科就是这种"融合主义"的代表,他们提出所有的宗教都可以相互通约。——译者注

③　英译本此处略去一句:"以及他转变信仰的计划"。比科受到萨伏那洛拉的很大影响,曾一度有成为修士的计划,后因突然离奇去世而未果。——译者注

④　波提切利(Sandro Botticelli, 约1445—1510),意大利文艺复兴时期最著名的画家之一,曾深受萨伏那洛拉影响,晚年的风格和题材变化都很大。——译者注

转向有机统一的世界观,或者简而言之,转向一种能够全面彻底地取代备受争议的经院神学体系的新体系;如此的转变之际就是文艺复兴思想的危机之时。生活的每一个方面都自成一体,结果无法解决的剧烈冲突便出现了。我们只需以肇因于马基雅维里的一个问题为例,也就是说:政治与伦理之间的关系。这个问题根本不在他的考虑之内,推动其思想的真正主力是他的政治感知:它裹挟着猛烈无比的自然之力喷薄而出,如同地下的暗流突然找到了出口,它直来直往、活泼烂漫,可以说其天然率真在整个近代思想史上都后无来者。然而这个问题很快就展现在了他的同时代人和追随者面前,它越是远离马基雅维里本人的视野,对于他们来说就显得越是突出。于是他们痛苦地在所谓"国家理由"的问题上长久纠缠,这恰恰是因为,文艺复兴为人类生活的诸多方面都解开了束缚,接着却无力将它们重新聚合——尽管人性中始终有个声音滋扰不绝:一个统一的世界观不可或缺。

"范本"与"复兴"的神话①:文艺复兴的式微与终结

我们还有一个需要考虑的问题,那就是文艺复兴的"现代性"。

如前所述,在 14、15 世纪的人们眼中,古典时代是一种理念之力,是一种点燃活力的神话,是一种神话——模范,他们必得拥有这些——就像历史上所有满怀着崇高抱负、激荡着青春力量的人们一样。他们无意刻板地"模仿"古代,将一切原封不动地重现。他们的"模仿"是要依循古代范例,以此为径,使自己的生活更为完满、更有文化、更富美感。这通常被认为是文艺复兴的典型表现,然而,正是在其中反映出了 14、15 世纪的人们在"思想模式"(forma mentis)上接近于基督教中世纪思想的一个根本特征。这并不是因为,过去的时代早已提出了类似的宏愿要"复原罗马"(renovatio Romae);也不是因为,我们真能在某时某地确定文艺复

---

① 此处意大利文原文为"神话"(Mito),英译本为"理念"(Ideal),指古代被视为一种完美的典型,中文仍译为"神话"。下同。——译者注

兴的某种"先例"。两者的相似之处在于人类思想对于历史及其过程的基本态度。他们都相信,从宗教到政治到艺术,在各个领域都有可能实现"复兴"(该词涵义与之前相同);这就等于预设了一种明确的信念:在人类历史上有过某个具体的时刻,宗教、艺术或政治的理想模式曾被创造,真理曾获启示。人们将往者视为范本,必是因为从心底确信,那代表了完美——至于就人类的生存状态而言是绝对完美还是相对完美则无关紧要。于是我们看到了这样一种态度,它既是典型的宗教思想,又是尤为典型的基督教思想;对它而言,真理曾展现于某个特定的历史时刻,这一时刻也因而浓缩了整个人类历史,囊括了人类——包括个人与群体——发展的一切可能。这种态度构成了中世纪思想中一个最为值得注意的因素——那时的思想被"回归"原初教会、"复兴"福音中所提倡的贫穷和纯洁这样的愿望频繁地纠缠着。异端运动曾试图以自身的激进主义,强使几个世纪以来已今非昔比的教会"回归"和"复兴";而教会正统范围之内的类似运动,则仅限于将上述理念提倡为基督教生活的范本。途径虽然不同,但这种愿望却构成了宗教思想中一贯的核心原则。

公社时期的意大利,文艺复兴的种子日趋成熟,正是在此时,通过重归纯洁风化和贫穷谦卑而重回原初教会的呼声,以前所未有的激烈和急切响彻人间。米兰的帕塔利亚运动、阿尔纳迪信徒和韦尔多教派①是一支力量,方济各是另一支力量,这两者都将历史范本的观念灌输给了大众;对于宗教复兴的渴望则是自由公社兴起过程中附带的根本特征之一(想想 11 世纪下半叶的米兰!)。虽说"神话"后来失去了原先的特征,从宗教转向了纯粹的人间,但

①　米兰的帕塔利亚运动(Patarians)是 11 世纪发生在米兰的一次宗教运动,主要内容是要求教皇纯洁教会,制止买卖圣职等活动;阿纳尔迪信徒(Arnaldians)指 13世纪炼金术士和物理学家阿纳尔都斯(Arnaldus de Villanova,？—1311)观念的信奉者,后者在神学问题上有一些不同于正统教会的观点;韦尔多教派(Waldensians)又译瓦勒度派等,是 12 世纪兴起于意大利的一个教派,反对教会的奢侈生活,主张贫穷和私自讲道,曾被判决为异端,后融入新教,至今仍有活动。——译者注

是,将历史上的某一具体时期看作是人类所追求的理想曾经实现之时,这种思想倾向仍未改变。人们不仅对于"范本"自身有着坚定的信念,而且还坚信,重归范本是完全有可能的,其方法则是修正自己的生活和行为规范、准则和观念,一言以蔽之,即弃绝近世——不论是文艺复兴时期的文人和艺术家,还是此前的西多会改革者①和帕塔利亚运动的成员,都一致认为:近世即偏离正道,即堕落腐化。②

人文主义者几乎神秘地期待着新"人类"(humanitas)的出现,这实际上反映出了一种相近的思想倾向,即心怀末世地期待着上帝之国的来临;同样,信奉"范本"与信奉启示真理(revealed Truth),这也是相近的两种倾向。"从头再来"(ridursi al segno)和"回归基要"(ritorno ai principii),这是马基雅维里为国家生活所提出的必备原则,也同样是 14、15 世纪整个文艺复兴所秉持的要则。最具代表性的例子是:马基雅维里本人在宣扬"复兴"理论的时候,也会援引"我们的宗教":"若没有方济各和多明我,它(天主教)将会完全灭绝……"(《论李维》第三卷第一章)这位最"世俗化"的思想家因而回归到了某种旧有的思想态度上——我们曾看到,在一个半世纪之前,在同一种思想态度的驱使下,"宗教性"的科拉·迪·里恩佐一面将自己想象为帝国的拯救者,一面又想到了一个范本,那就是阻止了教会衰落的方济各的形象:"... sicut alias ruenti Romane Ecclesie per Franciscum..."③(cf. above, p. 169)

由此推论,我们至少可以说,文艺复兴时期并没有或极少地体现出进步的理念,人们的历史和政治观念仍然是围绕着这样的准

① 西多会(Cistercians),又译熙笃会等,是兴起于法国的一个宗教派别,主张恢复最原始的本笃教团生活形式。——译者注

② 关于文艺复兴时期追本溯源的倾向,即"希望重回往昔的热望"(ferveur d'espérance tournée vers le passé),参见:A. Dupront, *Espace et humanisme*(空间与人文主义),'Bibliothèque d'Humanisme et Renaissance', VIII (1946), pp. 9 sqq.

③ 拉丁语:正如方济各曾经重整罗马教会一样。——译者注

则:人的本性经久不变;人类历史自我循环;世间之事有崛起兴盛,亦有腐化堕落,若能出现有德能的改革者,若能回归基要的原则,那么"复兴"便可实现。①

文艺复兴与中世纪之间、"渎神的"思想与"宗教的"思想之间最紧密的联系莫过于此;文艺复兴与宗教改革之间密不可分的联系也正在于此。诚然,宗教改革旨在重构上帝之国而非"人类"之国,这一点是它与文艺复兴最为明确的差别所在。但两者都相信复兴有可能实现;都将一种上古的范本视为激励未来、激发眼前"新秩序"(novus ordo)的源泉;也都有着本质上相同的思想态度——归根结底,中世纪的思维是这种态度的唯一所本。在意大利内外固然都存在着一些人(如彼特拉克和伊拉斯谟),②在他们身上"人类"(humanitas)之复兴和"基督教"(christianitas)之复兴这两种愿望是紧密交织的,但在大多数情况下,它们却相互分离,催生出了两种彼此不同甚至有所冲突的运动。然而在一切表面现象之下,我们仍能找到一种思想和直觉上的模式——它的根基极广极深,它的消失极缓极慢。这种模式的瓦解始于启蒙时代,当时的思想家不再承认古代范本的神话,但即使在他们身上,在他们所秉持的有限进步观和对于通向未来王国(不再是上帝之国,而是理性的王国)之路的欣喜渴望中,仍然体现出对末世论思想的坚定不

---

① 魏辛格认为,进步的观念是文艺复兴的六个本质观念之一,为了支持这一论点,他引用了勒鲁瓦等人的著作,但后者生活在16世纪下半叶,那时的思想氛围与15世纪和16世纪初已大不相同,也受到了同时期的各种重要发明和地理大发现的影响(*Ideas of History during the Renaissance*,'Journal of the History of Ideas', VI, 1945, pp.415 sqq.)。魏辛格自己也提到,这种进步的观念及其所引起的争论都发生在文艺复兴晚期,即16世纪下半叶。正因为如此,我斗胆加上一句,他的文章对理解意大利文艺复兴并无帮助。

　　[魏辛格(Herbert Weisinger, 1913—1999),美国文学史学者,专长于文艺复兴文学研究;勒鲁瓦(Louis Le Roy,约1510—1577),法国学者,曾将大量古希腊作品译为法文,在历史研究上也有成果。——译者注]

② 伊拉斯谟(Desiderius Erasmus,1466—1536),荷兰人文主义学者,文艺复兴时期最著名的思想家之一。——译者注

移——末世论思想至此已流传了十六个世纪,并注定还要继续存在,直至 19 世纪历史相对论(historicism)的出现。

虽然这种思想态度通过新教改革而在宗教领域重新得以确立,但它却在意大利文艺复兴的最后阶段消失了——几乎从 16 世纪初开始,就出现了一种明确反对将"古代"视作范本和标准的声音。在 15 世纪已有人不满于对古代的过度崇拜,[①]但相较于这种零星的不满,16 世纪的那种声音远为深入持久。

一方面是仍然坚信"复兴"的可能,将古典时代尤其是古代罗马视为人类历史的完美时刻;另一方面则是不再汲汲于"范本",而只是单纯地假定:当下的现实自成一体,不同于往昔的历史现实,因而不能以古代为标准来规范和指引当代;在当时,这两种思想之间的差异最为典型地体现在马基雅维里与圭恰迪尼的分歧中。圭恰迪尼并不承认历史"范例"的重要性,认为那些言必称罗马的人是在自欺欺人;由此,他不仅代表着(狭义上的)人文主义思想的终结,也体现了文艺复兴思想本身的终结。他与马基雅维里之间的区别正是在这一点上最为明显地表现出了其重大的历史意义——马基雅维里沉醉于古罗马的幻景中,圭恰迪尼则只关注当下的现实,往者一去不复返,对此他并未回瞻。

圭恰迪尼对《论李维》的回应体现在《对马基雅维里〈论李维〉一书的思考》[②]和《回忆录》(Ricordi)两部作品中。在这个世纪余下的岁月里,政治思想家们一直热衷于将罗马与威尼斯相比较,也就是说将古代政治与现代政治进行比较,而比较的结果显然不会对

---

① 如参见阿科尔蒂对"现代"的辩护(in Garin, op. cit., pp. 85 sqq.);另外,阿尔贝蒂在《论绘画》(Della Pittura)一书写给布鲁内莱斯基的献词中,也对现代进行了赞美。[阿科尔蒂(Benedetto Accolti, 1415—1464),意大利人文主义学者、历史学家。——译者注]

② 该部作品全称为:Considerazioni intorno ai Discorsi del Machiavelli sopra la prima deca di Tito Livio,英译本此处译为 Reflections on the Discourses of Machiavelli,其中 Reflections 一词在英文文献中也有译为 Observations 或 Considerations 的。——译者注

后者不利。

与上述倾向紧密相连的，是创造力的明显消退，是宏大希望与行动意志的消散——一言以蔽之，是意大利精神在后马基雅维里时代的日趋衰弱，是16世纪上半叶困扰着意大利的道德危机。将马基雅维里与圭恰迪尼两相比较便可为证：对前者而言，罗马这个范例可以反复点燃他的热情、不断激发他重整意大利政治生活的梦想；而后者虽则力劝"审慎"、对范例的价值一笑置之，但同时又不像他这位同胞一样心怀宏大梦想，只是自闭于毫无梦幻、仅有苦痛的象牙塔中。罗马人的"神话"死去了，与之一同消逝的，还有创建新的黄金时代的复兴神话；这恰好能说明，在14、15世纪的意大利，古典时代的神话何以是一种积极的内在生活的表达，而并非仅仅是一种摆设或是学者间的谈资。

从一开始，这种古代理想的式微就与几代人的道德衰退密切相连——面对着意大利诸邦政治力量的崩溃，他们所眼中的前景，显然不是盛世再现，而是"悲惨和哀伤的时代"［Varchi, *Storia Fiorentina*（佛罗伦萨史），Book XVI, Milan, 1845，II, p.423］，是一个人们只能为"艰难时世"而伤怀的"黑铁时代"［Giovio, *Istorie*（历史），translated by Domenichi, Venice, 1564，II, p.269, Book XXXI］；而在意大利之外，促使人们反对"古典即完美无缺和至高无上"这一准则的，则是一种反对意大利人文主义的自觉的民族主义——意大利人文主义者总是瞧不起异邦人的。但随着巴洛克时代揭开序幕，又出现了某些更具有普遍性的因素，使人们在更为坚实的基础上将古代与现代做比较，将往昔之时奉为神话。

另一方面，我们看到，以印刷术为首的新发明和火炮的使用得到了赞扬；我们也看到，人们的思想模式（forma mentis）开始受到科学的影响，而科学开始摆脱对普林尼①或其他权威的依赖，尤其是

① 普林尼（Gaius Plinius Secundus，英文通常写作 Pliny，23—79），罗马最重要的自然科学家、自然哲学家，一般被称作老普林尼以区别于其侄子同时也是养子小普林尼。——译者注

在日常的、非学术的科学领域,开始转向对"经验"这个知识之母的依赖。最为重要的是,我们看到了一个影响深远的事件,它在经济领域已得到了不少研究和讨论,但在思想领域还少有关注:这便是美洲新大陆的发现,有人毫不犹豫地称之为"mayor cosa después de la creación del mundo"①[F. López de Gómara, *Historia general de las Indias*(西印度群岛的总体历史), in *Historiadores primitivos de India*(Bibl. De Aut. Españoles),I,Madrid,1874,p.156],称之为使徒传教以来"最伟大和最惊艳"的事件[Botero, *Relazioni Universali*(普遍关系),Part IV,Book II]。地理空间上的巨大扩展,使得16世纪的人们因为在知识上远超前人而备感自豪;"古人所不知的无穷奇迹"[Varchi, *Lezioni sul Dante e prose varie*(关于但丁和各种散文的讲稿),I,Florence,1841,p.145],使得许多传自古代而被认为是天启真理的观点不再适用;所有这一切都打破了"古人至高无上"的信条,人们开始普遍相信,如果说古代在艺术、文学和哲学上都无与伦比,那么现代亦不失自己的优越之处,论超卓绝艳则毫不逊色。

也并非只有在欧洲人之间才能进行对比。实际上,人们已经开始将罗马宏伟的公共设施与秘鲁印加帝国修建的道路、将万神庙及其他罗马建筑与印度和东非海岸发现的庙宇,甚至将罗马人的法律规条与新发现民族的法律规条相提并论;有时,对比的结果还可能不利于罗马。如果说秘鲁印加帝国修建的两条大道"尤胜于埃及和罗马的道路"[Botero, *Relazioni Universali*(普遍关系),Part I,Vol. II,Book III],那么印加帝国的土地分配法案似乎可以说"远远"超过了"吕库古对土地的划分方法和罗马人的均地法案"(id. , ib. , Part II,Book IV),米却肯人②的语言也比拉丁语更为高明(这是何等的论断!)(id. , ib. , Part I,Vol. II,Book II)。令18

---

① 西班牙语:自从创世以来的最大事件。——译者注

② 米却肯人(the peoples of Mechoacan)指生活在今天墨西哥西部米却肯州(Michoacán)的各个原住民部落。——译者注

世纪的启蒙思想家极为重视的中国"神话"在此时也逐渐成形:中国是组织管理方面的范本,相比之下,"不论是古代还是现代,没有一处王国或领土曾有过更佳的统治"(id.,ib.,Part II, Book II)。文艺复兴时期的人们在一种极为独特的概念上曾完全宗法希腊罗马传统,①但这种概念现在却因上述现象而全然转变了——这就是"蛮族"的概念。在14、15世纪,凡是不属于一种相当具体的文明——意大利人文主义文明——的人,都可以用"蛮族"来指称。但现在,它所指的仅仅是那些不具备"正确理性"的人;因而这一词语不再以历史为标准和基础,而是被注入了一种纯粹理性上的意义[Botero, *Relazioni Universali*(普遍关系),Part IV,Book III]。②

在意大利之外,确切地说在蒙田的著作之中,这种思想态度上的根本转变得到了最强烈的体现。蒙田不仅讥笑对"蛮族"和"非蛮族"的传统区分["chacun appelle barbarie ce qui n'est pas de son usage",③ *Essais*(论说集),I, 31],甚至还将所谓的"生番"种族置于比通常所谓的"文明"之人更高的层次(ib.),声称前者更接近自然,"ce que nous voyons par experience en ces nations là, surpasse, non seulement toutes les peintures dequoy la poësie a embelly l'age doré... mais encore la conception et le desir mesme de la philosophie"④(ib.)。

不过,即使在意大利境内,这种革命性的思想也并非没有追随

---

① 英译本此处略去一句:"而摒弃了中世纪的传统"。——译者注
② 《普遍关系》(*Relazioni Universali*)一书的前四部分于1519和1596年之间在罗马出版。第五部分直到1895年才出版。该书引文来自于1601年的都灵版。可参见我的著作:*Giovanni Botero*,Rome,1934,pp.74—80。
　　[博特罗(Giovanni Botero,约1544—1617),意大利思想家、诗人、外交官,在政治理论上有一定的贡献。——译者注]
③ 法语:每个人都将不合己用者称为野蛮。——译者注
④ 法语:我们在这些民族(即美洲民族)中亲眼所见的情景,不但更胜于那赞美黄金时代的诗歌所描绘的景象……甚至与哲学本身的憧憬和欲求相比,也犹有过之。——译者注

者。例如，康帕内拉①就明确提出，伟大属于"我们的这个时代，它的一百年比世界过去的四千年包含有更多的历史"。② 这种思想削弱了"范本"和"复兴"概念的基础，并为近代社会的最终建立铺就了道路——然而，这个最终目标的实现仍要等到大论战（querelle）之后的 18 世纪，③随之而来的便是进步观念的确立。对于文艺复兴和宗教改革来说，这都是一次思想上的深刻革命，归根结底，它还多少得益于天主教的反宗教改革：后者坚持传统（也就是历史）的重要性，反对宗教改革者们的圣经崇拜，也就是说，反对"真理（得到启示）之唯一时刻"的神话。④

---

① 康帕内拉（Tommaso Campanella, 1568—1639），意大利哲学家、诗人，他最重要的作品即我国读者熟悉的《太阳城》。——译者注

② 在这篇文章较早的意大利文本中，为了证明这一点，我引用了布鲁诺的论点，以及秦梯利在《文艺复兴的意大利思想》一书中对布鲁诺《圣灰星期三的晚餐》（*Cena delle ceneri*）里某一段文字所做的解释，参见：Gentile, *Il pensiero italiano del Rinascimento*, 3ʳᵈ ed., Florence, 1940, p.337 sqq.。但现在已有学者对秦梯利的观点表示了反对：E. Garin, *Medioevo e Rinascimento*（中世纪与文艺复兴），Bari, 1954, p.195 sqq.。

③ 这里应当是指 17 世纪末 18 世纪初法国所爆发的崇古与尚今之间的论战（Querelle des Anciens et des Modernes），一开始主要围绕着艺术和文学展开，后来也延伸至思想领域。——译者注

④ 根据《沙博文集》所注，从"在意大利之外……"一直到康帕内拉的部分都是作者为英译本增补的内容，从"这种思想削弱了……"开始仍然是原来的意大利文本的内容。作者删除的关于布鲁诺的语句是："这一点在布鲁诺那里就有所表现，他明确提出，真正的古人就是今人。这削弱了……"——译者注

专题文献

以下所列各项并非意在为读者提供一份完整的文献清单,它甚至无法完全涵盖文艺复兴研究中的最新成果。它应该更为单纯地被看作是一个初步而简短的导引,使读者既可以知晓近几十年间就文艺复兴的真实概念和所谓文艺复兴的"问题"而发生的讨论,又能够了解,在后一个问题最值得关注的那些方面,存在着哪些专门的论著和研究。

但我还想提请读者注意,我前一篇论文的主题是文艺复兴在其起源国的表现,与此相同,这份专题文献也集中在**意大利**人文主义和**意大利**文艺复兴这一主题的研究和讨论上——除非有时,这样的探讨在本质上必得纳入对非意大利的问题和思潮的考量。

I

1

文艺复兴概念的历史,以及在各种思想流派的相继影响下这一概念形成和演变的历史,这一研究主题在 20 世纪上半叶受到了尤为密集的关注。它实际上已成为了史学中的重要一章,今天,所有意欲对文艺复兴的某一方面作出特别研究的人们都会对此怀有强烈的兴趣。

这一问题最早是由德国学者所提出的,参见:W. Goetz, *Mittelalter und Renaissance*(中世纪与文艺复兴),'Historische Zeitschrift', XCVIII(1907), reproduced in *Italien im Mittelalter*, Leipzig, 1942, II; K. Brandi, *Das Werden der Renaissance*(文艺复

199

兴的演变），Göttingen，1908（2nd ed.，1910；now in Brandi，
Ausgewählte Aufsätze，Oldenburg-Berlin，1938）；A. Philippi，*Der
Begriff der Renaissance*（文艺复兴的概念），Leipzig，1912；W.
Weisbach，*Renaissance als Stilbegriff*（作为风格概念的文艺复兴），
'Historische Zeitschrift'，CXX（1919）；最重要的一篇则是：K.
Borinski，*Die Weltwiedergeburtsidee in den neueren Zeiten*，I，*Der
Streit um die Renaissance und die Entstehungsgeschichte der
historischen Beziehungsbegriffe Renaissance und Mittelalter*（世界观
在近代的重生，I，关于文艺复兴的起源及文艺复兴观念与中世纪
观念的历史关系的争论），'Sitzungsberichte der bayerischen
Akademie der Wissenschaften，Phil. -phil. u. hist. Klasse'，1919。

　　自此以后便出现了数以百计的各式文章和论文，它们的主题虽
是文艺复兴"问题"，但也必然触及文艺复兴"概念"的历史源起和
演变的问题。这里，我也只满足于提及那些较为专门地研究这一
运动历史的文献，它们包括：坎蒂莫里（D. Cantimori）的一篇出色
的文章，*Sulla storia del concetto di Rinascimento*（论文艺复兴概念
的历史），'Annali della R. Scuola Normale Superiore di Pisa'，2nd
series，I（1932），同一作者最近的一篇论文，*De Sanctis e il
Rinascimento*（德·圣克提斯与文艺复兴），'Società'，IX（1953）；
F. Ernst，*Der Anteil der Schweiz an der Entdeckung der
italienischen Renaissance*（瑞士在发现意大利文艺复兴中所起到的
作用），in the volume *Die Schweiz als geistige Mittlerin*，Zürich，
1932；以下这部作品极为重要，是在此主题上最值得关注的文献之
一：F. Simone，*La coscienza della Rinascita negli umanisti francesi*
（法国人文主义者对文艺复兴的意识），Rome，1949；L. Febvre，
Comment Jules Michelet inventa la Renaissance（米什莱如何发明了
文艺复兴），'Studi in onore di Gino Luzzatto'，III，Milan，1950（亦
参见 L. Refort，*Michelet et la Renaissance*（米什莱与文艺复兴），
'Mélanges d'histoire littéraire de la Renaissance offerts à Henri
Chamard'，Paris，1951）；C. Angeleri，*Il problema religioso del*

Rinascimento. Storia della critica e bibliografia（文艺复兴的宗教问题—评论与文献的历史），Florence，1952。

这条研究主线在当前的某些通论性质的重要著作中得到了概括，其中最值得一提的是：W. K. Ferguson，*The Renaissance in Historical Thought. Five Centuries of Interpretation*，Boston，1948（French translation，Paris，1950）。这部著作追溯了自 14、15 世纪至今文艺复兴概念的各个演变阶段，以及其间艺术家、学者和文人们各自对此问题所采取的不同态度，在所有关于这一问题的出版物中，它是最为详尽的一部研究作品。尚可参考 H. Baron，*The First History of the Historical Concept of the Renaissance*，'Journal of the History of Ideas'，XI（1950）；D. C. Phillips，*Ferguson on the Renaissance*，ib.，XIII（1952）；J. H. Hexter，*The Renaissance Again-and Again*，'The Journal of Modern History'，XXIII（1951）。

亦可参见以下同一作者的两篇论文：Ferguson，*The Interpretation of the Renaissance*：*Suggestions for a Synthesis*（'Journal of the History of Ideas'，XII，1951）；*The Church in a Changing World*：*A Contribution to the Interpretation of the Renaissance*（'The American Historical Review'，LIX，1953）。

在这一主题上另有两部重要的文献可以与上述两篇论文相伴而读，而在这两部文献中，对历史的探寻也都引出了作者个人的诠释和立场（prise de position）。尽管从历史角度而言，其中的一部作品［H. Schulte Nordholt，*Het Beeld der Renaissance*（文艺复兴的形象），Amsterdam，1948］只涉及了布克哈特《意大利文艺复兴时期的文化》一书问世之后学术界所出版的论著和所争论的问题，但它仍不失为深具价值、探讨详尽的著作；另一部作品［H. Baeyens，*Begrip en Probleem van de Renaissance*（对文艺复兴的理解和文艺复兴的问题），Louvain，1952（Université de Louvain，Recueil de travaux d'histoire et de philology，3e série，48e fasc.）］则从瓦萨里开始写起，它具有极大的信息量，主要讨论的是文艺复兴艺术的问题。

最后,关于英国的主题则可参见 J. R. Hale, *England and the Italian Renaissance*, *The Growth of Interest in its History and Art*, London, 1954。(当然还有专题文献第 2 部分中所要提到的魏辛格的论著,他非常专注于从整体上来研究这个问题。)

2

除了上述文献之外,若要对当前围绕着文艺复兴所发生的争论有一个清楚的认识,研究者们还需要参阅大量其他的论文和文章(以及评论的文献回顾),包括:

C. Neumann, *Byzantinische Kultur und Renaissance Kultur*(拜占庭文化与文艺复兴文化),'Historische Zeitschrift', XCI (1903)[但亦参见:G. Volpe, *La Rinascenza in Italia e le sue origini*(意大利的文艺复兴及其起源),'La Critica', II (1904), reproduced in *Momenti di storia italiana*, Florence, 2ⁿᵈ ed., 1952;这是一篇十分有力的文章,它对前一篇论文有理有据地作出了驳斥]; W. Goetz, *Renaissance und Antike*(文艺复兴与古典时代),'Historische Zeitschrift', CXIII (1914), reproduced in *Italien im Mittelalter* (cited above), II; P. Joachimsen, Vom Mittelalter zur Reformation(从中世纪到宗教改革),'Historische Vierteljahrschrift', XX (1920—1921); E. Troeltsch, *Renaissance und Reformation*(文艺复兴与宗教改革),'Gesammelte Schriften', IV, Tübingen, 1924; C. de Lollis, *La Marcia francese verso la Rinascenza*(法国人对文艺复兴的进军),'La Cultura', IV (1925); J. Huizinga, *Das Problem der Renaissance*(文艺复兴的问题), *Renaissance und Realismus*(文艺复兴与现实主义)(这是两篇非常重要的文章,德语译文载于 *Wege der Kulturgeschichte*, Munich, 1930); H. Hefele, *Zum Begriff der Renaissance*(论文艺复兴的观念),'Historisches Jahrbuch', XLIX (1929); W. Rehm, *Das Werden des Renaissancebildes in der deutschen Dichtung vom Rationalismus bis zum Realismus*(文艺复兴在德语诗歌中的形象:从理性主义到现实

主义），Munich，1924；W. Rehm，*Der Renaissance – Kultum und seine Überwindung*（文艺复兴文化及其盛行），'Zeitschrift für deutsche Philologie'，LIV（1929）；E. F. Jacob，*Changing Views of the Renaissance*，'History'，New Series，XVI（1931—1932），特伯维尔（A. S. Turberville）在同一杂志同一期上发表了一篇题目相近的文章，两者可以结合在一起阅读；R. Kaufmann，*Der Renaissancebegriff in der deutschen Kunstgeschichtschreibung*（德国艺术史学家的文艺复兴观念），'Schweizerische Beiträge zur Kunstgeschichte'，I，Winterthur，1932；A. Haseloff，*Begriff und Wesen der Renaissancekunst*（文艺复兴的观念和本质），'Mitteilungen des Kunsthistorischen Instituts in Florenz'，III（1931）；F. Chabod，*Il Rinascimento nelle recenti interpretazioni*（近期人们所诠释的文艺复兴），'Bulletin of the International Committee of Historical Sciences'，XIX（1933）；以及同一作者的以下一些论著，*Il Rinascimento*（文艺复兴），'Enciclopedia Italiana Treccani'，XIX（1936），*Momenti e forme del Rinascimento*（文艺复兴的时机与形式），V（1941）；*Gli studi di storia del Rinascimento*（关于文艺复兴历史的研究），'Cinquant'anni di vita intellecttuale italiana 1896—1946. Scritti in onore di B. Croce'，Naples，1950，I；N. Nelson，*Individualism as a Criterion of the Renaissance*，'Journal of English and Germanic Philology'，XXXII（1933）；H. W. Eppelsheimer，*Das Renaissance-Problem*（文艺复兴问题），'Deutsche Vierteljahrschrift für Literaturwissenschaft und Geistesgeschichte'，XI（1933）；R. Stadelmann，*Zum Problem der Renaissance*（论文艺复兴的问题），'Neue Jahrbücher für Wissenschaft und Jugendbildung'，X（1934）；C. Neumann，*Ende des Mittelalters? Legende von der Ablösung des Mittelalters durch die Renaissance*（中世纪的终结？文艺复兴替代中世纪的传说），'Deutsche Vierteljahrschrift für Literaturwissenschaft und Geistesgeschichte'，XII（1934）；A. Janner，*Individualismus und*

Religiösität in der Renaissance（文艺复兴时期的宗教性与个人主义），'Deutsche Vierteljahrschrift für Literaturwissenschaft und Geistesgeschichte', XIII（1935）；F. Neri, *La rinascita medievale*（中世纪的文艺复兴），in the volume *Storia e poesia*，Turin，1936；A. Buck，*Das Problem der italienischen Renaissance in der neuesten Forschung*（近期研究中的意大利文艺复兴问题），'Italienisch Kulturberichte'，II，Leipzig，1937；E. Anagnine，*Il problema del Rinascimento*（文艺复兴问题），'Nuova Rivista Storica'，XVIII（1934）；E. Anagnine，*Concetto del Rinascimento. Roma, renovation, rinascita*（文艺复兴的观念——罗马、革新与复兴），'Rivista Storica Italiana'，5th series，V（1940）；R. H. Bainton，*Changing Ideas and Ideals in the Sixteenth Century*，'Journal of Modern History'，VIII（1936）；R. Morghen，*Rinascita romanica e Rinascimento*（罗马的复兴与文艺复兴），now in *Medioevo cristiano*，Bari，1951；B. Croce，*La crisi italiana del Cinquecento e il legame del Rinascimento col Risorgimento*（16世纪意大利的危机以及文艺复兴与意大利复兴运动之间的联系），'La Critica'，XXXVII（1939），reproduced in *Poeti e scrittori del pieno e del tardo Rinascimento*，Bari，1945，I〔关于这一点，亦参见克罗齐《意大利巴洛克时代的历史》一书第一章（*Storia della età barocca in Italia*，Bari，1929，2nd edition 1946）〕；L. Russo，*Umanesimo, Rinascimento, Controriforma e la storiografia contemporanea*（人文主义、文艺复兴、反宗教改革与当代史学），reprinted in *Problemi di metodo critico*，2nd edition，Bari，1950；在1943年《观念史期刊》第四期上发表的两篇文章（D. Durand，H. Baron）及学者们对此所作的相关讨论（E. Cassirer，F. Johnson，P. O. Kristeller，D. Lockwood，L. Thorndike）：*A 'Symposium' on the Renaissance*，in 'Journal of the History of Ideas'，IV（1943）；E. Panofsky，*Renaissance and Renascences*，'The Kenyon Review'，1944；H. Baron，*Articulation and Unity in the Italian Renaissance and in the*

Modern West，'Annual Report of the American Historical Association for 1942'，III（1944）；H. Weisinger，*Renaissance Theories of the Revival of the Fine Arts*，'Italica'，XX（1943），*Who began the Revival of Learning? The Renaissance Point of View*，'Papers of the Michigan Academy'，XXX（1944），*The Renaissance Theory of the Reaction Against the Middle Ages as a Cause of the Renaissance*，'Speculum'，XX（1945），*English Attitudes Toward the Relationship beween the Renaissance and the Reformation*，'Church History'，XIV（1945），*Renaissance Accounts of the Revival of Learning*，'Studies in Philology'，XLV（1948），*The English Origins of the Sociological Interpretation of the Renaissance*，'Journal of the History of Ideas'，XI（1950）；A. Renaudet，*Autour d'une définition de l'Humanisme*（关于人文主义的一个界定），'Bibliothèque d'Humanisme et Renaissance'，VI（1945），*Le problème historique de la Renaissance italienne*（意大利文艺复兴的历史问题），ib.，IX（1947）；K. M. Setton，*Some Recent Views of the Italian Renaissance*，'Report of the Canadian Historical Association'，1947；E. H. Wilkins，*On the Nature and Extent of the Italian Renaissance*，'Italica'，XXVII（1950）；B. L. Ullman，*Renaissance-the Word and the Underlying Concept*，'Studies in Philology'，XLIX（1952），now in *Studies in the Italian Renaissance*，Rome，1955；T. Gregory，Gli studi italiani sul pensiero del Rinascimento(1949—1952)（意大利学者对文艺复兴思想的研究：1949—1952），I，*La polemica sul Rinascimento*（关于文艺复兴的争论），'Rassegna di filosofia'，I（1952）；1952 年 2 月，纽约大都会艺术博物馆举行的讨论会上，一众学者（E. Panofsky，G. Sarton，R. H. Bainton，L. Bradner，W. K. Ferguson，R. S. Lopez)共同探讨了涉及艺术、科学、宗教等诸方面的文艺复兴的整体性问题,其成果可参见：'Renaissance News'，V，1952，ns. 1，2，3，and *The Renaissance. A Symposium*，New York，1953；C.

Vasoli, *La civiltà dell'umanesimo e il problema del Rinascimento*（人文主义文化与文艺复兴问题），'Itinerari'，IV（1956）。

在"国家文艺复兴研究所"（Istituto Nazionale di Studi sul Rinascimento）的主办下，1952 年 9 月 25 至 28 日在佛罗伦萨召开了第三届文艺复兴研究国际大会，这次大会的目标被宣布为"关于文艺复兴的表现，在概念上对其范围……作出界定"。会议议程包括文艺复兴文学（U. Bosco）、哲学和科学思想（G. Saitta）、艺术（M. Salmi）、经济问题（A. Sapori）、政治问题（B. Barbadoro）以及宗教问题（A. Pincherle）等方面的主题演讲。由意大利国内外众多学者所共同参与的演讲和讨论，最后被整理成书出版：*Il Rinascimento. Significato e limiti*（文艺复兴：意义与局限），Florence，1953。

最近一些年来，关于人文主义和文艺复兴的主题召开了多次大会和例会，其中的部分演讲和讨论被整理出版（应该加上一句，这些作品是良莠不齐的），可参见：*Sodalitas Erasmiana*，I，*Il valore universale dell'Umanesimo*（人文主义的普世价值），Naples，1950；Pensée humaniste et tradition chrétienne au XVe et XVIe Siècle（15 和 16 世纪的人文主义思想和基督教传统），Paris，1950；*Umanesimo e scienza politica*（人文主义与政治科学），Milan，1951；*Cristianesimo e ragion di stato. L'Umanesimo e il demoniaco nell'arte*（基督教教义与国家理由——人文主义与艺术中的疯狂），Milan，1953；*Retorica e Barocco*（修辞术与巴洛克），Milan，1955。亦参见一本内容驳杂的文集：*Umanesimo e Machiavellismo*（人文主义与马基雅维里主义），published by the 'Archivio di Filosofia'，Padua，1949；以下这篇发表在 1955 年第十届国际历史科学大会上的文章也是相当重要的：D. Cantimori and E. F. Jacob，*La periodizzazione dell'età del Rinascimento nella storia d'Italia e in quella d'Europa*（意大利历史和欧洲历史中文艺复兴时代的时期划分），X Congresso Internazionale di Scienze Storiche，Rome，4—11 September，1955，*Relazioni*，IV（Florence，1955）。

3

关于"文艺复兴"、"人文主义"和"人文主义者"这几个概念的表述，参见：E. Heyfelder, *Die Ausdrücke 'Renaissance' und 'Humanismus'*（"文艺复兴"和"人文主义"这两个术语），'Deutsche Literaturzeitung', XXXIV（6 September 1913）；H. Philippart, *Essai sur le mot et la notion d'humanisme*（论"人文主义"一词及其概念），'Revue de synthèse historique', 1931；J. Trier, Zur Vorgeschichte des Renaissance-Begriffes（文艺复兴概念的史前史），'Archiv für Kulturgeschichte', XXXIII（1950）；最重要的一篇文献则是：A. Campana, *The Origin of the Word 'Humanist'*, 'Journal of the Warburg and Courtauld Institutes', IX（1946）。

文艺复兴问题和中世纪问题这两者之间存在着密切的关系，若要对这一关系的表现有所认识，学者们就需要再去阅读最近几十年来那些旨在阐述中世纪历史的研究传统之起源和演变问题的主要论著。尤其参见：G. Falco, *La polemica sul Medioevo*（关于中世纪的争论），Turin, 1933, 以及该作者另一著作中的一章 'Il significato del Medio Evo'（中世纪的意义），in *Albori d'Europa*（欧洲的曙光），Rome, 1947；亦参见：P. Lehmann, *Vom Mittelalter und von der lateinischen Philologie des Mittelalters*（中世纪和中世纪的古典拉丁语言学），Munich, 1914, *Erforschung des Mittelalters*（对中世纪的勘察），Leipzig, 1941；A. Dove, *Der Streit um das Mittelalter*（关于中世纪的争论），'Historische Zeitschrift', CXVI（1916）；K. Heussi, Altertum, *Mittelalter und Neuzeit in der Kirchengeschichte*（教会历史中的中世纪和近代），Tübingen, 1921；H. Spangenberg, *Die Perioden der Weltgeschichte*（世界历史的时期），'Historische Zeitschrift', CXXVII（1922）；G. Gordon, *Medium Aevum and the Middle Ages*, Oxford, 1925；A. Monteverdi, *Medioevo*（中世纪），'La Culura', VI（1927）；L. Sorrento, *Medioevo: il termine e il concetto*（"中世纪"一词及其概念），'Annuario della Università Cattolica del Sacro Cuore', Milan,

1930—1931；L. Varga, *Das Schlagwort vom ' finsteren Mittelalter'*（"黑暗的中世纪"的口号），*Vienna*, 1932；N. Edelman, *The Early Uses of Medium Aevum*, *Moyen Age*, *Middle Ages*, 'Rmanic Review', XXX（1938 and 1939）；A. Schreiber, *Das Mittelalter*, *universalhistorisches Problem vor der Romantik*（中世纪，浪漫传奇的普遍历史问题），'Archiv für Kulturgeschichte', XXXI（1942）；T. E. Mommsen, *Petrarch's Conception of the 'Dark Ages'*, 'Speculum', XVII, 1942；E. S. de Beer, *Gothic：Origin and Diffusion of the Term；The Idea of Style in Architecture*, 'Journal of the Warburg and Courtauld Institutes', XI（1948）。

关于历史"分期"的观念，亦参见：A. Elkan, *Entstehung und Entwicklung des Begriffs 'Gegenreformation'*（"反宗教改革"一词的形成和演变），'Historische Zeitschrift', CXII（1914）；尤其参见：H. Jedin, *Katholische Reformation oder Gegenreformation? Ein Versuch zur Klärung der Begriffe nebst einer Jubilä-umsbetrachtung über das Trienter Konzil*（天主教改革还是反宗教改革？试作概念上的澄清并对特伦托公会进行反思），Lucerne, 1946：此外还可参见前引克罗齐《意大利巴洛克时代的历史》一书中的前言和最后的评注。

II

1

当代文艺复兴研究的大方向常常与布克哈特所描绘的经典图景不相符合。然而，后者的《意大利文艺复兴时期的文化》一书却从未被其他任何综合性的研究著作所超越，至今仍是讨论这一主题无法绕过的起点。（关于此书的写作，参见：W. Kaegi, *Jacob Burckhardt*, III, Basle-Stuttgart, 1956）

值得一提的还有：W. Dilthey, *Auffassung und Analyse des Menschen im 15. und 16. Jahrhundert*（对 15、16 世纪之人的分析

和诠释），1891—1892（ reprinted in *Gesammelte Schriften*，2nd edition，Leipzig，1921）。该书从哲学角度拓展了布克哈特的观点。

在 20 世纪上半叶,出版了一些支持这种观念的(也就是说将 15 和 16 世纪视为现代思想的源泉而大加赞赏)最重要、最有影响的文艺复兴研究成果。这不仅包括卡西雷尔的两部作品(尤其是后一部)：E. Cassirer, Das *Erkenntnisproblem in der Philosophie und Wissenschaft der neueren Zeit*（近代哲学与科学的知识问题）（I, 3rd edn. , Berlin, 1922），*Individuum und Kosmos in der Philosophie der Renaissance*（文艺复兴哲学中的个人与世界）（Leipzig，1927）；还包括秦梯利的系列研究著作：G. Gentile, *I problemi della Scolastica e il pensiero italiano*（经院哲学诸问题与意大利的思想）（Bari, 1913；2nd edition, 1923），*Il pensiero italiano del Rinascimento*（文艺复兴时期的意大利思想）（3rd edition, Florence, 1940），*Studi sul Rinascimento*（文艺复兴研究）（2nd edition, Florence, 1936），*La filosofia italiana dalla fine della Scolastica agli inizî dell'Umanesimo*（经院时期末至人文主义初期的意大利哲学）（Milan，1915）。

秦梯利诉诸黑格尔主义的诠释方法，一直在强调 15 和 16 世纪意大利思想的"现代性"，但无疑有些过火。〔在此前已有意大利学者受到黑格尔主义的启发，写下了一系列作品：B. Spaventa, *Rinascimento*，*Riforma*，*Controriforma*（文艺复兴、宗教改革、反宗教改革）（Venice，1928；该书中的大部分论文写于 1854 至 1856 年间,曾在 1867 年出版），*La filosofia italiana nelle sue relazioni con la filosofia europea*（意大利哲学与欧洲哲学的关联）（last edition, Florence, 1937；同样，该书来自于 1861 年作者所发表的一场就职演说）；F. Fiorentino, *Pietro Pomponazzi*，Florence，1868；*Bernardino Telesio*, two vols. , Florence，1872—1874；*Il Risorgimento filosofico nel Quattrocento*（15 世纪哲学的复兴），Naples，1885；*Studi e ritratti della Rinascenza*（关于文艺复兴的研究和描述），Bari，1911。〕

下面这位学者的作品显然受到了秦梯利学说的影响：G. Saitta, *La filosofia di Marsilio Ficino*（菲奇诺的哲学思想）, Messina, 1923; Filosofia italiana e umanesimo（意大利哲学与人文主义）, Venice, 1928; *Il pensiero italiano nell'Umanesimo e nel Rinascimento*（人文主义和文艺复兴中的意大利思想）, three vols., Bologna, 1949—1951。

克罗齐学派的历史学家也坚持认为，文艺复兴是一个伟大的精神阶段，它与宗教改革一起，为近代文明奠定了根基。最为完整地表述这一观念的著作是：G. de Ruggiero, *Stotia della filosofia*（哲学史）, *Part III: Rinascimento, Riforma e Controriforma*（第三部分：文艺复兴、宗教改革与反宗教改革）, two vols., Bari, 1930; 4th ed., 1947。这部作品认识到，15、16 世纪的思想相当复杂，也并不始终一致，其中交织着各种新时代和旧时代的元素；这就在很大程度上冲淡了秦梯利对"现代性"的过度强调。同时，作者的结论也较为平衡：文艺复兴时期的哲学包含了近代思想的某些根本要素，但它并未对思想方法的问题有所关注，因而"新鲜的直觉带来了奇思妙想的迸发和灵光一现的顿悟，这并非是井然有序、遵循逻辑的推理过程的成果"。

2

托法宁的态度却大为不同，可参见他的各种作品：G. Toffanin, *Che cosa fu l'Umanesimo*（人文主义究竟是什么）, Florence, 1929; *Storia dell'Umanesimo dal XIII al XVI secolo*（13 至 16 世纪人文主义的历史）3rd edition, Bologna, 1943（英译本：*History of Humanism*, New York, 1954）; *Il secolo senza Roma (Il Rinascimento del secolo XIII)*［没有罗马的世纪（13 世纪的文艺复兴）］, Bologna, 1942; *La fine del Logos*（逻各斯的终结）, Bologna, 1948; 上述三本书最近在一个总标题下以三卷本的形式重印：*Storia dell'umanesimo*（人文主义的历史）, Bologna, 1950; *G. Pontano tra l'uomo e la natura*（蓬塔诺：人与自然之间）, Bologna, 1938; *Montaigne e l'idea classica*（蒙田与古典理念）, 2nd edition，Bologna，1942；*La religione degli umanisti*（人文主义者的宗教），Bologna，1950；*L'Umanesimo al Concilio di Trento*（特伦托公会之前的人文主义），Bologna 1955。（亦参见 *La fine dell'Umanesimo*（人文主义的终结），Turin，1920；*Il Cinquecento*（16世纪），Milan，last edn. 1954）

在托法宁看来，自由的精神在13世纪已然兴盛。在文化方面，它代表着科学的、阿威罗伊主义的、异端的思想的繁盛。而人文主义却代表着天主教传统主义的复兴繁荣，后者与古典的传统主义一起，构成了对13世纪异端的反制。人文主义也意味着对权威精神和天主教保守思想的重新肯定，与革新和反叛的精神格格不入。于是，人文主义为反宗教改革铺平了道路，宗教改革则将"近代"精神带入了顶峰。

因而14、15和16世纪是大分裂的时期，见证了人文主义与阿威罗伊主义之间以及人的科学与自然的科学之间的根本冲突。

托法宁的论点常常充满了火药味却似是而非，他极其粗鲁地对待反面观点，但他自己的解释又往往让读者深表怀疑。他的理论很难使人接受，至少他那尤为极端的假设无法让人信服。

尽管布克哈特及其追随者都将人文主义和文艺复兴看作是不可分割的同一之物，却有越来越多的人将两者区别对待，这不再是一个学者的孤军奋战。

早在1914和1920年，瓦尔泽（E. Walser）就认为，天主教和宗教价值观在整个文艺复兴时期都仍然得到尊重：*Christentum und Antike in der Auffassung der italienischen Frührenaissance*（意大利文艺复兴初期对基督教和古典时代的观念）；*Studien zur Weltanschauung der Renaissance*（文艺复兴哲学研究）；上述两篇论文可见：*Gesammelte Studien zur Geistesgeschichte der Renaissance*（文艺复兴思想史研究合集），Basle，1932；亦参见：P. Wernle, *Die Renaissance des Christentums im 16. Jahrhundert*（16世纪基督教的文艺复兴），Tübingen，1904。瓦尔泽的结论是，我们在研究文艺复兴时，不可能会发现那时普遍存在着对宗教的冷漠或宗教怀疑

主义。

不过,若读者意欲整体了解文艺复兴研究的当下趋势,就必须明确地注意到,某些学者尤为强调人文主义与文艺复兴其他表现形式之间所存在的差异。奥尔施基(L. Olschki)从颇为不同的角度上指出了这种差异:*Geschichte der neusprachlichen wissenschaftlichen Literatur*(现代语言科学文献的历史), three volumes, Heidelberg-Leipzig-Halle, 1919—1927;亦参见:*Machiavelli the Scientist*, Berkely, Cal., 1945。作者认为,学术的伟大复兴并非是远离现实的人文主义者"小圈子"的成就,而是工匠、工程师和艺术家等从事实践活动的人的功劳。意大利文艺复兴是真正了不起的大众运动,是一次思想革命,只有那些仅仅将文艺复兴理解为书籍文本、思想学派、学术研究的人才会否定这一点。文艺复兴是精神之公器,远远超越了人文主义者的封闭团体;它真正的创造者并非来自于公认的文人圈子(milieux)。

最近,奥尔施基又为1300至1500年间的意大利精神生活描绘了一幅全景:*The Genius of Italy*, New York, 1949; London, 1950。人文主义并不是少数学者的玩物,并不是某个"学派"的发明或是某种博雅的文学风尚。相反,它是一种得到意大利世俗社会广泛支持的运动,是一种激励着整个意大利生活和文明的精神力量。它既是意大利新文明的根本表现,又是基督教时代的第一次世俗运动。不过,当奥尔施基着手对这一运动的某些方面做出评估时,我们发现他的标准并不一致。有时,他认为教皇政权控制着意大利的世俗文明,教会将一种源起于自身外部的强大思潮成功地加以疏导和吸收(因为它发现,对自身安全而言,人文主义观念的威胁性远小于阿威罗伊主义)。人文主义从而就变成了基督教在道德和精神上的补充。但有时,奥尔施基又强调,人文主义者带来了关于生活和世界的自在论观念。①

---

① 自在论(immanentist theory),又译为"遍在论",指的是神学上认为神性体现在物质世界中,而非外在于物质世界的理论。——译者注

在海顿最近的一部著作《反文艺复兴》中（H. Haydn, *The Counter-Renaissance*, New York, 1950），我们也同样看到，作者区分了两种不同的事物。一种是古典的、人文主义的并在本质上属于基督教的"文艺复兴"，它并未对中世纪的观念作出公开的抗争；另一种是体现在路德、马基雅维里、加尔文、布鲁诺、比科和培根等人身上的"反文艺复兴"，它排斥古典的、基督教的文艺复兴所具有的中庸、和谐与等级秩序的理念。

从时间上而言，这种"反文艺复兴"运动发生在文艺复兴时期之内。布克哈特将文艺复兴视为单一排他之物的观点于是又一次遭到了挑战。

艺术史学家魏泽（G. Weise）在他的一系列文章里，都以"自然主义"和人文主义理念之间的冲突为基础来描绘文艺复兴（这在很大程度上支持了托法宁的论点），参见：*Der doppelte Begriff der Renaissance*（文艺复兴的两种观念），'Deutsche Vierteljahrsschrift für Literaturwissenschaft und Geistesgeschichte', XI, 1933; *Italien und das heroische Lebensgefühl der Renaissance*（意大利与文艺复兴的英雄主义生活），'Germanisch-Romanische Monatsschrift', 1934; *Vom Menschenideal und von den Modewörtern der Gothik und der Renaissance*（哥特式与文艺复兴艺术中的理想之人与口号），'Deutsche Vierteljahrsschrift für Literaturwissenschaft und Geistesgeschichte', XIV, 1936; *Der Realismus des 15 Jahrhunderts und sein geistigen Voraussetzungen und Parallelen*（15世纪的现实主义及其思想状况与对应之物），'Die Welt als Geschichte', VIII, 1942; *Machiavelli und Philippe de Commynes. Neuzeitlicher Wirklichkeitssinn und das Fortleben mittelalterlicher Bindungen in der Geschichtsbetrachtung am Übergang vom Mittelalter zur Renaissance*（马基雅维里与菲利普·德·科米纳：中世纪向文艺复兴转变时历史研究中近代的现实意识和中世纪思想的遗留），'Universitas', I, 1946; *Renaissance und Antike*（文艺复兴与古典时代），Tübingen, 1953; *Dürer und die ideale der*

Humanisten（丢勒与人文主义者的理想），Tübingen，1953。另外，魏泽在下列两本书中研究了意大利哥特式艺术的问题：*Die geistige Welt der Gotik und ihre Bedeutung für Italien*（哥特式艺术的精神世界及其对意大利的意义），Halle，1939；*Italien und die Welt der Gotik*（意大利与哥特式艺术的世界），Mainz，1947。他在不久之后还将发表一部综合性的作品，讨论"文艺复兴的英雄理想及其人文主义的前提"。同时还可参见他的文章：*Il duplice concetto di Rinascimento*（文艺复兴的两种观念），'Rivista Storica Italiana'，LXVIII，1956。

在魏泽看来，文艺复兴具有两个阶段，它们甚至在时间上也是明显不同的。一个是"自然主义"或"现实主义"阶段，它流行于15世纪的大多数时期内，但其本身并无新意，在欧洲大陆北部或者中部更是如此；另一个则是文艺复兴盛期（即1480年之后）的"古典主义"、"英雄主义"阶段，在这个阶段，自然主义消退了，却出现了一种新的风格、一种理念、一种古典主义—英雄主义的"类型"。这种"类型"是意大利文艺复兴真正的和原创的产物，意大利正因此对欧洲文化产生了深刻的影响。在意大利和法国，上述这种"类型"继续盛行在巴洛克时期的理想形式中，直至18世纪资产阶级科学精神兴起之后才被取代。

3

在最近几十年中，研究者们对布克哈特的观点作出了根本性的修正和调整，这还体现在另一个方面——同时也是最重要的一个方面。

在布克哈特看来，文艺复兴是一个突然出现的孤立现象，可比作盛开于沙漠中的鲜花。换言之，他认为文艺复兴与之前的时代毫无关联。如今，已有一系列的研究著作试图寻找14、15世纪与13世纪之间的联系，试图辨认两者之间的联结纽带。其中最值得关注的是布尔达赫（K. Burdach）的以下作品：*Vom Mittelalter zur Reformation*（从中世纪到宗教改革），Halle，1893；*Reformation，Renaissance，Humanismus*（宗教改革、文艺复兴与人文主义），

Berlin，1918；2^(nd) edition，1926；*Rienzo und die geistige Wandlung seiner Zeit*（里恩佐及其时代的思想变迁），'Vom Mittelalter zur Reformation，Forschungen zur Geschichte der deutschen Bildung'，II，*Briefwechsel des Cola di Rienzo*，I，Berlin，1913—1928，two vols.。亦可参见该作者的如下作品：*Deutsche Renaissance. Betrachtungen über unsere künftige Bildung*（德国文艺复兴：对我们未来教育的思考），Berlin，1916；2^(nd) edition，1920；*Dante und das Problem der Renaissance*（但丁与文艺复兴问题），'Deutsch Rundschau'，CXCVIII，1924；*Die seelischen und geistigen Quellen der Renaissancebewegung*，（文艺复兴运动的情感和精神源泉），'Historische Zeitschrift'，CXLIX，1934。另外，研究者们还应当读一读布尔达赫的合作者皮尤（P. Piur）为以下两部书所撰写的导言：*Petrarcas 'Buch ohne Namen' und die päpstliche Kurie*（彼特拉克"无名书信集"与教会库里亚），Halle，1925；*Cola di Rienzo*，Vienna，1931。

　　布尔达赫对"文艺复兴"和"宗教改革"这两个词语进行了极为细致的语义学分析，在此基础上，他既重申又发展了其他两位学者业已提出的观点［H. Thode，*Franz von Assisi und die Anfänge der Kunst der Renaissance in Italien*（方济各与意大利文艺复兴的开端），Berlin，1885；R. Hildebrand，*Zur sogenannten Renaissance*（所谓的文艺复兴），'Zeitschrift für den deutschen Unterricht'，VI，1892，reprinted in 'Beiträge zum deutschen Unterricht'，Leipzig，1897］。布尔达赫认为，文艺复兴的最初阶段与13世纪意大利的重大宗教运动［约阿希姆-方济各（Joachimite-Franciscan）］、与"革新"（renovatio）的概念、与整体上复兴宗教和道德（然后才是文化）的宏大抱负是密切相关的；文化复兴的意识在意大利的思想中产生，正是这种运动的结果。

　　将文艺复兴和中世纪看作是紧密相连的两个阶段，这样的理论在评估文艺复兴的起源和主导因素方面，都与布克哈特的经典论断相悖，后者将文艺复兴视为独立的阶段，与之前的时代毫无关联,并且尤为强调文艺复兴中人的主题、"异教"的主题。布尔达赫虽然维持着他那独一无二的原创论调和他那逻辑独特的表达方式,但就上述立场而言,他实际上也是在追随着一种普遍的倾向,即寻找文艺复兴与之前那个时代的联系。但同时,他又支持布克哈特的观点,强调文艺复兴的原创性、重要性和本质上的进步性,并将它视为近代世界的序幕。布尔达赫的理论或可称为值得关注的"一斑",借此我们可以窥见一个更宏大的整体,它包括以下两个学者的论著。其一是格巴尔①[*Les origins de la Renaissance en Italie*(意大利文艺复兴的起源),Paris,1879;*La Renaissance italienne et la philosophie de l'histoire*(意大利文艺复兴与历史哲学),'Revue des Deux Mondes',LXXII,1885;*L'Italie mystique,histoire de la Renaissance religieuse au moyen âge*(神秘的意大利,中世纪宗教复兴史),Paris,1890],他和布尔达赫一样,也强调了方济各运动的重要性,不仅将它视为宗教上的觉醒,也认为它带有文化和艺术复兴的特征。另一个是与布尔达赫写作时间相仿的沃尔佩(Volpe),他将文艺复兴描述为意大利人民的精神解放,尤其强调后者所具有的经济、社会和政治特征。[除了之前已提到的文章 *La Rinascenza in Italia e le sue origini*(意大利的文艺复兴及其起源),还可参见他的另一部著作:*Il medio evo*(中世纪),Florence,1926,3^rd edition,Milan,1943;以下两部作品也同样关注文艺复兴在政治和文化之间的联系:L. Salvatorelli,*L'Italia comunale. Dal secolo XI alla metà del secolo XIV*(公社时期的意大利:从 11 世纪至 14 世纪中期),Milan,1940;N. Valeri,*L'Italia nell'età dei principati dal 1343 al 1516*(1343 至 1516 年君主国时代的意大利),Milan,1950。]

布尔达赫的理论[对其理论的重申可见:E. Benz,*Ecclesia Spiritualis. Kirchenidee und Geschichtstheologie der Franziskanisch-*

---

① 此处意大利原文和英译本都作 E. Gebhardt,但从所列著作看,应当是法国学者格巴尔(Émile Gebhart),可能是作者的笔误。——译者注

en Reformation(精神上的教会：方济各改革时的教会观念和历史神学)，Stuttgart，1934]曾经并仍然受到热烈的讨论。但无疑，它构成了文艺复兴史学研究中一个极为重要的阶段。

III

当代一些最著名的学者凭借语义学的分析以及对既有知识的娴熟运用，得出了如下结论：应当从"学术和学问圈子"之外——也就是说从任何"哲学体系"（这里所指的是严格意义上的"哲学"一词）之外——去寻找文艺复兴的现实及真正伟大之处：实际上它们更多地存在于具体的艺术作品以及具体的政治和道德思想之中。这些学者以加林(E. Garin)和巴伦为首，他们尽管在总体上认同布克哈特的观点，即文艺复兴是伟大的、相对于中世纪而言具有全面的原创性，但并不认可布克哈特所作出的概括和提出的公式，而是试图详细地分析与人文主义和文艺复兴观念相关的历史事实。

读者们应当参考加林的下列作品：*Giovanni Pico della Mirandola. Vita e dottrina*（米兰多拉的比科：生平与学说），Florence，1937；*Dal Medioevo al Rinascimento*（从中世纪到文艺复兴），Florence，1950；以下两部著作尤其值得重视：*L'Umanesimo italiano. Filosofia e vita civile nel Rinascimento*（意大利人文主义：文艺复兴时期的哲学和公民生活），Bari，1952；*Medioevo e Rinascimento*（中世纪与文艺复兴），Bari，1954；另外还有他的众多论文，包括：*La 'dignitas hominis' e la letteratura patristica*（"人的尊严"和教父著作），in 'La Rinascita'，I，1938；*Aristotelismo e platonismo del Rinascimento*（文艺复兴时期的亚里士多德主义和柏拉图主义），ib.，II，1939；还有以下几部著作的导言：*Il Rinascimento italiano*（意大利文艺复兴），Milan，1941；*Filosofi italiani del Quattrocento*（15世纪意大利哲学），Florence，1942；*Coluccio Salutati：De nobilitate legum et medicinae. De verecundia*（萨卢塔蒂：论法律和医学的高贵；论羞耻心），Florence，1947；*L'educazione umanistica in Italia*（意大利的人文主义教育），2nd

edition, Bari, 1953；此外还有他发表于一部论文集中的文章：
Umanesimo e Rinascimento（人文主义与文艺复兴），in *Questioni e correnti di storia letteraria*，Milan，1949；以及关于整个哲学史的两卷本研究著作：*La Filosofia*（哲学），Milan，1947。

在加林看来，"以后的历史学家若要研究意大利文艺复兴时期的哲学文化，就必须得阅读政治、伦理、修辞、逻辑和科学方面的作品，而不是名声不再的经院哲学方面的著作"。"要从学者们的学术和学问圈子里寻找"普世价值"是徒然的。各种形式的实践研究中所反映出来的那种自觉的个性，才更多地体现着这些普世价值。这种个性也正构成了近代思想的序幕"。

巴伦则致力于研究佛罗伦萨人文主义对公民生活的影响，以及它在历史和政治上的根本表现。他在 1955 年出版了一部关于早期文艺复兴政治理念的综合性研究著作：*The Crisis of the Early Italian Renaissance. Civic Humanism and Republican Liberty in an Age of Classicism and Tyranny*，2 vols.，Princeton；此外还有：*Humanistic and Political Literature in Florence and Venice at the Beginning of the Quattrocento*，Cambridge，Mass.，1955。在他的众多论文和文章中，研究者们尤其应当阅读以下这部书的导言：*Leonardo Bruni Aretino：Humanistisch-philosophische Schriften*（布鲁尼：人文主义哲学著作），Leipzig，1928；以及下面这些文章：*Das Erwachen des historischen Denkens im Humanismus des Quattrocento*［15 世纪人文主义中历史思想的觉醒），in 'Historische Zeitschrift'，CXLVI，1932；*La rinascita dell'etica statale romana nell'umanesimo fiorentino del Quattrocento*（15 世纪佛罗伦萨人文主义中罗马国家伦理的复兴），in 'Civiltà Moderna'，VII，1935］；*Cicero and the Roman Civic Spirit in the Middle Ages and the Early Renaissance*，in 'Bulletin of the John Rylands Library'，XXII，1938；*Franciscan Poverty and Civic Wealth as Factors in the Rise of Humanistic Thought*，in 'Speculum'，XIII，1938；*The Historical Background of the Florentine Renaissance*，in 'History'，New

Series，XXII，1938 and 'La Rinascita'，I，1938；*A Sociological Interpretation of the Early Renaissance in Florence*，in 'The South Atlantic Quarterly'，XXXVIII，1939；*A Struggle for Liberty in the Renaissance：Florence，Venice，and Milan in the Early Quattrocento*，in 'American Historical Review'，LVIII，1953；*Dekadenz im Italien des Quattrocento?*（15 世纪意大利的衰落？），in Bibliothèque d'Humanisme et Renaissance'，XVII，1955。

克里斯特勒（P. O. Kristeller）的勤勉研究具有相当大的价值，因为这为我们提供了极为详尽的资料。他尤为关注的是严格意义上的哲学问题和思辨传统。在这一领域内，他否定了"文艺复兴人文主义"的"哲学"思想所具有的原创性，仅仅将人文主义看作"文艺复兴思想中的有限部分"。尤其可资参考的是：*The Philosophy of Marsilio Ficino*，New York，1943；*Augustine and the Early Renaissance*，in 'Review of Religion'，VIII，1944；*The Place of Classical Humanism in Renaissance Thought*，in 'Journal of the History of Ideas'，IV，1943；*Ficino and Pomponazzi on the Place of Man in the Universe*，in 'Journal of the History of Ideas'，V，1944；*Humanism and Scholasticism in Italian Renaissance*，'Byzantion'，XVII，1944—1945；*Francesco da Diacceto and Florentine Platonism in the Sixteenth Century*，in 'Miscellanea Giovanni Mercati'，IV，Rome，1946；*The Philosophy of Man，in the Italian Renaissance*，in 'Italica'，XXIV，1947；与另一位作者共同为其主编的一部著作撰写的前言：written in collaboration with J. H. Randall Jr.，the general introduction to *The Renaissance Philosophy of Man*，Chicago，1948；*Movimenti filosofici del Rinascimento*（文艺复兴的哲学时刻），in 'Giornale Critico della Filosofia Italiana'，XXIX，1950；*Umanesimo e filosofia nel Rinascimento italiano*（意大利文艺复兴中的人文主义与哲学），in *Umanesimo e scienza politica. Atti del Congresso Internazionale di Studi Umanistici*，Milan，1951；*The Classics and Renaissance*

Thought，Cambridge，Mass.，1955.上述几乎所有论文，包括先前那些没有出版的文章，现在都被整理在以下著作中：*Studies in Renaissance Thought and Letters*，Rome，1956。

IV

在最近几十年里有一种研究倾向表现得越发明显，这便是否定文艺复兴的原创性和重要性，反而称赞中世纪（尤其是 12、13 世纪）思想的伟大、深刻和强大，特别是将开拓西方文明新道路的功劳归于所谓的 12 世纪法国文艺复兴。在论述文艺复兴的那篇文章正文中，关于这种倾向，我已经提到了相当多的作品。

实际上这并非多么新颖的观点：早在 1900 年之前，就有学者将"新艺术"的产生归功于 14 世纪弗莱芒艺术家和法国北部的艺术家们：L. Courajod, *Leçons professées à l'école du Louvre*，*1887—1896*（在卢浮宫学院的授课：1887—1896），II，*Origines de la Renaissance*（文艺复兴的起源），Paris，1901。但在最近几十年里，这种观点无疑得到了前所未有的支持，而且也不再限于艺术领域。至于读者们应当如何看待这样的论断，在正文中我已经有所提及。这些观点，有的源自于"中世纪主义者的反抗"（弗格森语），他们的理由是要消除关于"野蛮的"中世纪的传说；有的则是民族主义倾向使然（这大多数与法国有关），或是受到宗教激进主义尤其是天主教"宗派主义"（confessionalism）的影响。被这种思维所主导的人们努力地想要瓦解 19 世纪那些自由的世俗学者们构建起来的图景（尽管他们的理论依据是四百年之前的观念和看法！）。试图打破"无知蒙昧的中世纪"（Medium Aevum）这个已广受怀疑的神话，这当然无可非议；但这些人若是要辩称：文艺复兴的一切本质在文艺复兴之前都早已有人提出过了，或是要否认它自身所具有的活跃的个性，那么他们就会发现，自己的论断根基实在浅薄。

有一点显然非常重要：在对文艺复兴的攻击中，神学家和信仰其他宗教信条的人如今已达成了一致（H. Weisinger, *The Attack on the Renaissance in Theology Today*，'Studies in the Renaissance'，

II，1955)。这个例子可以说明，布克哈特时代以来学术界整体思想倾向中所发生的变化是如何影响到了人们对历史的判断。

除了正文中已提到的作品之外，反文艺复兴潮流中［关于这一潮流可参见：I Siciliano, *Medio Evo e Rinascimento*(中世纪与文艺复兴)，Rome，1936］还有以下一些内容值得关注：

（a）C. H. Haskins, *The Renaissance of the Twelfth Century*, Cambridge, Mass. , 1927；*Studies in the History of Mediaeval Science*, Cambridge, Mass. , 2nd ed. , 1927；*Studies in Mediaeval Culture*, Oxford, 1929。关于所谓 12 世纪"文艺复兴"，亦参见：G. Paré, A. Brunet, P. Tremblay, *La Renaissance du XIIe Siècle. Les écoles et l'enseignement*(12 世纪的文艺复兴：学校与教育)，Paris-Ottawa, 1933；W. A. Nitze, *The So-Called Twelfth Century Renaissance*, 'Speculum', XXIII, 1948；H. Liebeschütz, *Mediaeval Humanism in the Life and Writings of John of Salisbury*, London, 1950(该著作非常重要)；E. M. Sanford, *The Twelfth Century—Renaissance of Proto-Renaissance?*, 'Speculum', XXVI, 1951；U. T. Holmes, *The Idea of a Twelfth Century Renaissance*, ib. , XXVI, 1951。虽然上述哈斯金斯的著作与所谓 12 世纪"文艺复兴"关系颇大，但他在这一问题上极为谨慎，对待意大利文艺复兴的态度也绝不激进。

以下这部著作再一次提出了 12、13 世纪"北方文艺复兴"以及"意大利人文主义在中世纪的前导"(ascendances médiévales de l'humanisme italien) 这样的问题：P. Renucci, *L'aventure de l'humanisme européen au Moyen-Age (iv-xiv siècle)*(中世纪欧洲人文主义的机遇：4—14 世纪)，Clermont-Ferrand, 1953。亦参见：T. Gregory, *Anima mundi. La filosofia di Guglielmo di Conches e la scuola di Chartres*(世界精神：孔什的威廉的哲学及沙特尔学派)，Flrence, 1955。

（b）综合性的作品：E. Gilson, *La philosophie au Moyen Âge des origines patristiques à la fin du XIVe Siècle*(从教父时期至 14 世

纪末的中世纪哲学)，2nd edition，Paris，1952（该作品非常重要）；*L'esprit de la philosophie médiévale*（中世纪哲学的精神），2nd edition，Paris，1944（English translation，*The Spirit of Medieval Philosophy*，New York，1936）；*L'humanisme de Saint Thomas*（阿奎纳的人文主义），'Atti del V Congresso Internazionale di filosofia'，Naples，1924；*Humanisme médiéval et Renaissance*（中世纪人文主义与文艺复兴），in the volume 'Les idée et les lettres'，Paris，1932；*Héloïse et Abélard*，Paris，1938（English translation，Chicago，1951）。以上所列著作，不论就其作者的学术水准还是其观点的尖锐坚定而言，都是值得一读的。

对于文艺复兴与中世纪的不同之处，吉尔松的观点是负面的。文艺复兴并非中世纪加上人，而是中世纪减去上帝；文艺复兴在失去上帝的同时也失掉了人。近代哲学没有必要汲汲于证明：理性战胜了中世纪的迷信。相反，正是中世纪为近代哲学确立了理性的地位。

在科学领域，以下这部著作对中世纪的科学精神多有称赞：P. Duhem，*Le système du monde. Histoire des doctrines cosmologiques de Platon à Copernic*（世界体系：从柏拉图到哥白尼的宇宙学说的历史），five volumes，Paris，1913—1917；亦参见同一作者的：*Études sur Léonard de Vinci，ceux qu'il a lus et ceux qui l'ont lu*（对达·芬奇的研究：他所阅读的和阅读他的人），three series，Paris，1906—1913。此后又出现了另一部非凡的、里程碑式的著作：L. Thorndike，*A History of Magic and Experimental Sciences*，six volumes，New York，1923—1941。作者在这部书中认为，文艺复兴时期的科学思想缺少原创性；与此前两百年相比，14、15世纪代表着倒退而非进步。（亦参见同一作者的：*Science and Thought in the fifteenth Century*，NewYork，1929；*Renaissance or Prenaissance?*，'Journal of the History of Ideas'，IV，1943）

文艺复兴时期的科学是否具有原创性，对此以下这位学者也持有否定的态度：G. Arton，*Scince in the Renaissance*，in The

Civilization of the Renaissance，by J. W. Thompson，G. Rowldy，F. Schevill and G. Sarton，Chicago，1929；cf. *Introduction to the History of Science*，three volumes，Washington-Baltimore，1927—48，of which Volume III，in two parts，is concerned with *Science and Learning in the Fourteenth Century*。这位作者在最近的一部著作中（*The Appreciation of Ancient and Medieval Science during the Renaissance*，Philadelphia，1955），认为就科学领域而言，文艺复兴是对中世纪的继承，其中没有本质性的变化，也没有带来"近代"实验科学的振兴——尽管在 16 世纪的时候，某些领域（如解剖学）出现了新的、进步性的元素。这些新的元素在作者 1952 年的研究成果中（参见：*Symposium on the Renaissance*，already cited）得到了强调，那时他更为积极地评价了文艺复兴在科学领域所取得的成就。

V

虽然在近期的历史学研究中，中世纪与文艺复兴之间的联系这一主题得到了极大的重视，但还很少有人关注另一个问题，即文艺复兴观念的最终消亡，尤其是地理大发现对欧洲思想模式所带来的革命性影响。如正文所言，这种思想模式在 16 世纪中期以后发生了深刻的变化。随之而来的相对主义时代，使人们开始接受"方法论怀疑"[①]的哲学以及进步的观念——这正是 1600 至 1700 年欧洲思想两大支柱。在上述现象的作用以及宗教改革和反宗教改革的影响之下，欧洲大陆在 16 世纪下半叶已经进入了一个新的阶段，在思想观念上已然发生了重大的变化。然而，今天的人们在提及法国、英国等地的文艺复兴时（那实际上正是在 16 世纪下半叶最为兴盛），却很少考虑上述情况，似乎意大利文艺复兴的道德和精神氛围一直延续到了 16 世纪 20 或 30 年代。就意大利自身而

---

① 方法论怀疑（methodical doubt）是笛卡尔所创立的方法，通过系统的怀疑而得到确定的知识。——译者注

言,布鲁诺(更不用说康帕内拉)等人的思想便让我们深深地意识到:这是一个新的时代,在道德、宗教和政治方面影响这一时代的历史因素与 15 世纪和 16 世纪初的那些因素已经有了很大的不同。

若在这一问题上进行研究和讨论,无疑会取得丰硕的成果。不过现在,我们只需提及以下这些论著便足够了:

G. Chinard, *L'exotisme américain dans la literature française au XVIe siècle*(16 世纪法国文学中的美洲异域情调), Paris, 1911; A. Rein, *Das Problem der europäischen Expansion in der Geschichtsschreibung*(历史上的欧洲扩张问题), Hamburg, 1929; F. Chabod, *Giovanni Botero*, Rome, 1934; G. Atkinson, *Les nouveaux horizons de la Renaissance française*(法国文艺复兴的新景象), Paris, 1935; F. de Dainville, *La géographie des humanistes*(人文主义者的地理学), Paris, 1940; G. Toffanin, *Montaigne e l'idea classica*(蒙田与古典理念), cited above; R. Gonnard, *La légende du Bon Sauvage*(高贵野蛮人的传说), Paris, 1946; A. Dupront, *Espace et humanisme*(空间与人文主义), 'Bibliothèque d'Humanisme et Renaissance', VIII, 1946; A. Gerbi, *Viejas polémicas sobre el Nuevo Mundo*(关于新大陆的旧论战), 3rd edition, Lima, 1946。该作者在后来的一本书中又再次讨论并扩展了这一主题:*La disputa del Nuovo Mondo. Storia di una polemica, 1750—1900*(关于新世界的争论:一场论战的历史, 1750—1900), Milan-Naples, 1955;该书虽然总体上关注的是 18 和 19 世纪的争论,但也提供了某些有用的建议。A. Pincherle, *La dignità dell'uomo e l'indigeno americano*(人的尊严和美洲土著), 'Atti del Congresso Internazionale di Studi Umanistici', Rome, 1952; R. Romeo, *Le scoperte americane nella coscienza italiana del Cinquecento*(16 世纪意大利人观念中的美洲大发现), Milan-Naples, 1954;以下这本著作虽然总体上研究的是较晚的年代(1609—1851),但也可以提供某些别有创见的观点:R. H.

Pearce，*The Savages of America．A Study of the Indian and the Idea of Civilization*，Baltimore，1953。

当时那些试图描绘其他民族特征的人，具体是如何受到游记文学影响的，这个可以参见以下这部作品中的评论：B. W. Bate，*Literary Portraiture in the Historical Narrative of the French Renaissance*，New York，1945。

欧洲思想中的土耳其人和"东方人"（中国人等）主题，参见：C. D. Rouillard，*The Turk in French History*，*Thought and Literature (1520—1660)*，Paris，undated but published in 1938；F. Chabod，*Paolo Giovio*，'Periodico della Società Storica Comense'm XXXVIII，1954。

VI

我已经对近期文艺复兴历史研究的发展主线作了简要的介绍，接下来将为有意对文艺复兴的某些具体方面和具体问题进行研究的人提供一些更为重要的作品。

1

关于文化传统的延续性问题，参见：K. Borinski，*Die Antike in Poetik und Kunsttheorie vom Ausgang des klassischen Altertums bis auf Goeth und Wilhelm von Humboldt*（诗歌和艺术理论中的古典时代：从古典时期的终结到歌德和洪堡），2 vols. Leipzig，1914—1924；A. Goldschmidt，*Das Nachleben der antiken Formen im Mittelalter*（古代形式在中世纪的表现），'Vorträge der Bibliothek Warburg'，I，1921—1922；F. von Bezold，*Das Fortleben der antiken Götter im mittelalterlichen Humanismus*（中世纪人文主义中的古代神祇），Bonn-Leipzig，1922；A. Doren，*Fortuna im Mittelalter und in der Renaissance*（中世纪和文艺复兴中的命运女神），'Vorträge der Bibliothek Warburg'，II，1，1922—1923；F. Saxl，*Antike Götter in der Spätrenaissance*（晚期文艺复兴中的古代神祇），Leipzig-Berlin，1927；id.，*Pagan Sacrifice in the Italian*

Renaissance,'Journal of the Warburg Institute', II, 1939; H. R.
Patch, *The Goddess Fortuna in Mediaeval Literature*, Cambridge,
Mass. , 1927; A. Warburg, *Die Erneuerung der heidnischen
Antike. Kulturwissenschaftliche Beiträge zur Geschichte der
europäischen Renaissance*(异教古典的复兴。对于欧洲文艺复兴文
化历史的科学贡献),'Gesammelte Schriften', two volumes,
Leipzig, 1932; J. Seznec, *La survivance des Dieux Antiques. Essai
sur le rôle de la tradition mythologique dans l'humanisme et dans
l'art de la Renaissance*(古代神祇的不灭:论人文主义和文艺复兴艺
术中神话传统的作用), London, 1940; 亦参见:B. Croce, *Gli Dei
Antichi nella tradizione mitologica del medio evo e del rinascimento*
(中世纪和文艺复兴时期神话传统中的古代神祇),'Varietà di
storia letteraria e civile', 2nd series, Bari, 1949; E. Garin, *Le favole
antiche*(古代的寓言), in *Medioevo e Rinascimento*, cited above; F.
Gaeta, *L'avventura di Ercole* (赫 拉 克 勒 斯 的 历 险),
'Rinascimento', V. 1954; D. Bush, *Classical Influences in Re-
naissance Literature*, Cambridge, Mass. , 1952; R. R. Bolgar, *The
Classical Heritage and its Beneficiaries*, Cambridge, 1954。亦参
见:P. Renucci, *Dante disciple et juge du monde gréco-latin*(但丁:
希腊和拉丁世界的信徒和评判), Clermont-Ferrand, 1954。

关于罗马传统的专门研究,可参见:T. Zielinski, *Cicero im
Wandel der Jahrhunderte* (世 纪 之 交 的 西 塞 罗), Leipzig, 4th
edition, 1929; V. Zabughin, *Vergilio nel Rinascimento italiano da
Dante a Torquato Tasso*(意大利文艺复兴中的维吉尔——从但丁到
塔索), two volumes, Bologna, 1921—1924; F. Schneider, *Rom
und Romgedanke im Mittelalter. Die geistigen Grundlagen der
Renaissance*(中世纪的罗马和罗马思想,文艺复兴的思想基础),
Munich, 1926; P. E. Schramm, *Kaiser, Rom und Renovatio*(凯
撒、罗马和复兴), two volumes, Leipzig-Berlin, 1929(这是作者最
重要的著作);以下这部内容驳杂的著作中,主编者为该书所写的

长篇导言值得一读：E. Dupré Theseider，*L'idea imperiale di Roma nella tradizione del Medioevo*（中世纪传统中的罗马帝国理念），Milan，1942；W. Hammer，*The Concept of the New or Second Rome in the Middle Ages*，'Speculum'，XIX，1944；N. Lenkeith，*Dante and the Legend of Rome*，'Mediaeval and Renaissance Studies'，Supplement II，London，1952；W. Rehm，*Der Untergang Roms im abendländischen Denken*（西方思想中罗马的衰落），Leipzig，1930；最后自然还有两本堪称范本的著作：A. Graf，*Roma nella memoria e nelle immaginazioni del Medio Evo*（中世纪记忆和想象中的罗马），two volumes，Turin，1882—1883，now available in Graf，*Opere Critiche*（评论全集），Turin，1923；D. Comparetti，*Virgilio nel Medio Evo*（中世纪的维吉尔），Leghorn，1872；2nd edition，in two volumes，Florence，1896；new edition edited by G. Pasquali，two volumes，Florence，1937—1941。

关于"凯撒"和"亚历山大"的主题，可参见：F. Gundolf，*Caesar. Geschichte seines Ruhms*（凯撒的声名史），Berlin，1925；P. Treves，*Il mito di Alessandro e la Roma d'Augusto*（亚历山大的神话与奥古斯都的罗马），Milan-Naples，1953；G. Martellotti，*Il Petrarca e Cesare*（彼特拉克与凯撒），'Annali della Scuola Normale Superiore di Pisa'，2nd Series，XVI，1947；A. Momigliano，*Per un riesame della storia dell'idea di Cesarismo*（对凯撒主义观念史的再探究），'Rivista Storica Italiana'，LXVIII，1956。

以下这些关于古典时代、中世纪和文艺复兴的通论性著作也值得参考：E. Norden，*Die antike Kunstprosa vom VI. jahrhundert v. Chr. bis in die Zeit der Renaissance*（从公元前 6 世纪至文艺复兴的古代散文艺术），4th edition，Leipzig，1923；F. J. E. Raby，*A History of Secular Latin Poetry in the Middle Ages*，two volumes，Oxford，1934；id.，*A History of Christian-Latin Poetry from the Beginnings to the Close of the Middle Ages*，Oxford，1927；E. R. Curtius，*Europäische Literatur und lateinisches Mittelalter*（欧洲文

学与拉丁语的中世纪），2nd ed.，Berne，1954；W. Goetz，*Renaissance und Antike*（文艺复兴与古代），'Historische Zeitschrift'，CXIII，1914（该书在这一主题上有重要的贡献）；M. Manitius，*Geschichte der lateinischen Literatur des Mittelalters*（中世纪拉丁文学史），three volumes，Munich，1911—1931（该书是经典作品）。亦参见：L. Spitzer，*The Problem of Latin Renaissance Poetry*，'Studies in the Renaissance'，II，1955。

关于前古典时代的文明，可参见：K. H. Dannenfeldt，*The Renaissance and Pre-Classical Civilizations*，'Journal of the History of Ideas'，XIII，1952。

关于阿拉伯文明的影响，可以特别留意：M. Asín Palacios，*La escatología musulmana en la Divina Comedia*（穆斯林末世论与《神曲》），Madrid，1919；2nd edition，Madrid-Granada，1943；E. Cerulli，*Il 'Libro della Scala' e la questione delle fonti arabo-spagnole della Divina Commedia*（"斯卡拉之书"与《神曲》的阿拉伯—西班牙来源问题），Vatican City，1949。亦参见：K. H. Dannenfeldt，*The Renaissance Humanists and the Knowledge of Arabic*，'Studies in the Renaissance'，II，1955。

2

关于人文主义，以下作品可称范本：G. Voigt，*Die Wiederbelebung des classischen Altertums oder das erste jahrhundert des Humanismus*（人文主义的第一个世纪中古典时代的复兴），Berlin，1859；3rd edition in two volumes，1893；L. Geiger，*Renaissance und Humanismus in Italien und Deutschland*（意大利和德意志的文艺复兴和人文主义），Berlin，1882；R. Sabbadini，*Storia del Ciceronianismo e di altre questioni letterarie nell'età della rinascenza*（西塞罗主义以及文艺复兴时代其他文学问题的历史），Turin，1886；id.，*Le scoperte dei codici latini e greci ne' secoli XIV e XV*（14、15世纪希腊和拉丁准则的发现），two volumes，Florence，1905—1914；id.，*Il metodo degli umanisti*（人文主义的方法），

Florence，1922；P. de Nolhac，*Pétrarque et l'humanisme*（彼特拉克与人文主义），two volumes，2nd edition，Paris，1907。最近出版的一本著作是非常重要的通论性作品：M. P. Gilmore，*The World of Humanism*，1453—1517，New York，1952。

近期的作品中可以参考：H. Rüdiger，*Wesen und Wandlung des Humanismus*（人文主义的本质和变迁），Hamburg，1937；J. H. Whitfield，*Petrarch and the Renascence*，Oxford，1943；P. Van Tieghem，*La littérature de la Renaissance*（文学和文艺复兴），'Bibliothèque d'Humanisme et Renaissance'，IV，1944；U. Bosco，*Petrarca*，Turin，1946；W. Rüegg，*Cicero und der Humanismus. Formale Untersuchungen über Petrarca und Erasmus*（西塞罗与人文主义：关于彼特拉克和伊拉斯谟的形式研究），Zürich，1946；G. Billanovich，*Petrarca letterato. I. Lo scrittoio del Petrarca*（文人彼特拉克，I. 彼特拉克的书桌），Rome，1947；id.，*Petrarch and the Textual Tradition of Livy*，'Journal of the Warburg and Courtauld Institutes'，XIV，1951；id.，*I primi umanisti e le tradizioni dei classici latini*（最早的人文主义者和古典拉丁传统），Fribourg，1953；R. Weiss，*The Dawn of Humanism in Italy*，London，1947；id.，*Il primo secolo dell'Umanesimo*（人文主义的第一个百年），Rome，1949；id.，*Lo studio di Plutarco nel Trecento*（14 世纪对普鲁塔克的研究），'La Parola del Passato'，XXXII，1953；G. Martellotti，*Linee di sviluppo dell'umanesimo petrarchesco*（彼特拉克人文主义的发展线索），'Studi Petrarcheschi'，II，1949；A. Renaudet，*Dante humaniste*（人文主义者但丁），Paris，1952。亦参见：R. Spongano，*L'Umanesimo e le sue origini*（人文主义及其起源），'Giornale Storico della Letteratura Italiana'，CXXX，1953。还有本非常重要的著作：B. Ullman，*Studies in the Italian Renaissance*，Rome，1955，cited above.

关于"人文主义"的概念，参见：R. Pfeiffer，*Humanitas*

Erasmiana（伊拉斯谟的人类），Berlin-Leipzig，1931。

关于"模仿"，参见：H. Gmelin，*Das Prinzip der Imitatio in den romanischen Literaturen der Renaissance*（文艺复兴时期拉丁语文学的模仿原则），'Romanische Forschungen'，XLVI，1932。

关于拜占庭学者及其影响，参见：L. Mohler，*Kardinal Bessarion als Theologe*，*Humanist und Staatsmann*（作为神学家、人文主义者和政治家的红衣主教贝萨里翁），three volumes，Paderborn，1923—1942；G. Cammelli，*I dotti bizantini e le origini dell'Umanesimo*（拜占庭学者及人文主义的起源），I（M. Crisolora），II（G. Argiropulo），Florence，1941，III（D. Calcondila），Florence，1954；id.，*Andronico Callisto*，'La Rinascita'，V，1942；K. M. Setton，*The Byzantine Background to the Italian Renaissance*，'Proceedings of the American Philosophical Society'，C，1956。

以下这些关于具体个人和具体问题的著作有着极端的重要性，尤其是它们对整体性地研究人文主义都有所启发：E. Walser，*Poggius Florentinus*. *Leben und Werke*（弗洛伦蒂努斯：生平和著作），Leipzig-Berlin，1914；id.，*Lebens- und Glaubensprobleme aus dem Zeitalter der Renaissance*. *Die Religion des Luigi Pulci*，*ihre Quellen und ihre Bedeutung*（文艺复兴时期的生活与信仰问题，浦尔契的宗教，其来源和意义），Marburg a. L.，1926；亦参考以下这部著作中的各篇论文：*Gesammelte Studien zur Geistesgeschichte der Renaissance*（文艺复兴思想史研究合集），Basle，1932，尤其是其中的一篇：*Christentum und Antike in der Auffassung der italienischen Frührenaissance*（意大利文艺复兴初期的古典时代和基督教）；此外还可参考：*Der Sinn des Lebens im Zeitalter der Renaissance*（文艺复兴时代生活的意义）in 'Archiv für Kulturgeschichte'，XIV，1926。研究者们还应当经常阅读格茨（W. Goetz)的论文，现在已收录成集：*Italien im Mittelalter*（中世纪的意大利），two volumes，Leipzig，1942；P. Joachimsen，*Aus der*

Entwicklung des italienischen Humanismus（意大利人文主义的发展），'HistorischeZeitschrift'，CXXI，1920；A. Von Martin，*Mittelalterliche Welt- und Lebensanschauung im Spiegel der Schriften Coluccio Salutatis*（萨卢塔蒂手稿中反映的中世纪世界观和生活观），Munich，1913；id.，*Coluccio Salutati und das humanistische Lebensideal*（萨卢塔蒂与人文主义者的生活理想），Berlin-Leipzig，1916；id.，*Petrarca und die Romantik der Renaissance*（彼特拉克与文艺复兴时期的传奇作品），'Historische Zeitschrift'，CXXXVIII，1938。

关于人文主义者的道德准则，参见：C. E. Trinkaus，*Adversity's Noblemen. The Italian Humanists on Happiness*，New York，1940。

关于萨卢塔蒂，参见：L. Borghi，*La dottrina morale di Coluccio Salutati*（萨卢塔蒂的道德准则），and *La concezione umanistica di Coluccio Salutati*（萨卢塔蒂的人文主义观念），'Annali della R. Scuola Normale Superiore di Pisa'，New Series，III，1934；W. Rüegg，*Entstehung，Quellen und Ziel von Salutatis 'De fato et fortuna'*（萨卢塔蒂思想的起源、来源和目标："命运与幸运"），'Rinascimento'，V，1954。关于布拉乔利尼，[①] 参见：C. S. Gutkind，*Poggio Bracciolinis geistige Entwicklung*（布拉乔利尼的思想发展），'Vierteljahrschrift für Literaturwissenschaft und Geistesgeschichte'，X，1932）。关于瓦拉，参见：F. Gaeta，*Lorenzo Valla. Filologia e storia nell'umanesimo italiano*（瓦拉：意大利人文主义中的语义学和历史），Naples，1955。关于阿尔贝蒂，参见：P. H. Michel，*Un idéal humain au XV*e *siècle. La pensée de L. B. Alberti (1404—1472)*［15 世纪理想的人：阿尔贝蒂的思想（1404—1472）］，Paris，1930。关于西尔

---

① 布拉乔利尼（Poggio Bracciolini，1380—1459），意大利人文主义者，搜集整理了大量古典拉丁文献。——译者注

维乌斯，[①]参见：G. Voigt，*Enea Silvio de' Piccolomini als Papst Pius der Zweite und sein Zeitalter*（作为教皇庇护二世的西尔维乌斯及其时代），3 vols.，Berlin，1856—1863；除了上述这部经典作品，亦参见：G. Paparelli，*Enea Silvio Piccolomini（Pio II）*，Bari，1950；G. Bürck，*Selbstdarstellung und Personenbildnis bei Enea Silvio Piccolomini（Pius II）*[西尔维乌斯（庇护二世）作品中的自我表达和自我描绘]，Basle，1956。关于拉埃图斯，[②]参见：V. Zabughin，*Giulio Pomponio Leto*，three volumes，Rome，1909—1912。

关于皮埃蒙特地区（Piedmont）的人文主义和文艺复兴，参见：G. Vinay，*L'umanesimo subalpino nel secolo XV*（15世纪皮埃蒙特的人文主义），Turin，1935；关于威尼斯：A. Ferriguto，*Almorò Barbaro，l'alta cultura nel Settentrione d'Italia nel '400，i 'sacri canones' di Roma e le 'santissime Leze' di Venezia*（巴尔巴罗，[③]15世纪意大利北部的高雅文化，罗马的"神圣准则"和威尼斯的"神圣法则"），'Miscellanea di storia veneta'，3rd Series，XV，1922；L. Lazzarini，*Paolo de Bernardo e i primordi dell'Umanesimo in Venezia*（贝尔纳多与威尼斯人文主义的开始），Geneva，1930；以及此后关于政治思想的文献介绍中所提及的戈特恩（P. Gothein）的著作；关于意大利南部：E. Gothein，*Die Culturentwicklung Süd-Italiens*（意大利南部的文化发展），Breslau，1886（这仍然是一部不可不读的作品）；亦参见克罗齐的各种论著，尤其是：*I teatri di Napoli dal Rinascimento alla fine del secolo XVIII*（从文艺复兴至18世纪末的那不勒斯剧院），4th edition，Bari，1947；*La Spagna*

[①] 西尔维乌斯（Aeneas Sylvius，亦写作 Enea Silvio Piccolomini，1405—1464），即教皇庇护二世。——译者注

[②] 拉埃图斯（Pomponius Laetus，亦写作 Giulio Pomponio Leto，1428—1497），意大利人文主义者，对复兴古罗马文化起到了重要作用，尤其在罗马文物的考察和搜集方面贡献很大。——译者注

[③] 阿尔莫罗·巴尔巴罗（Almorò Barbaro），威尼斯望族巴尔巴罗家族的成员，生活于15世纪。——译者注

nella vita italiana durante la Rinascenza（文艺复兴期间意大利生活中的西班牙因素），4th edition，Bari，1949；*Storie e leggende napoletane*（那不勒斯的历史与传奇），4th edition，Bari，1948；*Uomini e cose della vecchia Italia*（意大利古代的人与物），1st Series，2nd edition，Bari，1943；*Aneddoti di varia letteratura*，I（各种文学作品中的趣事，I），2nd edition，Bari，1953；他对于圣纳扎罗[①]的专门研究可见：*Varietà di storia letteraria e civile*（公民与文学历史的多样性），2nd Series，Bari，1949。另可参见：A. Altamura，*L'Umanesimo nel Mezzogiorno d'Italia*（意大利南方的人文主义），Florence，1941。

　　关于"宫廷陪臣"，参见：E. Loos，*Baldassare Castigliones 'Libro del cortegiano'：Studien zur Tugendauffassung des Cinquecento*（卡斯蒂廖内的"陪臣之书"：对16世纪美德观的研究），Frankfurt a. M.，1955；亦参见：V. Cian，*Un illustre nunzio pontificio del Rinascimento：Baldassare Castiglione*（文艺复兴时代一个与众不同的罗马教廷大使卡斯蒂廖内），Vatican City，1951。关于达·芬奇，参见：C. Luporini，*La mente di Leonardo*（达·芬奇的思想），Florence，1953。

3

　　当代的学者常常会将"基督教人文主义"这个词语挂在嘴边。在某种意义上，它表明学术界关于中世纪与文艺复兴之间的分界线又重新开始了争论。那些"基督教"人文主义的鼓吹者认为，这两个时期仅仅是一个持续的历史进程中的不同阶段，他们要尽可能地弱化意大利文艺复兴的革命性特征。基督教人文主义在教会历史的初期就开始存在，这种人文主义将古典时代与福音相联系，并在加洛林文艺复兴和12世纪文艺复兴时达到了鼎盛。13世纪的阿奎那在面对着新阿威罗伊主义、反基督教和反人文主义的潮

---

① 圣纳扎罗（Jacopo Sannazzaro，1457—1530），那不勒斯人文主义者、诗人，对意大利文学发展具有一定的贡献。——译者注

流时,在理性和天启真理、自然和超自然的共同基础上又稳固地确立了这种人文主义。它是吉尔松所设想的人文主义,也是布雷蒙和勒诺代①笔下的"永恒的"人文主义。

然而在这种"永恒的"人文主义中,又有第二个阶段,这个阶段更为清晰和明确,尤其与文艺复兴和15、16世纪的"基督教"人文主义有关。目前为止,对这一问题的研究主要集中在它对阿尔卑斯山以北地区的影响——尤其是尼德兰和法国;学者们关注最多的人物则是伊拉斯谟。

这方面的研究中,较为重要的著作包括:P. Mestwerdt, *Die Anfänge des Erasmus:Humanismus und 'Devotio Moderna'*(伊拉斯谟的开端:人文主义与"现代灵修"运动),Leipzig, 1917;A. Hyma, *The Christian Renaissance. A History of the 'Devotio Moderna'*,Grand Rapids, Michigan, 1924;以及同一作者最近出版的著作:Renaissance to Reformation:*A Critical Review of the Spiritual and Temporal Influences on Medieval Europe*,Grand Rapids, 1951。亦参见:F. Caspari, *Erasmus on the Social Functions of Christian Humanism*,'Journal of the History of Ideas', VIII, 1947;W. K. Ferguson, *Renaissance Tendencies in the Religious Thought of Erasmus*, ibid. , XV, 1954。

研究者们也应当参阅:H. Bremond, *Histoire littéraire du sentiment religieux en France depuis la fin des guerres de religion*,I, *L'humanisme dévot*(宗教战争结束以来法国宗教意识的论著历史,I,虔诚的人文主义),Paris, 1916;id. , *Autour de l'humanisme. D'Érasme à Pascal*(论人文主义。自伊拉斯谟至帕斯卡),Paris, 1937;最重要的著作则是:A. Renaudet, *Préréforme et humanisme à Paris pendant les premières guerres d'Italie*(1494—1517)[第一

---

① 布雷蒙(Henri Brémond, 1865—1933),法国基督教哲学家;勒诺代(Augustin Renaudet, 1880—1958),法国史学家;两人均是中世纪人文主义的鼓吹者。——译者注

次意大利战争时期(1494—1517)巴黎的"前改革"与人文主义],
Paris,1916;2nd edition,1953;id.,*Érasme,sa pensée religieuse et
son action d'après sa correspondance*(1518—1521)[伊拉斯谟、他的
宗教思想与行为:对伊拉斯谟通信的研究(1518—1521),Paris,
1926;id.,*Études Érasmiennes*(1521—1529)(伊拉斯谟的研究
(1521—1529)],Paris,1939;id.,*Érasme et l'Italie*(伊拉斯谟与
意大利),Geneva,1954。

以下这部作品则价值远逊:V. Zabughin,*Storia del
Rinascimento cristiano in Italian*(意大利基督教人文主义史),
Milan,1924。

反过来,关于某些人文主义潮流与16、17世纪的"自由放浪主
义"(libertinism)①之间的关联,参见:H. Busson,*Les sources et le
développement du rationalisme dans la littérature française de la
Renaissance*(1533—1601)(文艺复兴期间法国文学中理性主义的
来源和发展),Paris,1922;R. Pintard,*Le libertinage érudit dans
la première moitié du XVIIe siècle*(17世纪上半叶学者的"自由放
浪"),two volumes,Paris,1943;G. Spini,*Ricerca dei libertini*(对
自由放浪的研究),Rome,1950。以上所列举的作品都远比下面
这部著作重要:J. R. Charbonnel,*La pensée italienne au XVIe siècle
et le courant libertin*(16世纪的意大利思想与自由放浪的潮流),
Paris,1919。

关于文艺复兴与宗教改革之间"概念上的"联系,以及人文主
义者和异端在观念上的相似之处,尤其参见:D. Cantimori,*Eretici
italiani del Cinquecento*(16世纪意大利的异端),Florence,1939
(German translation,*Italienische Häretiker der Spätrenaissance*,
Basle,1949);id.,*Anabattismo e neoplatonismo nel secolo XVI in*

---

① 自由放浪主义,亦有译为"自由主义",主要指17、18世纪在英国、法国等地较为
流行的一种思潮,要求摆脱各种宗教、政治、道德的规范,达到个人的无拘无
束。——译者注

Italia（16 世纪意大利的新柏拉图主义和再浸礼派），'Rendiconti R. Accademia dei Lincei', 6th Series，XII，1936；亦参见：P. Rossi, *Giacomo Aconcio*，Milan，1952。

整体性地研究文艺复兴和宗教改革之间的联系，可参见：D. Cantimori, *Ulrico von Hutten e i Rapporti tra Rinascimento e Riforma*（胡腾①与文艺复兴和宗教改革之间的关系），Pisa，1930；id.，*Umanesimo e Luteranesimo di fronte alla Scolastica：Caspar Peucer*（波伊策尔：②直面经院哲学的人文主义和路德主义），'Studi Germanici'，II，1937；id.，*Incontri italo-germanici nell'età della Riforma*，I，*Lutero e Savonarola*（宗教改革时代意大利与德国的交汇，I,路德与萨伏那洛拉），ib.，III，1938；id.，*Note su Erasmo e l'Italia*（对伊拉斯谟和意大利的评论），ib.，II，1937；R. W. Battenhouse, *The Doctrine of Man in Calvin and in Renaissance Platonism*，'Journal of the History of Ideas，IX，1948；C. Trinkaus, *The Problem of Free Will in the Renaissance and the Reformation*，ib.，X，1949；id.，*Renaissance Problems in Calvin's Theology*，'Studies in the Renaissance'，I，1954；J. Bohatec, *Budé und Calvin. Studien zur Gedankenwelt des französischen Frühhumanismus*（比代③与加尔文：对法国早期人文主义思想的研究），Graz，1950；G. Radetti, *Umanesimo e Riforma nella prima metà del sec. xvi*（16 世纪上半叶的人文主义和宗教改革），'Giornale Critico della filosofia italiana'，XXXV，1956。

在诠释 16 世纪思想方面，重要的论著有：L. Febvre, *Le problème de l'incroyance au XVIe siècle：la religion de Rabelais*（16

---

① 胡腾（Ulrich von Hutten, 1488—1523），德国宗教改革者、理论家、骑士，对宗教改革有一定的影响，也译为胡登。——译者注

② 波伊策尔（Caspar Peucer, 1525—1602），德国改革家、科学家，在科学研究领域有贡献，也积极参与了宗教改革。——译者注

③ 比代（Guillaume Budé, 1467—1540），法国学者，对法国学术尤其是古典研究的发展多有贡献。——译者注

世纪的不信教问题：拉伯雷的宗教），Paris，1942；2nd edition，1947。亦参见同一作者的：*Autour de l'Heptameron：amour sacré，amour profane*（论《七日谈》：①神圣的爱、世俗的爱），Paris，1944。

最后，参见：A. Corsano，*Il pensiero religioso italiano dall'Umanesimo al Giurisdizionalism*（从人文主义至管辖主义的意大利宗教思想），Bari，1937。

4

关于这一时期的哲学思想：参见：W. Dress，*Die Mystik des Marsilio Ficino*（菲奇诺的奥秘），Berlin-Leipzig，1929；R. Hönigswald，*Denker der italienischen Renaissance：Gestalten und Probleme*（意大利人文主义思想家：形式与问题），Basle，1938；E. Cassierer，*Giovanni Pico della Mirandola*，'Journal of the History of Ideas'，III，1942；A. Corsano，*Studi sul Rinascimento*（文艺复兴研究），Bari，1949。

关于新经院哲学的阐释，参见：F. Olgiati，*L'anima dell'Humanesimo e del Rinascimento*（人文主义和文艺复兴思想），Milan，1924。

纳尔迪否认人文主义的哲学思想具有原创性和现代性，他的著作体现了丰厚的学识，参见：B. Nardi，*Saggi di filosofia dantesca*（论但丁的哲学），Milan，1930；*Dante e la cultura medievale*（但丁与中世纪文化），Bari，2nd ed.，1949；*Nel mondo di Dante*（在但丁的世界中），Rome，1944；*Sigieri di Brabante nel pensiero del Rinascimento italiano*（意大利文艺复兴思想中的布拉邦的西热②），Rome，1945；*Il problema della verità. Soggetto ed oggetto del conoscere nella filosofia antica e medievale*（关于真理的问题：古代

---

① 《七日谈》是法国国王弗朗西斯一世的妹妹玛格丽特（Margaret of Navarre）所著，受到薄伽丘《十日谈》启发而作，其中包括 72 个短故事，内容多是男女情事。——译者注

② 布拉邦的西热（Siger of Branbant，？—1282），中世纪法国宗教哲学家，也参与了当时的政治运动。——译者注

和中世纪哲学知识中的主体和客体），Rome，1951。以下这部两卷本著作包含有多位作者的重要研究成果：*Medioevo e Rinascimento. Studi in onore di Bruno Nardi*（中世纪与文艺复兴：向纳尔迪致敬的研究文集），Florence，1955。

关于文艺复兴中的柏拉图主义和柏拉图传统，除了以下这部著作之外：A. Della Torre，*Storia dell'Accademia Platonica di Firenze*（佛罗伦萨柏拉图学园的历史），Florence，1902；还可参见：N. A. Robb，*Neoplatonism of the Italian Renaissance*，London，1935；B. Kieszkowski，*Studi sul platonismo del Rinascimento in Italia*（意大利文艺复兴中的柏拉图主义研究），Florence，1936；W. Moench，*Die italienische Platonrenaissance und ihre Bedeutung für Frankreichs Literatur- und Geistesgeschichte，1450—1550*（意大利的柏拉图复兴及其对法国文学和思想史的意义，1450—1550），Berlin，1936；R. Klibansky，*The Continuity of the Platonic Tradition During the Middle Ages*，London，1939，reprinted 1951；id.，*Plato's Parmenides in the Middle Ages and the Renaissance*，'Mediaeval and Renaissance Studies'，I，1941—1943；E. Garin，*Per la storia della tradizione platonica medievale*（中世纪柏拉图传统的历史），'Giornale Critico della Filosofia italiana'，XXVIII，1949。亦参见：F. E. Cranz，*Saint Augustine and Nicholas of Cusa in the Tradition of Western Christian Thought*，'Speculum'，XXVIII，1953。

对阿威罗伊主义的研究曾经催生了 19 世纪最为重要的作品之一：E. Renan，*Averroès et l'Averroïsme*（阿威罗伊与阿威罗伊主义），Paris，1852；该书对帕多瓦学派也进行了详尽的讨论。关于阿威罗伊主义，还可参见：B. Kieszkowski，*Averroismo e Platonismo in Italia negli ultimi decenni del secolo XV*（15 世纪末期意大利的阿威罗伊主义与柏拉图主义），'Giornale Critico della Filosofia italiana'，1933；E. Troilo，*Averroismo e aristotelismo padovano*（帕多瓦的阿威罗伊主义与亚里士多德主义），Padua，1939；id.，

Averroismo o aristotelismo 'alessandrista', padovano（帕多瓦的阿威罗伊主义或"亚历山大学派的"亚里士多德主义），'Rendic. Acc. Lincei'，1954；J. H. Randall Jr.，*The Development of Scientific Method in the School of Padua*，'Journal of the History of Ideas'，I，1940。

关于斯多亚主义，参见：L. Zanta，*La renaissance du stoicisme au XVIe siècle*（16世纪斯多亚主义的复兴），Paris，1914。

关于伊壁鸠鲁主义，参见：D. C. Allen，*The Rehabilitation of Epicurus and His Theory of Pleasure in the Early Renaissance*，'Modern Philology'，XLI，1944。

以下这篇论文饶有趣味：H. S. Wilson，*Some meanings of 'Nature' in Renaissance Literary Theory*，'Journal of teh History of Ideas'，II，1941。

5

关于文学批评的历史，参见克罗齐在《美学》一书中的考察：B. Corce，*Estetica*，9th edition，Bari，1950；亦参见：J. E. Spingarn，*A History of Literary Criticism in the Renaissance*，New York，2nd ed.，1908（该书仍是这一主题中不可不读的著作）；G. Saintsbury，*A History of Criticism and Literary Taste in Europe*，Three volumes，Edinburgh-London，1900—1904；C. S. Baldwin，*Renaissance Literary Theory and Practice：Classicism in the Rhetoric and Poetic of Italy*，France and England，1400—1600，New York，1939。参见：W. F. Patterson，*Centuries of French Poetic Theory. A Critical History of the Chief Arts of Poetry in France，1328—1620*，two volumes，Ann Arbor，1935；V. Hall Jr.，*Renaissance Literary Criticism：A Study of Its Social Content*，New York，1945。最近有一部重要的作品：A. Buck，*Italienische Dichtungslehren vom Mittelalter bis zum Ausgang der Renaissance*（中世纪至文艺复兴初意大利的诗歌教育），Tübingen，1952。亦参见：G. Morpurgo Tagliabue，*Aristotelismo e Barocco*（亚里士多德

主义与巴洛克），in *Retorica e Barocco. Atti del III Congresso Internazionale di Studi umanistici*，Milan，1954；还可参考以下作者在 1953 年的《哲学档案》中关于文艺复兴时期修辞学理论的论述：E. Garin，P. Rossi，C. Vasoli，in 'Archivio di filosofia'，III，1953。

关于文学本身,若研究者想要获得更为详尽的资料指引,可参见下列作者的文章：A. Monteverdi（*Le origini*）（起源），M. Barbi（*Dante*）（但丁），S. A. Chimenz（*Trecento*）（14 世纪），E. Carrara（*L'età del Rinascimento*）（文艺复兴时代）,亦参见：*Un cinquantennio di studi sulla letteratura italiana（1886—1936 ）. Saggi dedicati a Vittorio Rossi*，I[意大利文学研究五十年（1886—1936）：献给罗西的文集，I]，Florence，1937；G. Prezzolini，*Repertorio bibliografico della letteratura italiana dal 1902 al 1932*（1902 至 1932 年意大利文学文献目录），two volumes，Rome，1937—1939；以及 1933 至 1942 年的文献目录：two volumes，New York，1946—1948。至于通论性的研究著作,我在此只介绍一些最重要的作品。

首先是一部必须一读的经典作品：F. de Sanctis，*Storia della letteratura italiana*（意大利文学史），Bari，two volumes，1925。该书全面阐释了与文艺复兴相关的所有问题。其次是"瓦拉尔迪文学史"（Storia Letteraria Vallardi）丛书中的各卷：N. Sapegno，*Il Trecento*（14 世纪），3ʳᵈ edition，Milan，1938；V. Rossi，*Il Quattrocento*（15 世纪），Milan，1949；G. Toffanin，*Il Cinquecento*（16 世纪），Milan，1954。此外还有：F. Flora，*Storia della letteratura italiana*，I，II（意大利文学史，I，II），Milan，1940。

但以下著作也是尤须关注的：A. Schiaffini，*Tradizione e poesia nella prosa d'arte italiana，dalla latinità medievale a G. Boccaccio*（意大利散文艺术中的传统和诗歌：自中世纪的拉丁文化至薄伽丘），Genoa，1934，2ⁿᵈ eition，Rome，1943；B. Croce，*Poeti e scrittori del pieno e del tardo Rinascimento*（文艺复兴盛期和后期的诗歌和文学作品），three volumes，Bari，1945—1952；M.

Fubini, *Studi sulla letteratura del Rinascimento*（文艺复兴文学研究），Florence，1948；L. Russo, *Ritratti e disegni storici*（历史的形象和设计），3ʳᵈ series, *Studi sul Due e Treccento*（13、14 世纪研究），Bari，1951。关于但丁和薄伽丘的研究，参见：E. Auerbach, *Mimesis：the Representation of Reality in Western Litterature*, English translation，Princeton，1953。以下这部著作则尤为强调"薄伽丘艺术经历中典型的中世纪特征"：V. Branca, Boccaccio medievale（中世纪的薄伽丘），Florence，1956。

6

关于艺术史，尤其参见：G. von Schlosser, *Die Kunstliteratur. Ein Handbuch zur Quellenkunde der neueren Kunstgeschichte*（文学的艺术：近期艺术史研究的资料指引），Vienna，1924；L. Venuri, *History of Art Criticism*，New York，1936。此外自然还要加上前面已提及的两位作者的文章：W. Weisbach, *Renaissance als Stilbegriff*（作为风格概念的文艺复兴），'Historische Zeitschrift'，CXX（1919）；Haseloff, *Begriff und Wesen der Renaissancekunst*（文艺复兴的观念和本质），'Mitteilungen des Kunsthistorischen Instituts in Florenz'，III（1931）。

以下这部著作不可不读：E. Panofsky, *Idea. Ein zur Beitrag Begriffsgeschichte der älteren Kunsttheorie*（理念：对旧艺术理论的观念史研究），Leipzig-Berlin，1924；亦参见同一作者的：*Studies in Iconology. Humanistic Themes in the Art of the Renaissance*，New York，1939。

关于文艺复兴时期的"古典艺术"与哥特式艺术之间的联系和区别这样的总体性问题，参见：W. Worringen, *Formprobleme der Gotik*（哥特艺术的形式问题），Munich，1910；最值得一读的则是以下这部重要的著作：M. Dvořák, *Idealismus und Naturalismus in der gotischen Skulptur und Malerei*（哥特雕刻与绘画中的理想主义与自然主义），in the volume *Kunstgeschichte als Geistesgeschichte*（作为思想史的艺术史），Munich，1924。亦参见：D. Frey, *Gotik und Renaissance als Grundlagen der modernen Weltanschauung*（作为近代哲学基础的哥特和文艺复兴），Augsburg，1929。

关于文艺复兴与巴洛克艺术之间的联系和区别，以下著作堪称经典：H. Wöllflin, *Renaissance und Barock. Eine Untersuchung über Wesen und Entstehung des Barockstil in Italien*（文艺复兴与巴洛克：对意大利巴洛克风格本质与起源的考察），Munich，1888；4th ed.，1926；id.，*Kunstgeschichtliche Grundbegriffe: das Problem der Stilentwicklung in der neueren Kunst*（艺术史的基本概念：近代艺术的风格变迁问题），Munich，1915；6th ed.，1923；同一位作者的另一部著作也可堪一读，其中第 7 版更值得推荐，亦参见他为 1941 年意大利译本撰写的序言：*Die classische Kunst. Eine Einführung in die italienische Renaissance*（古典艺术：意大利文艺复兴导论），Munich，1898；6ht ed.，1914，preferable to the 7th；Italian edition，*L'arte classica del Rinascimento*，Florence，1941。亦参见：W. Weisbach, *Der Barock als Kunst der Gegenreformation*（作为反宗教改革艺术的巴洛克艺术），Berlin，1921；id.，*Barock als Stilphänomen*（作为风格现象的巴洛克艺术），'Deutsche Vierteljahrschrift für Literaturwissenschaft und Geistesgeschichte'，II，1925。

关于音乐，我乐于向读者介绍以下这篇通论性的文章，该文对贝泽勒、布科夫策尔、里斯①等人的重要著作都有所涉及：E. E. Lowinsky, *Music in the Culture of the Renaissance*，'Journal of teh History of ideas'，XV，1954。

7

对文艺复兴的社会学阐释以及文艺复兴的经济和社会问题，参见：F. Schneider, *Zur sozialen Genesis der Renaissance*（论文艺复兴

---

① 贝泽勒（Heinrich Besseler, 1900—1969），德国音乐学家；布科夫策尔（Manfred Bukofzer, 1910—1955），美籍德裔音乐学家；里斯（Gustave Reese, 1899—1977），美国音乐学家；三人均在中世纪、文艺复兴、巴洛克时期的音乐研究方面具有重要的贡献。——译者注

的 社 会 起 源 ）， 'Festschrift Oppenheimer. Wirtschaft und Gesellschaft'，Frankfurt，1924；H. Koht，*Le problème des origines de la Renaissance*（文艺复兴的起源问题），'Revue de synthèse historique'，XXXVII，1924；F. Engle-Jánosi，*Soziale Probleme der Renaissance*（文艺复兴的社会问题），Berlin，1924；最重要的研究作 品 则 是：A. von Martin，*Soziologie der Renaissance. Zur Physiognomik und Rhythmik bürgerlicher Kultur*（文艺复兴的社会学。资产阶级文化的面相和韵律），Stuttgart，1932；2nd edition，Frankfurt-am-Main，1949；English translation，London，1944；2nd eition，1945；id.，*Bürgertum und Humanismus*（资产阶级与人文主义），'Archiv für Kulturgeschichte'，XXXII，1944；A. Fanfani，*Le Origini dello spirito capitalistico in Italia*（意大利资本主义精神的起源），Milan，1933；A. Sapori，*Il problema economico*（经济问题），in *Il Rinascimento. Significato e limiti*（文艺复兴：意义与局限），'Atti del III Congresso Internazionale sul Rinascimento'，Florence，1953（包括该文的讨论部分）。亦参见：G. Barbieri，*Ideali economici degli Italiani all'inizio dell'età moderna*（近代初期意大利人的经济理想），Milan，1940；还有以下这篇文献整理性质的文章：F. L. Nussbaum，*The Economic History of Renaissance Europe*，'The Journal of Modern History'，XIII，1941。

F. Antal，*Florentine Painting and Its Social Background：the Bourgeois Republic before Cosimo de' Medici's Advent to Power：Fourteenth and Early Fifteenth Centuries*，London，1948；这部著作试图用"社会"的阐释方法对佛罗伦萨的绘画进行专门的研究。

就英国历史而言，以下这部作品对人文主义的"社会"联系进行了很好的考察：F. Caspari，Humanism and the Social Order in Tudor England，Chicago，1954。在意大利方面，多年来孔蒂（E. Conti）对 14、15 世纪的佛罗伦萨社会进行着详尽的研究，在人文主义的"社会联系"史这一主题上，他的研究成果定将成为重要的作品。

8

文艺复兴时期的政治思想已经是一个受到强烈关注的问题，涌现了大量的研究作品。与历史学一样，政治思想也是最为明确地体现了这一时期的创造性能力和原创性力量的领域之一。还没有人敢于提出，马基雅维里的政治观念或者圭恰迪尼的历史思想在12和13世纪的论著中就已有所体现；最近那些试图寻找马基雅维里思想"源泉"的研究作品，也无非让我们更为清楚地看到了他与中世纪诸多作者在政治思想上所存在的鲜明差异。这些作品包括：A. H. Gilbert，*Machiavelli's 'Prince' and Its Forerunners. 'The Prince' as a Typical Book 'de Regimine Principum'*，Durham，1938；以及以下这个《论李维》英文译注本中的评注：Father L. J. Walker，S. J.，*The Discourses of Niccolò Machiavelli*，Translation and Commentary，two volumes，London，1950。

但关于文艺复兴时期的各个作者——尤其是马基雅维里——我就不在参考文献上做太多的介绍了。以下这部著作囊括了1936年之前出版的马基雅维里研究作品：A. Norsa，*Il principio della forza nel pensiero politico di Niccolò Machiavelli seguito da un contributo bibliografico*（马基雅维里政治思想中的力量原则——附研究文献列表），Milan，1936。① 在上述这份文献列表编纂之后出版的众多马基雅维里研究作品中，以下这些尤其值得一提：G. Ritter，*Machtstaat und Utopie. Vom Streit um die Dämonie der Macht seit Machiavelli und Morus*（权力国家和乌托邦：从马基雅维里和莫尔开始的关于权力之"疯狂"的争论），Munich-Berlin，1940；新版标题为：*Die Dämonie der Macht*（权力之"疯狂"），6th edition，Munich，1948；A. Renaudet，*Machiavel*，Paris，1942，2nd

---

① 此后更新的信息，参见：G. Sasso，*Recenti sudi sul Machiavelli*（近期对于马基雅维里的研究），'Rassegna di filosofia'，I，1952；W. Preiser，*Das Machiavelli Bild der Gegenwart*（我们时代的马基雅维里），'Zeitschrift für die gesamte Staatswissenschaft'，CVIII，1952。

ed. ，1956；L. Russo，*Machiavelli*，Bari，1949，这是该书第三版，其中记录了从科科①到克罗齐的诸多意大利思想家对马基雅维里的评论；L. Huovinen，*Das Bild vom Menschen im politischen Denken Niccolò Machiavelli*（马基雅维里政治思想中人民的形象），'Annales Academiae Scientiarum Finnicae'，b. 74，2，Helsinki，1951。在英语论著中，以下这些尤其值得关注：H. Butterfield，*The Statecraft of Machiavelli*，London，1940；2nd ed. ，1955；J. H. Whitfield，*Machiavelli*，Oxford，1947；id. ，*Savonarola and the Purpose of the Prince*，'The Modern Language Review'，XLIV，1949；id. ，*Machiavelli and Castruccio*，'Italian Studies'，VIII，1953；id. ，*On Machiavelli's Use of 'Ordini'*，ib. ，X，1955；id. ，*The Politics of Machiavelli*，'The Modern Language Review'，L，1955；F. Gilbert，*The Humanist Concept of the Prince and the 'Prince' of Machiavelli*，'The Jouranl of Modern History，XI，1939；id. ，*On Machiavelli's Idea of Virtù*，'Renaissance News'，IV，1951；id. ，*The Concept of Nationalism in Machiavelli's Prince*，'Studies in teh Renaissance'，I，1954，以及前引关于《论李维》的论文。

关于马基雅维里的生平，最重要的一本著作是：R. Ridolfi，*Vita di Niccolò Machiavelli*（马基雅维里生平），Rome，1954。关于圭恰迪尼，参见：de Caprariis，*Francesco Guicciardini. Dalla politica alla storia*（圭恰迪尼：从政治到历史），Bari，1950。

接着让我们将注意力集中到综合性的研究著作上，在这方面最引人注目的依然是迈内克那本不可或缺的；*Die Idee der Staatsrison in der neueren Geschichte*（在现代史上的国家理由学说），Munich-Berlin，1924；该书第一章即论述了马基雅维里。亦参见：G. H. Sabine，*A History of Political Theory*，New York-London，1937。

---

① 科科（Vincenzo Cuoco，1770—1823），意大利历史学家、评论家，在政治活动中也表现积极。——译者注

关于中世纪，除了以下这部经典著作之外：R. W. and A. J. Carlyle, *History of Mediaeval Political Theory in the West*, six volumes, Edinburgh-London, 1903—1936；还可以特别关注一下：A. Dempf, *Sacrum Imperium*（神圣帝国），Munich-Berlin, 1929；G. de Lagarde *La naissance de l'esprit laïque au déclin du Moyen Âge*（中世纪的衰亡中世俗精神的产生），six volumes, Paris, I and II, 2ⁿᵈ edition, 1948；III - VI, 1942—1946；A. P. D'Entrèves, *The Medieval Contribution to Political Thought*, Oxford, 1939。

不过以下作品亦可一观（前面已经提及的巴伦的作品当然也需要加上）：F. von Bezold, *Republik und Monarchie in der italienischen Literatur des 15. jahrhunderts*（15世纪意大利文学中的共和国和君主国），in *Aus Mittelalter und Renaissance*, Munich-Berlin, 1918；F. Ercole, *Da Bartolo all'Althusio*（从巴尔托洛到阿尔特胡修斯[①]），Florence, 1932；C. Curcio, *La politica italiana del'*400（15世纪意大利政治），Florence, 1932；id., *Dal Rinascimento all Controriforma*（从文艺复兴到反宗教改革），Rome, 1934；id., introductions to *Utopisti e riformatori sociali del Cinquecento*（16世纪的乌托邦主义者和社会改革者），Bologna, 1941, *Utopisti italiani del Cinquecento*（16世纪的意大利乌托邦主义者），Rome, 1944；N. Valeri, *L'insegnamento di Gian Galeazzo Visconti e i 'Consigli al Principe' di C. Malatesta*（吉安·加莱亚佐·维斯孔蒂的教育与马拉泰斯塔的"进献君主的策言"），'Bollettino Storico Bibliografico Subalpino', XXXVI, 1934；P. Gothein, *Francesco Barbaro. Früh-Humanismus und Staatskunst in Venedig*（巴尔巴罗：威尼斯的早期人文主义和国家事务），Berlin, 1932；参见：N. Carotti, *Un politico umanista del*

[①] 阿尔特胡修斯（Johannes Althusius, 1563—1638），近代法学家、加尔文主义政治哲学家。——译者注

Quattrocento：*Francesco Barbaro*（15 世纪的人文主义政治家：巴尔巴罗），'Rivista Storica Italiana'，5th Series，II，1937；id.，*Zaccaria Trevisan*，'Archivio Veneto'，XXI，1937；D. Cantimori，*Rhetoric and Politics in Italian Humanism*，'Journal of the Warburg Institute'，I，1937；N. Rubinstein，*The Beginnings of Political Thought in Florence*，'Journal of the Warburg and Courtauld Institutes'，V，1942；id.，*Florence and the Despots：Some Aspects of Florentine Diplomacy in the Fourteenth Century*，'Transactions of the Royal Historical Society'，5th Series，II，1952；R. Stadelmann，*Persönlichkeit und Staat in der Renaissance*（文艺复兴时期的国家与人物），in *Vom Erbe der Neuzeit*，I，Leipzig，1942；A. Renaudet，*Humanisme, histoire et politique au quattrocento*（15 世纪的人文主义、历史和政治），in *Cultura e educazione. Studi in onore di Giovanni Calò*，Florence，1955。

关于 16 世纪，参见：G. Toffanin，*Machiavelli e il 'Tacitismo'*（马基雅维里与"塔西佗主义"）（*La 'Politica storica' al tempo della Controriforma*（反宗教改革时期的"历史政治"），Padua，1921；J. W. Allen，*A History of Political Thought in the Sixteenth Century*，London，1928；reprinted London，1951；P. Mesnard，*L'essor de la philosophie politique au XVIe siècle*（16 世纪政治哲学的兴起），Paris，1936；2nd edition，1952；F. Gilbert，*Bernardo Rucellai and the Orti Oricellari：A Study on the Origin of Modern Political Thought*，'Journal of the Warburg and Courtauld Institutes'，XII，1949；R. de Mattei，*Fortuna e virtù del Machiavelli al Lottini*（命运与能力：从马基雅维里至洛蒂尼[①]），'Archivio di storia della filosofia italiana'，VII，1938。

如今我们又看到了一部重要的通论性著作，从萨伏那洛拉到科

---

① 这里可能是指洛蒂尼（Giovanni Francesco Lottini，1512—1572），意大利政治家，与科西莫一世交往甚多，后担任罗马教会主教。——译者注

西莫一世时代的历史学家和政治学家都在它的研究范围内：R. von Albertini, *Das florentinische Staatsbewusstsein im übergang von der Republik zum Prinzipat*（共和国向君主国转型的过程中佛罗伦萨的国家意识），Berne, 1955。

为了对文艺复兴时期人们的思想有一个总体性的认识，我们就很有必要思考一下，"基督教共和国"（Respublica Christiana）这个历史悠久的、带有典型中世纪特征的概念，对于这些人而言还具有什么样的涵义，而他们对于"欧洲"这个用语又有何等的重视。在马基雅维里的著作中，这个用语已然带有了现代意义，也就是说，这被用来指称一个文明的、具有政治意识的世俗共同体。关于这一问题，参见：R. Wallach, *Das abendländische Gemeinschaftsbewusstsein im Mittelalter*（中世纪的西方共同体观念），Leipzig-Berlin, 1928；W. Fritzemeyer, *Christenheit und Europa*（基督教与欧洲），Munich-Berlin, 1931；F. Chabod, *L'idea di Europa*（欧洲观念），'La Rassengna d'Italia', II, 1947。亦参见：D. Hay, *Sur un problème de terminologie historique*: 'Europe et Chrétienté'（"欧洲与基督教"：关于一个历史用语的问题：），'Diogène', 17, Jan. 1957; id., *From Roman Empire to Renaissance Europe*, London, 1953。

关于近代均势原则的产生——这一原则的源头在 15 世纪下半叶的意大利——读者们应该参考的作品，除了以下这部值得常读不辍著作之外：E. Kaeber, *Die Idee des Europäischen Gleichgewichts in der publizistischen Literatur vom 16. bis zur Mitte des 18. Jahrhunderts*（16 世纪至 18 世纪中期文学出版物中的欧洲均势观念），Berlin, 1907；还包括：W. Kienast, *Die Anfänge des Europäischen Staatensystems im späteren Mittelalter*（中世纪晚期欧洲国家体系的起源），'Historische Zeitschrift', CLIII, 1936（但亦参见我在《意大利历史评论》上的文章：F. Chabod, 'Rivista Storica Italiana', 5th Series, I, 1936）；C. Morandi, *Il concetto della politica di equilibrio nell'Europa moderna*（近代欧洲的均势政策观

念），'Archivio Storico Italiano'，XCVIII，1940；E. W. Nelson，
The Origins of Modern Balance-of-Power Politics，'Medievalia et
Humanistica'，I，1943；N. Valeri，*La libertà e la pace orientamenti
politici del Rinascimento italiano*（意大利文艺复兴中以自由与和平
为导向的政策），Turin 1942；id.，*L'Italia nell'età dei principati
dal 1343 al 1516*（1343 至 1516 年君主国时代的意大利），Milan，
1950；V. de Caprariis，*Il Problema dell'equilibrio nel pensiero del
Machiavelli*（马基雅维里思想中的均势问题），'Atti dell'Accademia
Pontaniana'，New Series，II，Naples，1950；G. Mattingly，
Renaissance Diplomacy，London，1955。

9

关于历史学的主题，以下两本著作不可不读：E. Fueter，
Geschichte der neueren Historiographie（近代史学史），3ʳᵈ edition，
Munich-Berlin，1936；B. Croce，*Teoria e storia della storiografia*
（历史学的理论和实际），6ᵗʰ edition，Bari，1948。亦参见：M.
Ritter，*Die Entwicklung der Geschichtswissenschaft an den
führenden Persönlichkeiten betrachtet*（历史学的发展），Munich-
Berlin，1919；J. W. Thompson，*A History of Historical Writing*，
two volumes，New York，1942，Vol. I；K. Brandi，*Geschichte der
Geschichtswissenschaft*（史学史），Bonn，1947；2ⁿᵈ edition，Bonn，
1952；以下著作中的第二章：H. Von Srbik，*Geist und Geschichte
vom deutschen Humanismus bis zur Gegenwart*，I（迄今德国人文主
义的精神和历史，I），Munich-Salzburg，1950。还可参考：P.
Joachimsen，*Geschichtsauffassung und Geschichtschreibung in
Deutschland unter dem Einfluss des Humanismus*，I（人文主义影响
之下的德国历史学和历史观念，I），Leipzig，1910。

以下作品也尤为值得关注：M. Lupo Gentile，*Studi sulla
storiografia fiorentina alla corte di Cosimo I de' Medici*（关于科西
莫宫廷中佛罗伦萨史学的研究），Pisa，1905；E. Santini，*Leonardo
Bruni Aretino e i suoi 'Historiarum florentini populi libri XII'*（布

鲁尼及其"佛罗伦萨人民史 12 卷"），'Annali della R. Scuola Normale Superiore di Pisa'，XXII，1910；id.，*La fortuna della Storia fiorentina di Leonardo Bruni nel Rinascimento*（文艺复兴时期的布鲁尼"佛罗伦萨史"的命运），'Studi Storici'，XX，1911；H. Gmelin，*Personendarstellung bei den Florentinischen Geschichtschreibern der Renaissance*（文艺复兴时期的佛罗伦萨历史学家代表人物），Leipzig，1927；E. Mehl，*Die Weltanschauung des Giovanni Villani*（维拉尼的哲学），Leipzig，1927；下面这部著作非常重要：B. L. Ullman，*Leonardo Bruni and Humanistic Historiography*，'Medievalia et Humanistica'，IV，1946，now in *Studies in the Italian Renaissance*，cited above；F. Chabod，*Paolo Giovio*，cited above；N. Rubinstein，*The 'Storie Fiorentine' and the 'Memorie di famiglia' by Francesco Guiccardini*，'Rinascimento'，IV，1953；A. R. Reynolds，*Latin Historiography：a Survey，1400—1600*，'Studies in the Renaissance'，II，1955；G. Zippel，*Lorenzo Valla e le origini della storiografia umanistica a Venezia*（瓦拉与威尼斯人文主义史学的起源），'Rinascimento'，VII，1956。

关于文艺复兴晚期历史学家在特伦托公会这样的历史事件上的态度，参见：H. Jedin，*Das Konzil von Trient. Ein Überblick über die Erforschung seiner Geschichte*（特伦托公会：对其历史研究的概览），Rome，1948。

关于文艺复兴时期在历史和历史研究方法上的理论，参见：Sabbadini，*Il metodo degli umanisti*（人文主义的方法），Florence，1922；F. von Bezold，*Zur Entstehungsgeschichte der historischen Methodik*（历史研究的理论起源），in A *Aus Mittelalter und Renaissance*，Munich-Berlin，1918；J. L. Brown，*The 'Methodus ad facilem historiarum cognitionem' of Jean Bodin. A Critical Study*，Washington，1939；H. Weisinger，*Ideas of History During the Renaissance*，'Jounal of the History of Ideas'，VI，1945；F.

Lamprecht，*Zur Theorie der humanistischen Geschichtsschreibung. Mensch und Geschichte bei Francesco Patrizi*（人文主义历史学理论，帕特里齐①笔下的历史与人民），Zürich，1950；E. Garin，*La storia nel pensiero del Rinascimento*（文艺复兴思想中的历史），*Medioevo e Rinascimento*（中世纪与文艺复兴），Bari，1954；M. P. Gilmore，*Freedom and Determinism in Renaissance Historians*，'Studies in the Renaissance'，III，1956。

以下著作也会对读者有所裨益：M. Schulz，*Die Lehre von der historischen Methode bei den Geschichtschreibern des Mittelalters*（中世纪历史学家的史学方法理论），Berlin-Leipzig，1909；E. Menke-Glückert，*Die Geschichtschreibung der Reformation und Gegenreformation. Bodin und die Begründung der Geschichtsmethodologie durch Barthol. Keckermann*（宗教改革和反宗教改革时期的历史学，博丹与凯克尔曼②对神学历史学的证明），Leipzig，1912；G. Spini，*I trattatisti dell'arte storica nella Controriforma italiana*（意大利反宗教改革中的历史学作品），in *Contributi alla storia del Concilio di Trento e della Controriforma*（特伦托公会和反宗教改革时期的历史），'Quaderni di Belfagor'，I，Florence，1948。

关于进步的概念，参见：J. Delvalille，*Essai sur l'historie de l'idée de progrès*（进步观念的历史），Paris，1910；J. B. Bury，*The Idea of Progress*，London，1924；E. Zilsel，*The Genesis of the Concept of Scientific Progress*，'Journal of the History of Ideas'，VI，1945；E. L. Tuveson，*Millennium and Utopia. A Study in the Background of the Idea of Progress*，University of California Press，1949；A. C. Keller，*Zilsel, the Artisans and the Idea of Progress*

---

① 帕特里齐（Francesco Patrizi of Cherso, 1529—1597），意大利哲学家、科学家，持有柏拉图主义立场，反对亚里士多德主义，也写过一些历史作品。——译者注

② 凯克尔曼（Bartholomäus Keckermann, 1572—1609），德国宗教理论家，加尔文主义哲学家。——译者注

in the Renaissance，'Journal of the History of Ideas'，XI, 1950。亦
参见：H. Baker, *The Wars of Truth. Studies in the Decay of Christian Humanism in the Earlier Seventeenth Century*，（Chapter II），London-New York，1952。

参见：H. Gillot, *La querelle des anciens et des modernes en France de la Défense et illustration de la langue française aux Parallèles des anciens et des modernes*（在法国关于古代与现代的争论：从对法语的捍卫和说明到对古今的等量齐观），Nancy，1914。

VII

1

如今，我们已看到了不少内容全面、编排合理的文献整理著作，读者们可以借此掌握文艺复兴研究的进展情况。其中值得一提的有：

H. Baron, *Renaissance in Italien*，'Archiv für Kulturgeschichte'，XVII and XXI，1927 and 1931；P. O. Kristeller and J. H. Randall Jr. , *The Study of the Philosophies of the Renaissance*，'Journal of the History of Ideas'，II，1941；*Surveys of Recent Scholarship in the Period of Renaissance. Compiled for the Committee of Renaissance Studies of the American Council of Learned Societies*，First Series，Washington，1945（该书整理了多位学者撰写的 13 篇论文，内容涵盖拉丁语文学、哲学、政治思想等等）；J. Rummens, 'Revue Internationale de Philosophie'，V，1951（其中包括一份 1930 至 1950 年的文献目录）；E. R. Curtius, *Neuere Arbeiten über den italienischen Humanismus*（近期关于意大利人文主义的作品），'Bibliothèque d'Humanisme et Renaissance'，X，1948。

在《古典语义学研究》（Studies in Philology）上，会以"近期文艺复兴研究作品文献概览"（Recent Literature of the Renaissance. A Bibliography）为名定期刊登综合性的回顾文章。亦参见：P. G.

Ricci, *Studi sull'Umanesimo e sul Rinascimento italiano*（人文主义与意大利文艺复兴研究），in 'Rinascimento', Florence（该系列的第一篇文章刊登在 1951 年第二期，涉及 1950 年在意大利和国外出版的研究作品；第二篇文章刊登在 1952 年第三期，涉及 1951 年出版的作品）；E. Garin, in 'Giornale Critico della Filosofia Italiana', XXIX, XXXI, XXXII, 1950, 1952, 1953；关于艺术方面的专题，参见：A. Chastel, *Problèmes de l'art et de l'humanisme en Italie*（意大利艺术和人文主义的问题）or *Problèmes de l'art à la Renaissance*（文艺复兴时期的艺术问题），in 'Bibliothèque d'Humanisme et Renaissance', Volume X, 1948, onwards。

以下这份刊物的第 19 期有一份 1939 至 1945 年欧洲研究著作的列表：S. H. Thompson ed., *Progress of Medieval and Renaissance Studies in the United States and Canada*, Boulder（Colorado）。

关于 19 世纪末至 1950 年意大利的研究著作，参见：Chabod, *Cinquant'anni di vita intellecttuale italiana*（意大利思想生活五十年），Naples, 1950。

以下这部著作含有丰富而有用的信息：Angeleri, *Il problema religioso del Rinascimento. Storia della critica e bibliografia*（文艺复兴的宗教问题——评论与文献的历史），Florence, 1952；以下这两部著作也颇有作用：G. A. de Brie, *Bibliographia philosophica, 1934—1945*（哲学文献目录，1934—1945），2 vols., Utrecht-Brussels-Antwerp, 1950—1954；*Bibliografia filosofica italiana dal 1900 al 1950*（1900 至 1950 年意大利哲学文献目录），4 vols., Rome, 1950—1956。

最后，若要对文艺复兴研究的进步发展有一个全面的认识，可参见以下学者的著作中所提供的文献目录：C. Carnonara, *Il secolo XV*（15 世纪），Milan, 1943；Garin, especially in *Umanesimo e Rinascimento*（人文主义与文艺复兴），in *Questioni e correnti di storia letteraria*, Milan, 1949；Saitta, *Il pensiero italiano nell'Umanesimo e nel Rinascimento*（人文主义和文艺复兴中的意大利思想），Volume III, Bologna, 1951。

加林从文艺复兴研究者的论著中择其善者，组成了一个相当出色的精选集，这对于学习者而言是极好的入门读物，参见：E. Garin, *Il Rinascimento italiano*（意大利文艺复兴），Milan, 1941。

美国文艺复兴研究学会（The Renaissance Society of America）在1954年10月9日用一种崭新的形式出版了一套文献信息方面的工具书，它印制在29卷微缩胶卷上，拷贝可向该学会购买：M. E. Cosenza, *Biographical and Bibliographical Dictionary of the Italian Humanists and of the World of Classical Scholarship in Italy, 1300—1800* 。

2

在最近几十年中，出现了一些关于人文主义与文艺复兴的专门性研究期刊。第一本这样的刊物从1934年开始在法国出版：*Humanisme et Renaissance*（人文主义与文艺复兴），Paris；从1941年起更名为：*Bibliothèque d'Humanisme et Renaissance*（人文主义与文艺复兴书库），先是在巴黎出版，后转到日内瓦，到1956年为止已出版了18期。在意大利，全国文艺复兴研究中心（Centro Nazionale di Studi sul Rinascimento）从1938至1943年在佛罗伦萨出版了名为《复兴》（La Rinascita）的刊物，共有34卷，另有一卷在1940年为纪念圭恰迪尼逝世400周年而出版的增刊。1950年，该杂志以《文艺复兴》（Rinascimento）为名复刊。在美国，《中世纪与人文主义》（Medievalia et Humanistica）创立于1943年，1948年美国学术团体协会文艺复兴研究委员会（Committee of Renaissance Studies of the American Council of Learned Societies）开始定期出版名为《文艺复兴新闻》（The Renaissance News）的报告。1954年，美国文艺复兴学会（The Renaissance Society of America）成立，在继续出版《文艺复兴新闻》（该刊物所包含的文献目录信息也很有帮助）之外，又开始了年度论文集的编纂发行：*Studies in the Renaissance*, I, 1954; II, 1955; III, 1956。

在1937年,伦敦也第一次出版了自己的刊物:*Journal of the Warburg Institute*,从第三期(1939—1940)开始更名为:*Journal of the Warburg and Courtauld Institutes*。同样由沃伯格研究所(Warburg Institute)出版的刊物还有:*Mediaeval and Renaissance Studies*。实际上,该所出版的所有刊物都值得参考,包括:*Vorträge der Bibliothek Warburg*(沃伯格图书馆纪要), nine volumes, Leipzig-Berlin, 1921—1922 to 1930—1931; *Studien*, Leipzig-Berlin(后来在伦敦出版,更名为:*Studies*);它们涉及一些上面所提到的重要书籍,如:Cassierer, *Individuum und Kosmos in der Philosophie der Renaissance*(文艺复兴哲学中的个人与世界); Panofsky, *Idea*(理念)。

译名对照表

阿贝拉尔（Abélard）

阿尔贝蒂（Leon Battista Alberti）

阿尔贝蒂尼（Albertini）

阿尔菲耶里（Alfieri）

阿尔莫罗·巴尔巴罗（Almorò Barbaro）

阿尔纳迪教派（Arnaldians）

阿尔努夫（Arnulf）

阿尔特胡修斯（Johannes Althusius）

阿尔维西（Alvisi）

阿科尔蒂（Benedetto Accolti）

阿拉贡的斐迪南（Ferdinand di Aragon）

阿雷塞（Andreolo Arese）

阿米代伊（Amidei）

阿米拉托（Scipione Ammirato）

阿切尔博·莫雷纳（Acerbo Morena）

阿斯蒂（Asti）

阿佐内·维斯孔蒂（Azzone Visconti）

埃洛伊兹（Héloïse）

埃泽利诺·达·罗马诺（Ezzelino da Romano）

艾因哈德（Einhard）

安吉亚里（Anghiari）

安齐洛蒂（A. Anzilotti）

安茹的查理（Charles of Anjou）

奥尔施基（L. Olschki）

奥尔维耶托（Orvieto）

奥尔西尼（Orsini）

奥里切拉里园（Orti Oricellari）

奥里亚尼（Alfredo Oriani）

奥利韦罗托（OliverottodaFermo）

巴尔博（Balbo）

巴伦（H. Baron）

鲍姆加滕（Baumgarten）

贝尔纳多（Bernardo）

贝加莫（Bergamo）

贝萨里翁（Bessarion）

贝亚特丽斯（Beatrix）

贝泽勒（Heinrich Besseler）

本博（Pietro Bembo）

本内文托（Benevento）

比代（Guillaume Budé）

比翁多（Flavio Biondo）

波提切利（Sandro Botticelli）

波伊策尔（Caspar Peucer）

伯努瓦（Benoist）

博丹（Bodin）

博洛尼亚（Bologna）

博纳科尔西（Buonaccorsi）

博斯科利（Pier Paolo Boscoli）

博特罗（Giovanni Botero）

布尔达赫（K. Burdach）

布科夫策尔（Manfred Bukofzer）

布拉邦的西热（Siger of Branbant）

布拉乔（Braccio da Montono）

布拉乔利尼（Poggio Bracciolini）

布雷蒙（Henri Brémond）

布鲁内莱斯基（Filippo Brunelleschi）

布鲁尼（Leonardo Bruni Aretino）

布鲁尼（Leonardo Bruni）

布翁代尔蒙特·德·布翁代尔蒙蒂
（Buondelmonte de' Buondelmonti）

查理·伊曼纽一世（Charles Emmanuel I）

查理四世（Charles IV）

查理五世（Charles V）

达米安诺（Damiano）

大胆的查理（Charles the Bold）

戴尔（Dyer）

德·圣克提斯（Francesco De Sanctis）

德沃夏克（Max Dvorràk）

登特里维斯（A. P. d'Entrèves）

迪布勒东（Dubreton）

蒂罗尔（Tyrol）

多加里（Dogali）

多明我（St. Dominic）

多纳蒂（Corso Donati）

多纳托（Donato del Corno）

多普施（A. Dopsch）

法布里奇奥（Fabrizio）

方济各（St. Francis）

菲吉斯（Figgis）

菲利贝尔（Emmanuel-Philibert 或 Emmanuele Filiberto）

菲利波·玛丽亚·维斯孔蒂（Filippo Maria Visconti）

菲利普·德·科米纳（Philippe de Commynes）

菲利普二世（Philippe Auguste）

菲奇诺（Marsilio Ficino）

费代里戈·达·蒙泰费尔特罗（Federigo da Montefeltro）

费尔莫（Fermo）

费拉里（Giuseppe Ferrari）

费雷托（Ferreto）

费斯泰（Fester）

费伊（Conor Fahy）

弗格森（W. K. Ferguson）

弗赖辛的奥托（Otto of Freisingen）

弗朗切斯科·德拉·卡萨（Francesco della Casa）

弗朗切斯科·圭恰迪尼（Francesco Guicciardini）

弗朗切斯科·斯福尔扎（Francesco Sforza）

弗朗切斯科·韦托里（Francesco Vettori）

弗朗西斯一世（Francis I）

弗利（Forli）

弗鲁瓦萨尔（Froissart）

弗洛伦蒂努斯（Poggius Flrentinus）

福尔泰布拉齐（Fortebracci）

特伯维尔（A. S. Turberville）

特伦托（Trento）

提奥多里克（Theodoric）

提 比 略 （ Tiberius Julius Caesar
　　Augustus）

图尔的格列高利（Gregory of Tours）

托法宁（G. Toffanin）

托里家族（Torri 或 Della Torre）

托马西尼（Tommasini）

瓦尔基（Varchi）

瓦尔泽（E. Walser）

瓦拉尔迪（Vallardi）

瓦洛里（Valori）

瓦萨里（Giorgio Vasari）

瓦伊拉泰（Vailate）

韦尔多教派（Waldensians）

韦里（Verri）

维尔阿杜安（Villehardouin）

维拉里（P. Villari）

维拉尼（Filippo Vinnalni）

维拉尼（Giovanni Villani）

维 泰 洛 佐 · 维 泰 利 （ Vittellozo
　　Vittelli）

维托里奥·阿尔菲耶里（ Victtorio
　　Alfieri）

伪西普里安（Pseudo-Cyprian）

魏辛格（Herbert Weisinger）

魏泽（G. Weise）

翁布里亚（Umbria）

沃伯格（Warburg）

沃尔佩（Volpe）

西奥菲勒斯（Theophilus）

西庇阿（Scipio）

西多会（Cistercians）

西尔维乌斯（Aeneas Sylvius）

西 吉 斯 蒙 多 · 马 拉 泰 斯 塔
　　（Sigismondo Malatesta）

西蒙兹（John Addington Symonds）

席 尔 瓦 · 坎 迪 达 的 安 贝 尔
　　（Humbert a Silva Candida）

夏马尔（Chamard）

夏特兰（Chastellain）

亚历山德拉·玛琴姬·斯特罗奇
　　（Alessandra Machinghi Strozzi）

伊尔德贝（Hildebert）

伊拉斯谟（Erasmus）

伊莎贝拉·德斯特（Isabella d'Este）

尤利乌斯二世（Julius II）

扎布金（Zabughin）

札戈纳拉（Zagonara）

朱利奥·德·美第奇（Giulio de'
　　Medici）

朱利亚诺（Giuliano）

译 后 记

本书内容原是意大利思想家沙博的数篇论文,由莫尔(David Moore)集中译作英文并出版成书,沙博亦对原先文章做了少许修订和增补。中译者据英文本翻译之后,又依意大利语沙博全集(*Opere di Federico Chabod*, I. *Scritti su Machiavelli*;II. *Scritti sul Rinascimento*, Torino, Giulio Einaudi editore, 1967, seconda edizione)做了校对,英译本中偶有与原文不合之处,或者是明显的拼写错误,都以译者注的方式做出解释。

关于翻译体例,兹说明如下:

一、书中的人名译法根据《世界人名翻译大辞典》(新华通讯社译名室编,中国对外翻译出版公司 1993 年),地名译法根据《中型本外国地名译名手册》(中国地名委员会编,商务印书馆 1993 年),极少数字典中没有载入的或另有约定俗成的译名除外。尤其值得一提的是作者沙博之译名。潘汉典先生在《君主论》中将其译作卡博德,估计系按照意大利文读法推测而得,但 Chabod 并非典型意大利名,而是源自法语(作者出生地距法意边界不远,当地深受法国影响),经咨询意大利在华留学生曼奇内里(Ludovica L. Mancinelli),译者按照法语读音将其译作沙博。

二、除了众所周知的人物(如凯撒、蒙田)之外,第一次出现的人名和专有名词都用译者注的方式做简单介绍。

三、书中所引用的马基雅维里著作内容,《君主论》一书按照潘汉典先生译文,少数几处有所改动;其他所有马基雅维里著作引文,均由译者直接译自意大利文,亦对某些中外译本有所参考。

四、书中包含大量拉丁、法、西、德文引语，英译本按照惯例未作翻译。为保持原貌，中译本在正文中保留原文，用译者注的方式做出中文翻译。

五、书中正文注释和"专题文献"部分中所引外文论著标题，若是英文则未作翻译，若是其他语言则给出参考译文。

译者特别感谢陈恒教授在数年之中对本书译作的持续关照；感谢黄韬总编繁忙事务之余的辛苦编辑；也感谢同事任军锋教授和李辉博士将此书翻译工作交予我手。书中多种外语，译者学力有限，不能尽识，曾求教于张华、周浩、陈宇岭、郁喆隽诸友，在此一并致谢。最后还要感谢我精通英语的妻子余琪君协助校对译稿。此书体量虽小，内容精深丰富，译者受制于浅薄学识，庶竭驽钝犹恐错漏，惟望方家不吝赐教。

陈玉聃

2015 年 1 月

上海三联人文经典书库

已出书目

（上、下）　〔美〕亨利・富兰克弗特　著　郭子林　李　岩　李凤伟　译

15.《大学的兴起》　〔美〕查尔斯・哈斯金斯　著　梅义征　译

16.《阅读纸草，书写历史》　〔美〕罗杰・巴格诺尔　著　宋立宏　郑　阳　译

17.《秘史》　〔东罗马〕普罗柯比　著　吴舒屏　吕丽蓉　译

18.《论神性》　〔古罗马〕西塞罗　著　石敏敏　译

19.《护教篇》　〔古罗马〕德尔图良　著　涂世华　译

20.《宇宙与创造主：创造神学引论》　〔英〕大卫・弗格森　著　刘光耀　译

21.《世界主义与民族国家》　〔德〕弗里德里希・梅尼克　著　孟钟捷　译

22.《古代世界的终结》　〔法〕菲迪南・罗特　著　王春侠　曹明玉　译

23.《近代欧洲的生活与劳作（从 15—18 世纪）》　〔法〕G. 勒纳尔　G. 乌勒西　著　杨　军　译

24.《十二世纪文艺复兴》　〔美〕查尔斯・哈斯金斯　著　张　澜　刘　疆　译

25.《五十年伤痕：美国的冷战历史观与世界》（上、下）　〔美〕德瑞克・李波厄特　著　郭学堂　潘忠岐　孙小林　译

26.《欧洲文明的曙光》　〔英〕戈登・柴尔德　著　陈　淳　陈洪波　译

27.《考古学导论》　〔英〕戈登・柴尔德　著　安志敏　安家瑗　译

28.《历史发生了什么》　〔英〕戈登・柴尔德　著　李宁利　译

29.《人类创造了自身》　〔英〕戈登・柴尔德　著　安家瑗　余敬东　译

30.《历史的重建：考古材料的阐释》　〔英〕戈登・柴尔德　著　方　辉　方堃杨　译

31.《中国与大战：寻求新的国家认同与国际化》　〔美〕徐国琦　著　马建标　译

32.《罗马帝国主义》　〔美〕腾尼・弗兰克　著　宫秀华　译

33.《追寻人类的过去》［美］路易斯·宾福德　著　陈胜前　译

34.《古代哲学史》［德］文德尔班　著　詹文杰　译

35.《自由精神哲学》［俄］尼古拉·别尔嘉耶夫　著　石衡潭　译

36.《波斯帝国史》［美］A. T. 奥姆斯特德　著　李铁匠等　译

37.《战争的技艺》［意］尼科洛·马基雅维里　著　崔树义　译　冯克利　校

38.《民族主义：走向现代的五条道路》［美］里亚·格林菲尔德　著　王春华等　译　刘北成　校

39.《性格与文化：论东方与西方》［美］欧文·白璧德　著　孙宜学　译

40.《骑士制度》［英］埃德加·普雷斯蒂奇　编　林中泽　等译

41.《光荣属于希腊》［英］J. C. 斯托巴特　著　史国荣　译

42.《伟大属于罗马》［英］J. C. 斯托巴特　著　王三义　译

43.《图像学研究》［美］欧文·潘诺夫斯基　著　戚印平　范景中　译

44.《霍布斯与共和主义自由》［英］昆廷·斯金纳　著　管可秾　译

45.《爱之道与爱之力：道德转变的类型、因素与技术》［美］皮蒂里姆·A. 索罗金　著　陈雪飞　译

46.《法国革命的思想起源》［法］达尼埃尔·莫尔内　著　黄艳红　译

47.《穆罕默德和查理曼》［比］亨利·皮朗　著　王晋新　译

48.《16 世纪的不信教问题：拉伯雷的宗教》［法］吕西安·费弗尔　著　赖国栋　译

49.《大地与人类演进：地理学视野下的史学引论》［法］吕西安·费弗尔　著　高福进　等译　［即出］

50.《马丁·路德的时运》［法］吕西安·费弗尔　著　王永环　肖华峰　译

51.《希腊化文明与犹太人》［以］维克多·切利科夫　著　石敏敏　译

52.《古代东方的艺术与建筑》［美］亨利·富兰克弗特　著　郝

海迪　袁指挥　译

53.《欧洲的宗教与虔诚:1215—1515》　[英]罗伯特·诺布尔·
斯旺森　著　龙秀清　张日元　译

54.《中世纪的思维:思想情感发展史》　[美]亨利·奥斯本·泰
勒　著　赵立行　周光发　译

55.《论成为人:神学人类学专论》　[美]雷·S.安德森　著　叶
汀　译

56.《自律的发明:近代道德哲学史》　[美]J.B.施尼温德　著
张志平　译

57.《城市人:环境及其影响》　[美]爱德华·克鲁帕特　著　陆
伟芳　译

58.《历史与信仰:个人的探询》　[英]科林·布朗　著　查常平　译

59.《以色列的先知及其历史地位》　[英]威廉·史密斯　著　孙
增霖　译

60.《欧洲民族思想变迁:一部文化史》　[荷]叶普·列尔森普
著　周明圣　骆海辉　译

61.《有限性的悲剧:狄尔泰的生命释义学》　[荷]约斯·德·穆
尔　著　吕和应　译

62.《希腊史》　[古希腊]色诺芬　著　徐松岩　译注

63.《罗马经济史》　[美]腾尼·弗兰克　著　王桂玲　杨金龙　译

64.《修辞学与文学讲义》　[英]亚当·斯密　著　朱卫红　译

65.《从宗教到哲学:西方思想起源研究》　[英]康福德　著　曾
琼　王涛　译

66.《中世纪的人们》　[英]艾琳·帕瓦　著　苏圣捷　译

67.《世界戏剧史》　[美]G.布罗凯特　J.希尔蒂　著　周靖波　译

68.《20世纪文化百科词典》　[俄]瓦季姆·鲁德涅夫　著　杨明
天　陈瑞静　译

69.《英语文学与圣经传统大词典》　[美]戴维·莱尔·杰弗里
(谢大卫)主编　刘光耀　章智源等　译

70.《刘松龄——旧耶稣会在京最后一位伟大的天文学家》　[美]
斯坦尼斯拉夫·叶茨尼克　著　周萍萍　译

71.《地理学》　[古希腊]斯特拉博　著　李铁匠　译

72.《马丁•路德的时运》 〔法〕吕西安•费弗尔 著 王永环
      肖华锋 译

73.《希腊化文明》 〔英〕威廉•塔恩 著 陈 恒 倪华强 李
      月 译

74.《优西比乌：生平、作品及声誉》 〔美〕麦克吉佛特 著 林中
      泽 龚伟英 译

75.《马可•波罗与世界的发现》 〔英〕约翰•拉纳 著 姬庆红 译

76.《犹太人与现代资本主义》 〔德〕维尔纳•桑巴特 著 艾仁
      贵 译

77.《早期基督教与希腊教化》 〔德〕瓦纳尔•耶格尔 著 吴晓
      群 译

78.《希腊艺术史》 〔美〕F•B•塔贝尔 著 殷亚平译

79.《比较文明研究的理论方法与个案》 〔日〕伊东俊太郎 梅棹
      忠夫 江上波夫 著 周颂伦 李小白 吴 玲 译

80.《古典学术史：从公元前 6 世纪到中古末期》 〔英〕约翰•埃
      德温•桑兹 著 赫海迪 译

81.《本笃会规评注》 〔奥〕米歇尔•普契卡 评注 杜海龙 译

82.《伯里克利：伟人考验下的雅典民主》 〔法〕 樊尚•阿祖莱
      著 方颂华 译

83.《旧世界的相遇：近代之前的跨文化联系与交流》 〔美〕 杰
      里•H.本特利 著 李大伟 陈冠堃 译 施诚 校

84.《词与物》 〔奥〕米歇尔•福柯 著 莫伟民译

85.《古希腊历史学家》 〔英〕约翰•伯里 著 张继华 译

86.《自我与历史的戏剧》 〔美〕莱因霍尔德•尼布尔 著 方
      永 译

欢迎广大读者垂询,垂询电话:021－22895557

图书在版编目(CIP)数据

马基雅维里与文艺复兴/[意]费代里科·沙博著;陈玉聃
译.—上海:上海三联书店,2017.11
(上海三联人文经典书库)
ISBN 978 - 7 - 5426 - 5934 - 7

Ⅰ.①马… Ⅱ.①费…②陈… Ⅲ.①马基雅维里
(Machiavelli,Niccol 1469 - 1527)—哲学思想—文集
Ⅳ.①B546 - 53

中国版本图书馆 CIP 数据核字(2017)第 117387 号

马基雅维里与文艺复兴

著　　者 / [意]费代里科·沙博
译　　者 / 陈玉聃
责任编辑 / 黄　韬
装帧设计 / 鲁继德
监　　制 / 姚　军
责任校对 / 张大伟

出版发行 / 上海三联书店
　　　　(201199)中国上海市都市路 4855 号 2 座 10 楼
邮购电话 / 021 - 22895557
印　　刷 / 上海盛通时代印刷有限公司

版　　次 / 2017 年 11 月第 1 版
印　　次 / 2017 年 11 月第 1 次印刷
开　　本 / 640×960　1/16
字　　数 / 230 千字
印　　张 / 18
书　　号 / ISBN 978 - 7 - 5426 - 5934 - 7/B·530
定　　价 / 55.00 元

敬启读者,如发现本书有印装质量问题,请与印刷厂联系 021 - 37910000